휴먼
클라우드

일러두기

1. 인명과 지명을 비롯한 외국어의 고유명사는 국립국어원의 외래어표기법을 따랐다.
   그러나 이미 굳어진 표현은 관례를 고려하여 표기했다.
2. 원어는 처음 언급될 때만 병기하였다.
3. 참고도서 중 국내 미출간 도서는 저자와 도서명을 원어로만 표기했다.
4. 단행본은 『』, 개별 작품이나 논문 또는 기사는 「」, 신문이나 정기 간행물은 《》,
   영화나 드라마는 ◇ 로 묶었다.

THE HUMAN CLOUD

휴먼 클라우드

매튜 모틀라 · 매튜 코트니 지음 ─ 최영민 옮김

인공지능과 프리랜스 이코노미로 혁신한 다음 세대의 일터

한스미디어

웃음을 가르쳐주신 할머니께 바칩니다.
당신의 웃는 얼굴을 늘 그리워합니다.

— 매튜 모톨라

나의 다양한 몽상까지도 언제나 지지해준 아내 젠과
이토록 새로운 일의 세계를 물려받을 내 아이들
파커, 체이스 그리고 레이시에게.

— 매튜 코트니

우리에게 한국은 매우 특별한 나라다. 휴먼 클라우드는 특정 국가에 한정된 것이 전혀 아니지만, 교육과 혁신을 강조하는 환경에서 자라온 한국의 체인지메이커들에게는 리더가 될 자질이 충분하다고 생각한다.

물론 우리가 유독 한국 사람들을 좋아하기도 한다. 우리는 미국인이지만, 가족 중에는 한국인이 있다. 조만간 서울에서 결혼하는 가장 친한 친구한 명도 한국인이다. 심지어 이 책의 일부는 서울에서 쓰기도 했다. 다시 말해, 한국인들의 따뜻한 정과 엄격한 규율을 경험한 것이다. 이 모든 게 우리만의 경험이나 생각임을 차치하더라도 한국은 휴먼 클라우드에 아주 적합한 곳이다.

여러분은 이미 '철밥통'에서 멀어지고 있다. 휴먼 클라우드는 이런 현상을 일으키는 기술이다. 오늘날에는 기업가 정신을 가진 사람은 늘고, 한 회사에 뼈를 묻는 사람은 줄어들고 있다. 프리랜서로 일하면서 여러 경로로 수입을 얻을 수 있게 되었다. 이렇게 새로운 일의 모델이 탄생할 수 있었던 배경은 비즈니스가 물리적인 사무실과 전통적인 고용 방식에서 원격으로 협력하는 구조와 유연한 고용 방식으로 변했기 때문이다.

누군가에겐 이런 새로운 세상이 이상하게 느껴질 것이다. 도대체 왜 정부 기관이나 삼성처럼 큰 조직에서 얻을 수 있는 안정성을 포기해야 할까? 그곳에 들어가려고 바친 십수 년 동안의 교육과 희생은 어떻게 되는 건가? 게다가 기업이 외부 프리랜서들을 굳이 신뢰할 이유가 없지 않을까?

우리도 이와 관련된 개인적인 경험이 있다. 휴먼 클라우드에서 사업가로 일하기 위해 4대 회계 법인에서 일할 수 있는 기회를 포기하기도 했고, 생계를 책임질 만큼의 수입을 벌고 있는데도 프리랜서로 살겠다는 선택을 철없고 무책임하다고 말한 사람들도 있었다. 이 선택으로 당시 진지하게 사귀고 있던 여자친구와도 헤어지게 되었다. 하지만 걱정할 필요는 없었다. 가족과 친구들은 다시 돌아왔으니까.

세상이 발전하는 것을 우리가 막을 수는 없다. 휴먼 클라우드는 인류에게 닥쳐올 차세대 경제 발전의 물결에 동력을 제공하는 기술이다.

이 책에서 우리는 당신과 같은 체인지메이커들을 소개하고, 이들이 왜 휴먼 클라우드로 옮겨가고 있는지 보여줄 것이다. 이들은 프리랜서, 풀타임 직원 그리고 경영주로 일하고 있다. 샤론 히스Sharon Heath는 직장에서 거의 혹사당하는 수준으로 힘들게 일하다가 수십만 달러를 버는 프리랜서 회계 담당자로 이직했다. 남동생이 갑자기 세상을 떠났을 때, 다니던 회사가 가족과 함께할 시간을 주지 않았던 것이다. 리안 스컬트Liane Scult는 프리랜서로 일하면서 풀타임 직장도 병행한다. 프리랜스 경험 덕분에 리안은 전 세계에서 가장 큰 테크 기업에 변화를 일으킨 프로젝트 관리자로 거듭날 수 있었다.

미국인들은 이 체인지메이커 집단의 활약을 보면서 우리 스스로가 새로운 바람을 일으킨 주인공이라는 편견을 가질 수도 있다. 실제로 2019년 한 해에 프리랜서가 미국 경제에 기여한 규모는 1조 달러 이상이다. 현재 미국인 3천만 명이 원격 프리랜서로 일하고 있으며, 앞으로 5년 안에 미국의 노동 인구의 절반 이상이 프리랜서로 일하게 될 것이라는 연구 결과도 있다.

하지만 이제 휴먼 클라우드는 전 세계로 뻗어 나가고 있다. 신종코로나바이러스감염증(코로나19) 팬데믹을 겪으면서 우리는 업무의 90%는 원격으로 처리할 수 있다는 사실을 깨달았다. 이제 지식 노동이 분산되는 시대가 도래할 것이다. 과거 세계화의 규칙은 근접성을 기초로 한 것이었다. 실리콘밸리에서 디자인을 하면, 노동력이 가장 저렴한 곳에서 제조했다. 이는 큰 포부를 품은 사람들이 원하는 기회가 실리콘밸리나 뉴욕의 반경 24km 안으로 제한됨을 뜻했다.

그러나 이제 이 규칙은 더 이상 통하지 않는다. 패기 넘치는 체인지메이커라면 실리콘밸리든 서울이든 세계 어디에서나 일할 수 있다. 프리랜서로 일하는 것이 영국, 프랑스, 네덜란드의 총 고용 성장을 넘어섰다는 모건스탠리Morgan Stanley의 연구와 유럽과 인도, 미국을 통틀어 약 7천 7백만 명의 프리랜서가 있다는 딜로이트Deloitte의 연구 결과가 이 변화를 말해준다.

바로 여기서 한국적 정신이 개입된다. 케이팝과 영화 <기생충>, 한식까지 한국은 여러 분야에서 세계인의 관심을 한몸에 받고 있다. 앞으로 10년 안에 한국인 체인지메이커들의 시대가 도래할 것이다. 전형적인 경로를 벗어나면서 쿠팡을 세운 김범석 대표처럼 말이다. 2021년 2월에 뉴욕증권거래소NYSE에 신규 상장한 쿠팡은 이제 모두가 열광하는 성공 신화가 되었다.

테크 분야의 유니콘Unicorn, 10억 달러 이상의 기업 가치를 가진 스타트업 — 옮긴이 주 외에도 한국인 리더들은 휴먼 클라우드를 이끌 준비가 이미 되어있다. 한국인이 이끄는 1,000개가 넘는 프리랜스 프로젝트에서 새로운 통찰이 계속해서 튀어나오는 걸 보면, 한국인이 휴먼 클라우드에서 승승장구하고 있음은 분명하다. 한국은 구성원의 높은 교육 수준과 규율 준수를 중요하게 생각하는 사회다. 이렇게 깐깐한 기대에 부응하면서 자라난 리더들이 그렇지 않았던 이들을 능가하는 일은 어렵지 않다. 젊은 세대에게 버겁게 느껴지기도 하는 한국 사회의 특성이 때로는 도움이 되기도 하는 것이다.

그래서 우리는 독자 여러분이 이 책 『휴먼 클라우드』를 집어든 것이 매우 기쁘다. 당신이 한국의 경제 발전에 힘을 보탠 것처럼, 휴먼 클라우드의 윤리적인 적용에도 앞장설 것이라고 믿는다.

변화를 수용하는 여러분 앞에는 눈부신 성공이 기다리고 있다. 그리고 그 성공을 가속하여 다른 사람들의 본보기가 될 것이다. 당신의 밝은 앞날에 『휴먼 클라우드』가 조금이라도 도움이 되기를 바란다.

당신이 미래다

2015년에 제작된 스페인의 단편 애니메이션 <얼라이크Alike>는 회사와 학교에서 각자의 일과를 보내는 아버지와 아들의 모습을 보여준다. 알록달록한 색을 띤 두 주인공은 단조롭고 힘든 일상을 억지로 견뎌내면서 색을 점점 잃어가다가 결국에는 창백한 흰색으로 변한다. 이야기가 진행될수록 등장인물의 활기와 에너지는 서서히 사라지고, 다정했던 부자 관계도 조금씩 소원해진다.

마치 픽사의 단편처럼, 우리는 이 8분짜리 영화를 보면서 마음이 저릿해지고 눈시울이 붉어진다. 전통적인 직장 생활이 우리의 목을 서서히 조르고 있다는 보편적인 진리를 전달한다.

한편 이 책에서 곧 만나게 될 사람들과 우리의 삶을 변화시킨 또 다른 세상이 있다. 이는 우리 세대의 골드러시 같은 것이다. 다만 지금은 금 대신 기회가, 삽 대신 '휴먼 클라우드(재능있는 인력이 모여 있는 가상 세계)'와 '머신 클라우드(지능 자동화)'라고 부르는 도구가 있으며 광부 대신 현상을 타파하고 세상을 변화시킬 체인지메이커가 있을 뿐이다.

그러나 안타깝게도 모든 변화가 다 긍정적인 건 아니다. 우리 두 저자는 최전선에서 제품 총괄자의 임무를 수행하며 이 격변을 가장 먼저 목격했다. '로봇의 시대가 오고 있다' '우리는 모두 긱 이코노미ᵍⁱᵍ ᵉᶜᵒⁿᵒᵐʸ, 프로젝트 단위로 필요에 따라 인력을 임시로 고용하는 경제 방식 ― 옮긴이 주에서 일하는 프리랜서가 될 것이다'라는 식의 기사 제목은 입에 착 감기지만, 우리가 만들고 있는 이 변화가 끔찍한 결과를 초래할 수도 있다. 조지 오웰ᴳᵉᵒʳᵍᵉ ᴼʳʷᵉˡˡ이나 에인 랜드ᴬʸⁿ ᴿᵃⁿᵈ의 소설처럼 말이다. 높은 급여를 받는 '인간' 방사선 전문의가 MRI 검사 결과에서 자신보다 암을 더 잘 발견하는 소프트웨어로 대체되는 동안 세계의 인력 시장은 경력과 급여가 보장된 정규직을 시급은 불안정하고 복지 혜택과 유급 휴가가 없는 노동력으로 바꾸고 있다.

하지만 꼭 이런 식이어야만 하는 건 아니다! 우리가 지난 150년 동안 일해온 방식에는 분명 거대한 충격이 올 것이다. 전망도 좋고 고급스러운 사무실에서 이력서를 목숨처럼 붙들고 앉아 있는 사람, 부모 세대가 일군 삶을 원하는 사람은 이 책을 읽고 까무러치게 놀랄지도 모른다. 하지만 이 변화는 세상의 종말이 아니라 새로운 시작이다. 강압적이었던 전통적인 직장을 자율적이고 유연하며 통제 가능한 구조로 바꿀 기회가 열린 것이다.

이미 이런 방식으로 일을 하는 사람들도 있다. 나머지는 이렇게 일을 하고 싶어 한다. 당신이 지금 어떻게 일을 하고 있는지와 상관없이 이 책은 어느 날 갑자기 굴러온 기회로 가능해진 일들을 보여줄 것이다.

당신에 대해

여러분은 체인지메이커다. 일에서 의미를 찾으려 노력하고, 지금 하는 일을 사랑한다. 상사에게 아부하는 사람은 아니지만 그렇다고 출퇴근 도장만 찍는 것도 아니다. 세상의 발전을 위해 근사한 사무실을 포기할 각오도 되어있다.

그러나 유감스럽게도 현재 직장 구조는 당신에게 맞지 않는다. 획기적인 아이디어나 혁신이 아니라 눈에 보이는 결과물과 순종적인 태도를 원하기 때문이다. 적어도 지금까지는 그랬다.

예전에는 상세하게 정해진 진로가 있었다. 좋은 학교에 입학하고, 좋은 직장에 취직하고, 높은 직위로 승진할 때까지 상사와 회사를 위해 개인의 자유는 당연히 포기해야 하는 것이었다.

하지만 오늘날에는 그러한 틀이 없다. 이젠 다양한 방법으로 가치 있는 경험을 쌓고 놀라운 성과를 창출해낼 수 있다. 남의 눈에는 무모하고 무책임해 보이기까지 할 수도 있다. 이런 길을 선택하는 사람은 "이제 정착할 때가 되지 않았니?" 또는 "제대로 된 직장에 취직해야지."라고 자주 지적 받는다. 하지만 우리가 볼 때 가장 탄탄한 장밋빛 미래는 체인지메이커가 되어 주변에 영향력을 행사하는 것이다. 몇 살인지 어디에 사는지 어떤 업종에 종사하는지는 중요한 문제가 아니다. 신시내티에서 의료업계에 종사하는

45세의 중년이 실리콘밸리의 26세 소프트웨어 개발자만큼 유능할 수 있는 것이다. (정말 진지하게 하는 말이다.)

이쪽 세상 엿보기

체인지메이커가 되면 보상으로 선택권과 기회를 받는다.

체인지메이커는 자신이 원하는 곳에서 함께 일하고 싶은 사람과 하고 싶은 일을 할 선택권을 갖는다. 오리건 주 포틀랜드에서 활동하는 디자이너 제이 치마J Cheema는 나이키Nike의 높은 연봉을 포기하고 휴먼 클라우드 플랫폼인 업워크Upwork, 프리랜서가 자신의 재능을 활용해서 진행할 일을 찾을 수 있도록 구성된 세계적인 디지털 구인 플랫폼 — 옮긴이 주에서 일한다. 제이의 업무 범위와 규모는 그대로다. 제이는 여전히 엑슨모빌Exxon Mobil, 유튜브YouTube, GEGeneral Electronic Company, 아디다스Adidas와 같은 브랜드와 함께 일하고 있다. 그는 이렇게 말한다. "저는 함께 일할 고객과 프로젝트를 선택하고, 일할 시간과 장소를 골라요. 하루를 완전히 마음대로 보낼 수 있는 거죠."

체인지메이커의 진로 역시 각 개인에게 맞춰져 있다. '정해진 길' 대신 저마다 처한 상황에 따라 색다른 가능성이 펼쳐지게 된다. 예를 들어 고든 샷웰Gordon Shotwell은 변호사가 되는 전형적인 단계를 밟다가 문득 자신이 원하는 건 따로 있다는 확신이 들었다. 고든은 학교로 돌아가지 않고 머신 클라우드를 활용하여 일하는 방법을 스스로 학습한 뒤 휴먼 클라우드에서 찾은 프로젝트에 참여하며 그 지식을 적용했다. 지금 고든은 인공지능에 대한 사람들의 이해를 돕는 일을 하고 있다. 그동안 하고 싶었던 일을 풀타임으로 하고 있는 것이다.

체인지메이커가 하는 일은 자신에게만 도움이 되는 것이 아니다. 그들은 사업을 운영하고, 고객과의 소통 방식을 근본부터 뜯어고치고 있다. 미국 중서부에 본사를 둔 유명 오토바이 제조사가 고객에게 제공하고 있는 디지털 경험을 살펴보자. 라이더는 종이 지도나 가죽 채프에서 더 나아가 다른 라이더나 도로와 연결되고 싶어 한다. 하지만 현실적으로 동부나 서부의 대도시 근처에 있는 대형 테크 기업이 아닌 이상 능력 있는 기술자를 확보하기란 너무나 어려운 일이다. 그래서 이들은 휴먼 클라우드를 선택했고, 체인지메이커 브랜든 브라이트_{Brandon Bright}와 만나게 되었다. 덕분에 이 기업은 다운로드 15만 회, 평균 별점 5개인 후기 8천 개를 받은 모바일 어플을 디자인, 개발, 지원할 수 있었다.

이것이 가능한 이유는 체인지메이커에겐 휴먼 클라우드와 머신 클라우드라는 새로운 도구가 있기 때문이다. 휴먼 클라우드는 공동 작업을 하려는 사람들이 전통적인 직장 밖에서 프로젝트 단위로 만나고 협업하는 새로운 업무 플랫폼이다. 머신 클라우드는 개인의 고유한 가치를 세상에 전파하는 데 방해가 되는 '단순하지만 시간이 많이 소모되는 일'을 신기술로 처리하는 것을 뜻한다.

너무 늦은 건 아니니까 걱정하지 않아도 된다. 파티는 이제 막 시작됐고, 기회는 모두에게 돌아갈 만큼 충분하다. 하지만 빨리 시작할수록 더 많은 보상을 얻을 테니, 당장 시작해보자.

우리가 휴먼 클라우드에 기대하는 것

『휴먼 클라우드』는 이 새로운 세상에서 효율적으로 일하기 위해 당장 시도해볼 수 있는 단계를 제대로 알려줄 것이다. 물론, 아재 개그도 여기저기 끼워 두었다.

우리는 이 책에 참고 도서, 보고서, 발표 자료 등을 통해 얻을 수 있는 지식의 20% 정도를 담았다. 아는 건 제품 개발뿐인 우리는 이미 알려진 지식에 목숨 걸지 않는다. 오히려 무심코 지나칠 수 있는 정보에 더 신경 썼다. 수많은 통계자료를 일일이 나열하기보다 지금 당장 적용할 수 있는 핵심을 전달하는 데 초점을 맞췄다.

모든 제품에 주의사항이 포함되어 있는 것처럼 이 책도 마찬가지다. 첫째, 당신이 이 책을 읽을 즈음에 책 내용의 일부는 이미 한물간 지식이 될 것이다. 안타깝지만 가속화된 변화의 새로운 특징이다. 초안을 작성한 시점부터 책의 출간일 사이에 내용의 일부가 구식이 되고 책에서 소개한 제품 일부가 출시되었다가 단종될 수 있지만, 우리는 지금 유효하고 앞으로 10~20년 동안 계속 그러할 사실에 집중하려고 노력했다. 오늘날 기술의 생명주기는 소개팅 어플 틴더Tinder의 페이지를 넘기는 속도보다 빠르다. 그래도 이 책에서 소개할 규칙들은 오랜 세월에 걸쳐 증명되었기 때문에 미래 세대가 안전하게 사용할 수 있을 것이다.

둘째, 이 책이 당신을 부자로 만들어주지는 않을 것이다. 이 책은 당신이 기반을 다지고 가상 업무와 자동화를 활용할 방법에 대한 객관적인 가이드만을 제공할 것이다. 열심히 일하고 이 규칙을 특정 상황에 맞추어 당신의 것으로 만들고 약간의 운까지 끌어오는 것은 당신의 몫이다.

'단숨에 부자가 되는 비법은 없다'라는 말은 아무리 강조해도 지나치지 않다. 쉽게 부자가 된 것처럼 보이는 사람들도 있지만, 표면 아래에는 의미 있는 일을 하기 위해 부단히 노력한 사람들이 흘린 피와 땀이 엄청나다. 표면 아래의 노력 일부만 위로 드러난다는 점에서 '빙산의 일각'이라는 비유가 여기에 딱 맞는다. 언제나 열심히 일할 각오를 하고, 성공에는 점진적 향상과 지속적 성장이 전부라는 사실을 기억해라. 이것이 오래가는 성공을 여는 진정한 열쇠다.

그래도, 미래는 인간이다

마지막으로 이 책을 읽는 독자에게 당부하고 싶은 말이 하나 있다. 세상에 점점 더 긱 이코노미가 퍼지고 자동화가 진행되면서 인간만이 가진 특성은 이전과 비교할 수 없을 만큼 중요해질 것이다. 로봇은 지루하지만, 인간은 지루하지 않다. 체인지메이커가 되는 여정 속에서도 당신은 자신의 인간적인 모습을 키우려는 노력을 지속해야 한다. 우리의 흑역사가 여러분의 인간미 향상에 적잖이 도움이 될지 모르니, 살짝 풀어보겠다.

매튜 모톨라: 나도 모르는 사이에 중국 비아그라 광고에 찍힌 적이 있다. 중국 어딘가에서 '발기 부전'이라는 단어 뒤에서 엄지를 치켜세우고 있는 내 모습을 보게 될지도 다.

매튜 코트니: 나는 고등학생 때 록 음악에 열광했다.(지금 생각해보면 그 당시 나

는 검정 트렌치코트와 해골 장식품을 뒤집어쓴 커다란 곰돌이 인형이었을 뿐이다.) 심지어 머리카락을 파란색, 초록색, 금발로 번갈아 가며 염색도 하고 다녔다. 사장님, 제가 원래 이런 사람이었습니다!

어서 이 새로운 일의 세계를 당신에게 보여주고 싶다! 이미 눈치챘겠지만, 이 책은 우리의 매우 개인적인 이야기를 담고 있으므로 감정의 응어리가 조금씩 새어 나올 때도 있을 것이다.

자 이제 진짜 시작이다!

진심을 담아,
매튜 두 명 올림

차례

THE
HUMA
CLOU

1부

'고인물'의
세상아,
잘 가라!

무너진 사무실

전통적인 직장 생활이 통째로 흔들리고 있다

체인지메이커에게,

세상을 더 나은 곳으로 만들기 위한 당신의 노고와 열정에 감사드립니다. 정말이지 진심 어린 애정이 느껴지는군요. 하지만 우린 그런 것에 전혀 관심이 없습니다. 당신을 그저 톱니바퀴의 톱니처럼 취급하고 싶거든요. 당신을 우리가 생각하는 '본받을만한 사례'에 끼워 맞출 겁니다. 당신에게서 모든 기회를 빼앗아가겠습니다. 그리고 만약 우리에게 충분히 순종한다면, 당신만큼 순종하지 않은 다른 사람들을 내려다볼 수 있는 멋진 전망의 사무실과 땅콩 한 줌을 얻어드리겠습니다. 세상을 변화시키기 위해 이곳에 오셨다는 사실을 알고 있지만 우리가 원하는 건 변화가 아닙니다. 솔직히 말해서, 우리는 당신을 원하지 않습니다. 당신이 창출할 결과물과 당신이 소유한 기술을 우리의 경쟁자가 못 가지게 막으려는 것일 뿐입니다. 자, 여기가 당신의 자리입니다. 여기 공짜 음료수도 조금 드릴게요. 나중에는 당신을 다시 해고해야 할 것 같으니 먼저 사과드립니다. 노고에 감사드립니다.

진심을 담아,
미래의 고용주 드림

물론 이런 편지를 공식적으로 받은 적은 없다. 하지만 우리 대부분은 일을 시작하는 순간 위와 같은 사회적 계약에 동의하는 것이나 다름 없다.

나는 이 사실을 '제대로 된' 첫 직장에서 힘들게 배웠다. 내가 쓴 글이 세계적인 인정을 받았고, 그것을 구름판 삼아 2주 만에 10만 달러가 넘는 수익을 벌어들였다. 어리고 순진했던 나는 구름판을 만든 사람인 내가 이 프로젝트의 소유자가 될 것이라고 생각했다. 하지만 임원진은 나의 기여도를 인정하기는커녕 내 업무 시간의 10%만 이 일에 쓰도록 하고 소위 '경험이 많은' 다른 사람에게 주도권을 넘겨주었다.

그리고 나서 또 다른 '제대로 된' 직장에 들어갔다. 시작은 비슷했다. 이번에도 내 능력을 증명하고, 유형의 사업적 결과물이 나올 때까지 프로젝트를 추진했다. 이번에는 보조 역할로 밀려나진 않았다. 그 대신 위에 있는 누군가가 내 공로를 완전히 빼앗아갔다.

나는 두 경험이 모두 우연이었으면 했다. 아니면 그냥 나한테 문제가 있었던 것이라고 믿고 싶었다. 그러나 체인지메이커들의 이야기를 들으면 들

휴먼 클라우드

을수록 내 이야기는 상대적으로 별일이 아닌 것처럼 느껴졌고, 전통적인 사무실에서 체인지메이커로 사는 현실이 어떤 것인지만 점점 더 명확해졌다. 사무실은 우리 같은 사람들이 아니라 오직 회사를 위해 자율성, 창의성, 가끔은 도덕성까지도 포기할 수 있는 순종적인 톱니들을 위한 공간이었다.

컨설팅 회사 넥스웍스nexxworks의 피터 힌센Peter Hinsenn은 이런 부조화를 다음과 같이 절묘하게 표현했다. "우리는 잭 웰치Jack Welch의 회사(GE)에서 일하는 일론 머스크Elon Musk들이다." 넥스웍스의 로렌스 밴 엘레겜Laurence Van Elegem은 "체인지메이커를 회사에 오래 잡아두는 건 그들을 발굴해내는 것만큼 어렵다. 경쟁사가 그들을 호시탐탐 노리기 때문이기도 하지만, 이 혁신가들의 특성과 회사의 DNA가 맞지 않는 경우가 많아서다."라고 말했다.

일반화는 쉽고 재밌다. 모든 조직은 악당이고, 권력을 쥐고 있는 모든 사람은 불안정한 독재자다. 물론 이 말이 모두 사실인 것은 아니다. 조직도 아름다울 수 있다. 조직은 성장을 가능하게 해주고, 배움을 가속하고, 소속감을 제공한다. 사기를 북돋아 주는 모든 조직에는 높은 직급에 올라있음에도 주변 사람들의 발전을 도와주는 멘토와 롤모델이 셀 수 없이 많다. 인튜이트Intuit, 재무, 회계, 세금 관련 소프트웨어를 개발하고 판매하는 기업 ― 옮긴이 주의 전임 CEO 빌 캠벨Bill Campbell은 타인을 섬기는 서번트 리더십servant leadership으로 실리콘밸리 최고 인재들에게 훌륭한 멘토가 되어주었다. 빌의 리더십은 '부하 직원을 자식처럼 여기는 것'이라는 사고방식을 기초로 하고 있다.

한편 이 새로운 일의 세상이 모든 것을 해결해주지는 못한다. 개인, 조직, 사회 그 누구에게도 만병통치약은 아니다. 우리가 제안하는 해결책의 질문과 답을 제대로 확인하지도 않고 시도한다면 심각한 재앙을 초래할 수 있다. 답해야 할 질문은 다음과 같다.

어떻게 하면 영원히 '그 외'라는 항목으로 고용될 프리랜서들의 재정적 안정성, 건강 보험, 은퇴 후 삶을 보장할 수 있을까? 어떻게 하면 재교육에 대한 접근성을 소수의 선택 받은 자가 아닌 모두에게 확대하고 지원할 수 있을까? 우리의 삶을 점점 더 장악해가는 알고리즘에 편견이 스며들지 못하도록 막을 방법에는 어떤 게 있을까?

이런 질문들에 대답하려면 이 책에서 설명할 규칙을 일부분이 아니라 전체적으로 이해해야 한다. 새로운 미래의 제품 총괄자로서 우리는 그런 새로움이 미칠 수 있는 영향에 대해 밤을 새워 걱정한다. 최악은 나쁜 구조를 더 나쁜 구조로 대체하는 것이다.

하지만 잘못될 가능성에 대해 너무 걱정하기보다는 오늘날 우리가 서 있는 곳을 찬찬히 둘러보고 체인지메이커가 일에 적용할 수 있는 파레토 법칙Pareto Principle이 있다는 사실을 인지하자. 즉 20%의 기업과 개인은 아름답지만, 나머지 80%는 형편없다. 이 아름다운 20%를 예외가 아닌 표준으로 만들기 위해 노력하자는 얘기다.

요즘 사무실의 문제: 전지적 직원 시점

체인지메이커인 우리의 목표는 높다. 너무나 많은 책임을 떠맡고 커다란 위험을 감수한다. 매번 지나친 약속을 하는 건 아니지만, 과한 욕심을 부리며 능력 밖의 일을 덥석 물 때도 많다. 이로 인해 정상으로 올라갈 기회만 엿보는 해로운 조직이나 개인 들에게 좋은 먹잇감이 되곤 한다.

낮은 직급에 있을 때만 답답한 것이 아니다. 직급이 높아질수록 수갑(이 수갑에서 '금빛'이 나긴 하겠지만)은 더욱 조여온다. 우리에게는 자원과 영향력이 있지만, 자원은 짐처럼 느껴지고 영향력은 맨 꼭대기에 있는 '높으신 분'으로부터 절대 자유로울 수 없다. 따라서 직급이 아래에 있든 중간에 있든 심지어는 맨 꼭대기에 있든, 회사가 긴장감을 조성하는 나쁜 행동을 일삼고 무능력한 사람들의 소굴이 된 이상 《하버드 비즈니스 리뷰Harvard Business Review》의 기사에나 나올 법한 사례들은 당신에게 절대 와닿지 않는 이야기일 것이기 때문이다.

'나 이런 적 있어!' 게임을 해보자. 이런 일을 겪어봤다면 손을 드는 거다.

- **상사가 당신이 한 일을 자신이 한 것처럼 발표하는 회의에 들어갔던 적이 있다.** 상사는 우쭐대며 승진을 하지만 당신은 고작 그의 커피 심부름이나 하게 된다. 그러는 동안 그는 회사의 자산과 자원을 활용하여 부업을 시작하고 있다.
- **동료들 앞에서 소리를 지르며 욕하는 상사에게 혼났던 적이 있다.** 그래도 더 심한 언어폭력과 감정폭력을 당한 동료보다는 운이 좋다고 생각한다.
- **임원 앞에서의 프레젠테이션을 완벽하게 준비하는 데 수개월을 들였던 적이 있다.** 머릿속이 하얘질 정도로 지루한 검토와 수정을 거쳐 드디어

임원 앞에서 발표할 수 있는 3분의 시간이 주어졌지만, 그는 죽은 듯 내내 말이 없다. 임원은 분명 자신의 컨버터블 포르쉐를 타고 해변 도로를 신나게 달리는 상상을 하고 있었을 것이다. 그리고 몇 달 뒤 당신은 질문을 잔뜩 담은 이메일 한 통을 전달받는다. 스크롤을 내리면서 그동안 오고 간 내용을 읽다가 그때 그 임원이 당신의 프레젠테이션을 자신의 것인 양 발표했다는 사실을 알게 된다. 그 아이디어가 임원의 마음에 들었냐고? 아주 쏙 들었다! 물론 그 아이디어를 생각해낸 장본인이 당신이 아닌 자기라는 전제 아래에 말이다.

- **매일 오전 8시부터 오후 5시까지 책상에 앉은 채로, 회의 일정은 끝없이 잡혀있고, '당신의 상사나 임원을 참조로 넣어서 이메일을 보낼 겁니다'라는 무시무시한 메시지를 받지 않으려고 몇 분 만에 답장을 했던 적이 있다.** (이 글을 쓰는 밤중에도 이런 식으로 즉시 답하라는 이메일을 받았다. 답장을 해야 하나? 회사에서 잘릴지도 모른다.) 낮에 집중할 시간이 부족해서 늦게까지 야근을 해야 했다.

- **'월급 값을 하기 위해' 등골이 휘도록 열심히 일하며 사고력과 공감 능력, 충성심을 총동원했던 적이 있다.** 그리고는 이에 대한 보상으로 시장 가치에 못 미치는 월급을 받았다. 승진하긴커녕 잘나가는 MBA 졸업생 혹은 회사를 나가서 경쟁력 있는 스타트업을 차렸다가 스카우트되어 돌아온 동료가 2배는 더 많은 월급을 받는 모습을 지켜만 봤다.

- **회사 정기 총회에서 당신의 상사와 멘토가 해고되었으므로 다른 상사 밑으로 (또 다시) 재배치되어 다른 업무를 맡게 될 것이라는 말을 들은 적**

이 있다. 이 소식을 동료들과 함께 접하고 공개적인 자리에서 안타까움을 보여주며, 거기 앉아서 또 한 시간 동안의 기나긴 발표를 들어야 한다. 당신은 이 모든 일이 작년부터 논의되었고, 당신과 당신의 상사들만 까마득하게 아무것도 모르고 있었다는 사실을 알게 된다.

- **외부 거래처로부터 존재도 몰랐던 회식 참석 여부를 묻는 문자를 받았던 적이 있다.** 거래처 사람에게 무슨 회식이냐며 물어보면, 업무를 작년부터 이끌어온 담당자는 당신인데도 상사가 몰래 회식 자리를 주선해왔다는 대답이 돌아온다. 상황은 더 안 좋아진다. 한 달 뒤 그 상사가 거래처에 모든 질문은 자신에게만 하라고 했다는 소식을 듣는다. 도대체 왜 그랬을까? 글쎄…. 친구 한 명을 잃었다는 것 그리고 당신이 지금껏 상사에게 가지고 있었던 '작고 귀여운' 신뢰마저 깨졌다는 사실 말고는 아무것도 알 수가 없다.

- **업무와 별로 관계가 없는 내용이라도 블로그나 언론 매체, 책 등에 공개적으로 글을 쓰거나 공적인 자리에서 이야기할 수 없다는 경고를 들은 적이 있다.** 당신은 이 말을 고분고분 따르지만, 어느 날 상사 본인은 이 모든 것을 이미 하고 있었다는 사실을 알게 된다.

- **당신보다 경력이 부족해 보이는 백인 남성들로만 구성된 고객과의 회의에 유일한 여성으로 참석해서 당연하다는 듯 회의록 작성을 요구하는 CEO를 본 적이 있다.** 당신의 상사는 적극적인 자세의 당신을 '허니배저 honey badger, 벌꿀 오소리. 페미니즘을 반대하며 남성 권리 운동을 공개적으로 지지하는 여성이라는 뜻도 담고 있음─옮긴이 주'라고 부르지만(이건 전혀 칭찬이 아니다), 상대편에 있는

비슷한 태도의 남직원에게는 '자신감이 넘친다'고 평가한다. '여자들은 모른다'라는 말투로 당신을 가르치려 들고 희롱하며 무시한다.

아무런 해당 사항이 없다고? 이런 경험을 하지 않는 행운을 누린 당신, 축하한다! 아 참, 그리고 그 회사에 채용 계획이 있는지도 좀 물어봐 주면 좋겠다.

요즘 사무실의 문제: 전지적 관리자 시점

자기 몸만 살찌우는 기업 총수들이 돈을 쓸어모으는 동안 불쌍한 직원들이 업무의 고통을 짊어지고 있다고만 생각하면 편하다. 직함에 C자가 들어간 고위직에 올라와 있는 사람으로서, 나는 그게 사실이 아니라는 것을 잘 안다. 기업의 관리자 대부분은 일반 직원과 똑같이 고통스럽다.

해로운 문화와 사람은 조직 전체를 오염시키고 그 궤도 안으로 다른 이들을 빨아들이며, 선의를 가지고 일하는 사람들을 힘들게 한다. 더 이상 견딜 수 없어서 회사를 그만두는 사람이 생길 정도로 말이다. 직원들의 피드백을 받고 사교 모임도 열고 민폐를 끼치는 사람들을 격려하거나 가끔은 해고도 감행하며 이 문제를 해결하려고 하지만 마치 두더지 게임처럼 이 문제들은 하나를 치우면 셋이 튀어나온다.

상충하는 동기로 인해 부서 전체가 의도치 않게 서로와 갈등을 빚게 되면 이는 저항이나 손가락질 심지어는 공개적인 폭력 사태로까지 이어진다.

개편에 재개편(일명 '11월의 연례행사')을 거듭하지만 당신이 어떤 문제 하나에 집중하면 다른 문제들이 차선으로 내려가고, 문제는 끝없이 지속된다. 또 다른 두더지 게임이 시작되는 것이다.

고리타분한 위계와 투명성의 결여는 다 큰 어른이 다른 다 큰 어른을 이처럼 대하게 만든다. 상사는 아직 미숙하고 수준 미달인 '아랫사람'에게 정보를 공유하지 않는다. 이 문제는 상부에서도 마찬가지다. 고위 임원진은 중간급 관리자에게 많은 정보를 공유하지 않는다. 당신은 이런 분위기를 역행하며 팀원에게 더 많은 정보를 주려고 하지만, 팀원의 90%는 지루해하거나 아무 관심 없으며 스마트폰 화면에 머리를 파묻고 있을 뿐이다.

당신이 직장에서 보내는 시간 대부분은 의미 없이 바쁘기만 한 일로 가득 차 있다. 이를테면 인사팀에서 시키는 자가 진단은 발표 결과나 급여 인상 또는 보너스, 승진 여부와 전혀 상관이 없다. (이런 것들의 운명은 이미 상부에서 모두 결정된 지 오래다.) 업무와 관련 없는 내용에 대해 30번째 오가고 있는 이메일 읽기(상사에게 투명성을 요구한 건 당신이다!), 예산 보고, 파워포인트, 팀 회의, 일대일 면담, 프로젝트 현황 공유 회의도 그런 일에 포함된다.

그래도 당신은 맨 꼭대기에 도달하기라도 했다. 윗공기가 신선하지 않은가? 당연히 억소리가 날 만큼 많은 연봉을 받고 있을 것이다. 하지만 여기까지 올라오는 동안 답답한 회사생활에 그나마 숨통을 트여주었던 친구들로부터 고립되었다는 사실을 머지않아 깨닫는다. 게다가 이 최종 단계까지 오르면 쉬운 일은 물론 보통 수준이었던 일마저 모두 사라지고, 가장 복잡하고 존재론적인 문제들이 당신의 목을 하루도 빠짐없이 조여올 것이다. 만약 다른 임원이 당신을 더 상냥하게 대해주고 존중할 것이라고 생각한다면 큰 오산이다. 당신은 여전히 욕이 한 바가지로 쏟아져 내리는 곳에 서 있다. 연봉이 오를수록 문제도 많아지는 법, 세상에 공짜란 없다.

기업과 직원을 괴롭히는 문제가 모두 관리자의 탓(물론 관리자에게도 변화하고 체인지메이커가 될 권리가 있긴 하지만)은 아니다. 이런 잘못된 행동을 배양하는 문화와 환경을 모두 그들의 탓으로 돌릴 수는 없다. 이제는 심리학계의 고전이 된 스탠포드 감옥 실험을 살펴보자. 심리학자들은 사람의 행동에 미치는 환경의 영향을 관찰하기 위해(오랫동안 논란이 된 본성 대 양육 논쟁) 대학생들을 무작위로 교도관과 죄수로 나누는 실험을 진행했다.

필립 G. 짐바르도Philip G. Zimbardo 교수는 실험에 대해 다음과 같이 말했다. "감옥 환경이 실험에 참여한 대학생들에게 미친 영향은 우리의 생각 이상이었다. 2주로 예정되었던 감옥 생활에 대한 심리학 실험을 6일 만에 중단해야 했다. 단 며칠 만에 간수들은 가학적으로 변했고 수감자들은 우울증에 시달리며 극심한 스트레스의 징후를 보였기 때문이다."

좋은 의도를 가진 사람도 (나는 관리직으로 승진하는 많은 이들이 좋은 의도를 가진 좋은 사람이라고 믿는다.) 나쁜 행동을 배양하는 관리 구조와 권력으로 부패할 수 있는 셈이다.

나쁜 것에서 견딜 수 없는 것으로

일의 세계는 꽤 오래전부터 엉망이었다. 전혀 새로운 이야기가 아니다.

이런 현실을 반영한 영화와 패러디, 밈은 몇십 년 전부터 존재해왔다. 하지만 요즘엔 다르다. 일은 단순히 '재미없는 것'을 넘어 조금씩 무너져내리고 있다. 연금 제도가 무너지고 대규모 구조조정도 일어났다. 대학 졸업생과 중년의 전문가는 실직과 사실상 취업 포기 상태라는 낯선 동거를 하고 있다. 상황이 개선되어 경제가 호황일 때마저 전체 통계가 절망적인 현실과 불공정한 격차를 시야에서 가리고 있을 뿐이다. 그리고 불황이 올 때마다 수많은 사람의 직장과 삶이 회복할 수 없는 수준으로 망가진다.

뭐가 달라진 걸까? 기술이 '규모가 크다'는 대기업의 본질적인 이점을 제거해버렸다. 지금까지는 멋진 아이디어를 가지고 있는 것만으로 부족했다. 오직 대기업만의 자원이었던 자금과 자본 집약적 장비에 대한 접근성이 필요했던 것이다. 규모가 큰 조직을 계속 운영하는 것은 물론 힘든 일이다. 수많은 관료적 절차와 범용성, 비효율성이 따른다. 하지만 사업에 필요한 거래적 비용 때문에 대기업은 소형 조직과 비교했을 때 단순히 규모의 측면에서 더 효율적이었다.

그런데 어느 날 클라우드가 등장했다. 클라우드로 전 세계는 수십억 대의 기기가 연결된 하나의 거대한 컴퓨터가 되었다. 그 당시 대기업 임원이었던 나는 우리를 막는 장애물이 스타트업에는 더 이상 똑같이 적용되지 않는다는 사실에 질투가 났다. 제품을 시장에 출시하는 일이든 이미 출시된 제품을 업데이트하는 일이든 심지어 떠오르는 기술(그린필드, 블루오션, 세 번째 수평선이라고도 불린다)까지도 대기업에서라면 몇 년은 걸릴 일을 스타트업은 몇 주 혹은 몇 달 만에 잽싸게 해낸다. 그리고 스타트업에 속도가 붙으면 아마존웹서비스Amazon Web Services, AWS와 같은 클라우드 서비스로 고객 수요에 발맞춰 규모를 신속히 확장할 수 있다.

옛날식 경영 모델의 사무실을 단순히 나쁜 것에서 견딜 수 없는 것으로 바꾼 원인은 기술 발전으로 희소성이 주도했던 사회가 풍요 기반 사회로 근본적으로 변했기 때문이다. 이는 우리 모두에게 매우 끔찍한 결과를 초래했다. 경력을 이제 막 쌓기 시작한 체인지메이커는 이용당하고 혹사당한다는 느낌을 받는다. 경력을 한창 쌓고 있거나 마무리 짓는 단계에 있는 체인지메이커는 갇힌 기분을 외면할 수 없다. 이런 상황에서 양쪽 모두에게 충성심과 신뢰가 부족할 수밖에 없다. 다시 말해 우리는 심각한 구조적 불일치라는 위기에 봉착한 것이다.

상전벽해 같은 변화를 맞이할 시간

아무리 깡패여도 누구나 언젠가 '임자'를 만나게 된다. 골리앗은 다윗을, 영화 <크리스마스 스토리A Christmas Story>에서 스컷 파커스는 랄프를, 영화 <베스트 키드The Karate Kid>에서 조니는 다니엘을, 그리고 사무실은 휴먼 클라우드와 머신 클라우드를 만났다.

예전에 우리는 주먹을 휘두르는 건달에게 점심값을 넘겨주며, "형님 감사합니다, 한 대 더 맞아도 될까요?"영화 <애니멀 하우스의 악동들National Lampoon's Animal House> 대사 — 옮긴이 주라고 말할 수밖에 없었다. 하지만 이제 다른 선택지가 생긴 우리는 더 이상 이렇게 살지 않아도 된다.

샤론의 이야기를 살펴보자. 남동생이 갑자기 세상을 떠났을 때 그녀는 가족의 곁을 지키기 위해 긴 휴가가 필요했지만, 상사는 계속 회의 일정을 잡았다. 샤론은 가족보다 일을 더 우선시해야 하는 상황에서 슬픔을 억누르고 출근하는 대신 휴먼 클라우드로 뛰어들었다. 지금은 36개 기업의 회계 업무를 담당하며 원하는 시간에 일하고 매달 2만 6천 달러의 수입을 얻고 있다. 그녀는 이렇게 말했다. "머리 위에 고용주가 없는 건 이 세상에서 가장 자유로운 사람이 된 느낌이에요."

서맨사도 마찬가지다. 서맨사는 소프트웨어 개발자로 회사 생활을 시작하여 4천만 달러의 실적을 내는 부서의 임원으로 승진했다. 그리고 자녀 양육을 위해 직장을 그만두었다. 아이들이 대학에 입학하고 다시 일을 시작할 준비가 되었을 때 채용 담당자는 그녀에게 이렇게 말했다. "솔직히 말씀드리면요, 일을 너무 오래 쉬셨어요. 당신을 고용할 사람은 아무도 없을 거예요." 서맨사도 샤론처럼 휴먼 클라우드의 세계로 뛰어들었다. 어느 회사에도 취직하지 않았지만, 몇 년 만에 수십만 달러의 연봉을 받게 되었다. 하지만 돈보다 중요한 것은 그녀가 세상에 진정한 영향력을 행사하는 일을 찾았다는 점이다. 서맨사는 휴먼 클라우드와 사무실을 이렇게 비교했다. "만약 제가 풀타임 직장에서 일했다면 이렇게 많은 사람과 인연을 맺지 못했을 거예요. 저는 이제 다시는 사무실로 돌아갈 수 없을 것 같아요."

이들은 우리 앞에 펼쳐진 획기적인 변화를 멋지게 활용한 사람 중 단지 두 명일뿐이다. 이제는 당신의 차례다.

한눈에 보기

1. 우리와 같은 체인지메이커에게 사무실은 어울리지 않는다. 자꾸 긴장하게 하는 나쁜 행동과 비효율성에 관한 이야기는 우리 모두와 관련이 있다. 조직도 아래에서 위를 쳐다볼 때만 잘못된 느낌이 드는 것이 아니다. 직함에 C가 들어간 고위직에 올라도 이 느낌은 사라지지 않는다.

2. 오늘날의 파괴적인 변화가 위협을 가하기 시작한 뒤로 사무실은 나쁜 곳에서 견딜 수 없는 곳으로 바뀌었다.

3. 휴먼 클라우드와 머신 클라우드가 사무실을 대체하고 있으니 (적어도 최악인 부분은) 더 이상 참지 않아도 된다.

체인지메이커로 한 걸음

1. 당신의 업무 경험을 기반으로 '나 이런 적 있어!' 게임을 해보자. 특정 주제나 자주 겪었던 경험이 떠오르는가?

2. 스스로 아래 질문을 던져라.

   - 매일 아침 출근하는 것이 설레는가?
   - 토요일 아침에 일찍 일어나서 일해도 괜찮은가?
   - 돈 문제에서 자유롭다면 지금 하는 일을 계속할 것인가?

   만약 위 질문 중에 하나라도 '아니다'라고 답했다면 우리는 이 책의 뒷부분에서 그 답을 '그렇다'로 바꿀 도구를 제공할 것이다.

3. 지난 50년 동안의 급격한 기술 발전이 어떻게 사무실이란 공간을 견딜 수 없는 곳으로 악화시켰는지 읽어보자. 특히 무어의 법칙 Moore's Law, 멧커프의 법칙 Metcalfe's Law 그리고 선형적 변화와 기하급수적 변화를 구분하지 못하는 인간 두뇌의 한계도 알아보자.

추천 도서

『알렉 로스의 미래 산업 보고서』| 알렉 로스 Alec Ross 지음 | 안기순 옮김

『인에비터블 미래의 정체: 12가지 법칙으로 다가오는 피할 수 없는 것들』| 케빈 켈리 Kevin Kelly 지음 | 이한음 옮김

『왓츠 더 퓨처: 4차 산업혁명과 우리의 미래』| 팀 오라일리 Tim O'Reilly 지음 | 김정아, 김진희, 이윤진 옮김

『한계비용 제로 사회: 사물인터넷과 공유경제의 부상』| 제러미 리프킨 Jeremy Rifkin 지음 | 안진환 옮김

지금은 체인지메이커의 시대

미래는 당신과 당신의 특별하고 자율적인 디지털 자아의 것

미래의 고용주에게,

'제안'은 감사하지만, 저는 마음만 받겠습니다. 이제 당신이 필요 없어졌거든요. 더 좋은 방법을 찾았습니다. 저는 이제 밖에 나가서 세상을 더 좋은 곳으로 만들고 제가 일하고 싶은 시간에, 제가 원하는 방식으로, 같이 일하고 싶은 사람과 일할 예정입니다. 스타트업을 창업할 수도 있고 이런 저런 프로젝트로 옮겨 다닐 수도 있습니다. 어쩌다 회사에 들어갈 수도 있겠지요. 하지만 그 회사는 직원을 인간으로서 존중하고 제대로 운영되는 곳일 겁니다. 그러니까 당신이 제공한다는 사무실과 급여와 공짜 음료수로 다른 사람을 찾아보세요. 좋은 결과 있으시길 바랍니다.

진심을 담아,

체인지메이커 드림

드디어 세상이 바뀌었다. 이 새로운 세상에서는 앞서 살펴보았던 사회적 계약에 우리가 언제나 바랐던 방식으로 답장을 쓸 수 있게 되었다. 아마 당신의 할아버지도 이렇게 쓰고 싶었을 것이다. 이제 당신은 할 수 있다.

기업이 쥐고 있었던 권력은 개인에게 넘어왔다. 우리는 이제 중간에서 자신의 몫을 챙겨가는 여러 겹의 중개인 없이 인력, 도구, 지식, 가공되지 않은 데이터 처리 능력과 같은 자원에 직접 접근할 수 있다. 이전에 수십 명의 인력이 관리했던 것들이 이제는 소프트웨어로 처리된다. 이전에 수백만 달러의 비용이 들었던 것들이 이제 대부분(가끔은 전부!) 무료로 제공된다.

이전에는 기업이 이런 생산 요소들을 관리했지만, 이제 그 권한을 행사하는 건 개인이다. 회사에 들어가든 혼자 일하든 운전대를 쥔 사람은 우리다. 이전에는 우리가 기업의 눈높이에 맞춰야 했지만, 이제는 기업이 살아남으려면 체인지메이커의 눈높이에 맞춰 조직을 개편해야 한다. 현실에서는 어떨까?

이쯤에서 내 얘기를 해보겠다. 나는 르네상스인을 선망한다. 글쓰기, 악기 연주, 예술작품 만들기, 소프트웨어 프로그래밍, 또… 이 정도면 내가 어떤 사람인지 여러분도 대충 짐작이 될 테다. 하지만 실업자가 되고 싶은 게 아니라면, 나만의 전문 분야를 만들어야 했다. 그래서 기술 분야의 진로를 따라 기업의 전통적인 위계질서 사다리를 올라갔다.

하지만 요즘 나는 업워크와 같은 휴먼 클라우드 플랫폼을 활용하여 창의적 갈증을 해소하고 있다. 출근 전에 대필 작업도 하고, 분석용 소프트웨어를 만들기도 하고, 컨설팅 업무도 한다. 편안한 우리집 서재에서 말이다.

지스위트G Suite, 구글에서 제공하는 다양한 서비스를 한 곳에서 사용할 수 있게 해주는 통합 클라우드 서비스 — 옮긴이 주와 트렐로Trello, 프로젝트 프로세스를 시각화하여 일정 관리에 도움을 주는 서비스 — 옮긴이 주를 통해 재무나 회계에 대한 큰 걱정은 없이 커뮤니케이션도 하고, 소프트웨어를 만들기 위해 오픈 소스 프로그램을 사용하고, 플랫폼을 통해 급여를 받으며 일할 수 있다. 이렇게 긱 이코노미 업무를 하는 이유는 돈이라기보다, 다른 곳에서는 할 수 없는 신나는 일을 할 기회가 주어지기 때문이다. 이 모든 것은 휴먼 클라우드와 머신 클라우드라는 두 가지 트렌드가 일하는 방식을 바꾼 덕분에 가능해졌다.

클라우드 시대의 도래

그래서, 휴먼 클라우드와 머신 클라우드라는 건 정확히 뭘까?

휴먼 클라우드는 사람과 비즈니스가 원격 디지털 환경에서 다른 사람과 함께 결과 중심으로 일할 기회를 쉽고 빠르게 찾게 해주는 플랫폼이다. 물리적인 사무실에서 벌어지는 모든 일이 '디지털 클라우드 안에 있는 사무실'로 들어간 것이라고 생각하면 된다.

모바일 어플을 만든다고 가정해보자. 적합한 사람을 채용해 이들에게 급여를 지급하고 업무를 분배하고 파일을 공유하고 질문에 대답하고 피드백을 주고, 강아지 밈도 보내주어야 한다. 휴먼 클라우드에서는 사무실에서 일할 때 필요한 모든 것이 전부 디지털화되고 원격화된다.

여기에서 분명히 할 것이 있다. 사무실은 공룡처럼 완전히 멸종되지는

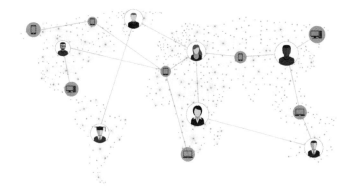

■ 물리적 사무실 vs. 휴먼 클라우드

업무	물리적 사무실	휴먼 클라우드
채용	인사팀	휴먼 클라우드 플랫폼
급여 지급	재무팀	휴먼 클라우드 플랫폼
업무 분배	사무실 방문*, 대면 회의, 스프레드시트	트렐로, 지라[1], 아사나[2]
파일 공유	이메일, 동료의 컴퓨터 보기	구글 드라이브[3], 마이크로소프트 팀즈[4], 드롭박스[5], 박스[6]
질의응답	사무실 방문, 회의, 이메일	지스위트(문서 형태), 트렐로, 지라, 아사나, 마이크로소프트 팀즈, 슬랙[7]
피드백 제공	사무실 방문, 회의, 이메일	지스위트(문서 형태), 트렐로, 지라, 아사나, 마이크로소프트 팀즈, 슬랙
강아지 밈 보내기	사무실 방문, 이메일	슬랙

* 사무실 안으로 누군가가 걸어들어오는 모든 경우다. 내 사무실에는 13분마다 누군가가 들어와서 농담하거나, 질문하거나, 인사를 했다.
1~7 — 옮긴이 주
1 JIRA, 프로젝트에서 발생하는 기술적 문제점을 관리하는 시스템
2 Asana, 업무 중심으로 프로젝트를 관리할 수 있게 도와주는 서비스
3 Google Drive, 구글에서 제공하는 클라우드 서비스
4 Microsoft Teams, 마이크로소프트에서 제공하는 프로젝트 관리용 서비스
5 Dropbox, 파일 공유 및 문서 편집 기능을 제공하는 클라우드 서비스
6 Box, 여러 기기와 플랫폼 간 호환이 가능한 클라우드 서비스
7 Slack, 외부 서비스와 연동되어 일원화된 커뮤니케이션을 가능하게 해주는 서비스

않을 것이다. 모든 조직이 악당이 아니듯, 사무실도 물론 장점이 있다. 동료에게 종이비행기를 던지고 비행기를 만들었던 종이 뒷면에 끄적인 분석으로 차세대 대혁신을 일으킬 수 있는 곳이 또 어디에 있겠는가? 같은 맥락에서 모든 일이 프리랜서 업무로 대체되어서도 안 된다. 외주 엔지니어들에게 시급 9달러를 주고 737 맥스 소프트웨어를 맡겼던 보잉이 대표적인 사례다. (2019년 7월에 블룸버그Bloomberg의 피터 로비슨Peter Robison이 관련 기사를 터뜨렸다.) 하지만 여기에서도 흑백논리로 문제에 접근해서는 안 된다. 나는 체인지메이커들이 원격 디지털 환경에서 결과 중심으로 작동하는 휴먼 클라우드의 장점을 창의적으로 활용한 사례가 언제나 감탄스럽다.

일반적으로 휴먼 클라우드를 이용하는 방법에는 두 가지가 있다. 휴먼 클라우드에서 일하는 것 그리고 다른 전문가를 휴먼 클라우드에서 고용하는 것이다.

휴먼 클라우드에서 일하는 가장 일반적인 방법은 프리랜서가 되는 것이다. 사무실이 점점 더 디지털화되고 원격 업무가 흔해지면 우리는 결국 모두 프리랜서가 될 것이다. 다시 말해 업무 장소와 시간, 내용에 대한 통제권을 우리가 쥐게 된다는 의미다. 예를 들어 이 원고의 마감일이 한 달 남았을 때, 나는 작업에 집중하기 위해 중국에서 일주일을 보냈다. 좀 지나쳐 보이는가? 아마도 그럴 수도 있다. 하지만 모든 것이 차단되고 알아볼 수 있는 것이라곤 스타벅스 로고밖에 없는 곳에서 일주일을 보내는 것은 내가 가장 생산적으로 일할 수 있는 방법이다. (게다가 바오쯔는 어찌나 맛있던지!)

휴먼 클라우드에서 전문가를 찾는 게 미심쩍다면 여기서 질문 한 가지.

만약 당신의 주머니 안에 세계적인 전문가들이 들어있다면 어떻게 하겠는가? 탑급 디자이너, 개발자, 데이터 과학자 들이 있다고 상상해보자. 구상만 하던 어플을 만들겠는가? 초안만 써두었던 글을 쓰겠는가? 지금 끙끙대며 만들고 있는 프레젠테이션 자료의 디자인을 맡기겠는가? 당신이 말하는 일이 프로젝트 단위로 진행되는 업무이기만 하다면 도움을 줄 수 있는 전문가가 당신을 기다리고 있다. (힌트: 모든 일은 프로젝트 단위로 진행할 수 있다.)

곧 알게 되겠지만 휴먼 클라우드는 1인 기업, 소규모의 팀이나 스타트업, 심지어 대기업에서도 (제대로만 한다면) 사용할 수 있다. 나는 휴먼 클라우드를 활용해 혼자서 책 한 권을 만들었다. 아주 간단한 일이었다. 테네시 주 내슈빌에 사는 전문 디자이너 한 명을 고용했을 뿐이었다.

또 한 번은 규모가 큰 조직에서 제품을 만들어 시장에 내놓고, 조직 전체를 동원해야 할 정도의 규모로 확장하기 위해 휴먼 클라우드를 활용했다. 이번엔 복잡한 일이었다. 5~15명의 프리랜서와 10~50명 풀타임 직원들로 구성된 팀이 영업, 마케팅, 제품 개발 분야에서 동시에 포괄적으로 협업해야 했다. (심지어 오가야 하는 표준시간대만 다섯 개였다.) 이 두 경험은 아주 달라보이지만 모두 팀원의 위치나 상황과 무관하게 재능과 업무 성과의 유기적인 접근으로 추진되었다는 점에서는 똑같았다.

머신 클라우드와 휴먼 클라우드는 음과 양 같은 존재다. 모든 일을 사람이 처리하는 대신, 머신 클라우드는 자동화와 인공지능을 통해 수많은 업무를 진행하고 지원한다. 간단한 업무를 기계에 맡기면 인간에게는 진짜 중요한 일을 할 여유가 주어진다. 최근에는 점점 더 복잡한 업무도 가능해지고 있다고 한다. 업무 자체에 걸리는 시간을 절약할 뿐 아니라 간단한 업무에서 다른 간단한 업무로 전환할 때 소모되는 정신적 비용까지도 절약할 수 있는 것이다.

자동화된 가상 비서가 일정을 체크하고, 이메일 초안 작성도 도와주고, 조사도 대신 해주고, SNS 계정까지 관리해준다면 어떨까? 이 모든 것들이 이미 존재한다면 또 어떻겠는가? (실제로 이미 세상에 나와있다.)

예를 들어 사업가 에이제이 고엘Ajay Goel은 중소기업의 이메일 전송과 관리에 도움을 주는 마케팅 도구 지매스GMass를 개발했다. 앤드류 아루다 Andrew Arruda는 IBM 왓슨IBM Watson, 미국 IBM 사의 초고성능 인공지능 슈퍼컴퓨터 — 옮긴이 주 기술을 일부 활용하는 인공지능 기반 법률 업무 보조 프로그램인 로스 인텔리전스Ross Intelligence의 창립자 겸 CEO다.

하지만 기술만 중요한 건 아니다. 인문계 출신인 캣 케이시Cat Casey나 고든 샷웰과 같은 사람들이 기계의 역량으로 인간의 필요를 충족시키는 융합형 능력을 통해 머신 클라우드에 들어왔다는 소식도 듣는다. 이들은 이 두 클라우드의 정확한 교차점에 앉아 있다. 진정한 체인지메이커란 바로 이런 사람들이다.

디지털화된 당신

사무실에서 우리는 그저 숫자일 뿐이다. 우리는 앉을 자리와 직함과 짧은 직무 기술서를 갖고 있다. 사무실 '규범'을 배우고, 사내 정치를 하고, 이

회의와 저 회의에 참석한다. 실질적으로 생산적인 일은 아무 것도 안 하면서 이리저리 밀치고 다니며 바쁜 척을 한다.

하지만 휴먼 클라우드와 머신 클라우드는 우리와 일 사이에 근본적으로 새로운 관계를 정립시켜준다. 우리는 더 이상 사내 정치에 묶이지 않는다. 더 이상 직함과 짤막한 업무 목록 뒤에 숨을 수도 없다. 이제 우리의 실적은 전 세계가 볼 수 있도록 완전히 공개되어 있다.

서론에서 언급한 포틀랜드의 디자이너 제이 치마도 마찬가지다. 제이는 휴먼 클라우드 플랫폼 업워크로 일하기 위해 나이키의 높은 연봉을 거절했다. 구글에서 제이의 이름을 검색하면 인상 깊은 후기를 여러 개 찾을 수 있을 것이다.

- "제이 치마는 '아주' 지루하고 복잡했던 도식을 역동적인 파워포인트 슬라이드 형식으로 영리하고 이해하기 쉽게 디자인해줬다. 전략적으로 사고하는 뛰어난 능력자!"
  — 고위 임원 컨퍼런스 기조연설용 파워포인트, 350달러
- "고민한 흔적이 드러나고, 디테일까지 살려낸 훌륭한 전문 작업."
  — 그래픽 디자인 분야 투자자 대상 프레젠테이션 자료, 500달러
- "나는 제이와 6개월 넘게 함께 일해왔다. 나는 발표 자료를 근사하게 만들어야 할 때마다 가장 먼저 제이를 찾는다. 제이는 멋진 비전과 세련된 그래픽 디자인 감각을 가졌고, 함께 일하기에도 좋은 사람이다. 의사소통에 능하고 책임감 있는 프로젝트 관리자."

— 스타트업 사업 제안 파워포인트, 1,290달러

- "제이 치마는 프로젝트 마감 일정이 빡빡했는데도 훌륭한 결과물을 내놓았다. 커뮤니케이션에 능했고 답신도 빨랐다. 그는 강력한 기술과 전문성을 갖췄다. 요청사항을 간단명료하고 빠르게 반영했다."

— 파워포인트 디자인 수정, 250달러

이 후기 중 하나를 클릭해보면 관련된 과거 프레젠테이션 자료를 찾을 수 있다.

이제 당신의 이름을 구글에서 검색했을 때 어떤 결과가 나올지 떠올려 보자. 당신은 체인지메이커니까 제이만큼, 또는 제이보다 더 많은 칭찬을 받았을 것이다. (제이, 미안해요!) 그리고 잠재적 고용주나 공동 작업을 원하는 사람들이 보고 싶어 할만한 아주 멋진 포트폴리오도 만들어두었을 것이다. 하지만 당신의 성과와 힘겨운 노력을 구글에서 볼 수 있는가? 아니면 회사 평가 시스템에 깊숙이 숨겨져 있는가?

휴먼 클라우드에서는 당신의 가치를 꼭꼭 숨겨놓지 말아야 한다. 휴먼 클라우드는 우리 개개인을 모두 투명하고 수량화된 하나의 글로벌 네트워크에 올려놓는다. 우리 각자가 아마존Amazon 웹사이트에서 판매되는 제품처럼 게시되면 (단, 가장 인간적이고 자율적인 방식으로) 어떻지 상상해보자.

사실 우리는 이미 이 수준에 도달했다. 소프트웨어가 일과 우리의 관계를 물리적인 현실 세계의 지역 네트워크(집과 사무실에서 1시간 이내의 거리에 있는 것들을 떠올려보아라)에 존재하는 것에서 어떤 한계도 없고 전 세계를 포괄하는 가상 네트워크(인터넷 및 관련 어플)의 디지털화된 존재로 바꿨기 때문이다. 이전에 우리는 가까운 거리에 있는 소수와의 관계만 유지할 수 있었으나, 이젠 온갖 경험과 전문 지식을 가진 전 세계인과 연결된 상태를 유지할 수 있다. 우리는 이렇게 연결된 사람과 기술을 통해 증강된 네트워크 안의 디지털 '노드'로서 훨씬 더 강력한 힘을 갖게 되었다.

매우 획기적인 일이다.

그렇다면, 노드란 정확히 무슨 뜻일까?

node (명사): 선線 또는 길이 교차하거나 갈라지는 중심 혹은 연결 지점.

우리는 이미 소셜 네트워크에서 노드를 경험하고 있다. 우리는 페이지, 프로필, 우리의 물리적 자아를 모방한 가상 아바타를 갖고 있다. 이제 이

'디지털화'는 종이 이력서를 디지털 프로필로 대체하면서 직업적 삶에도 영향을 미치고 있다.

머리가 너무 어지럽다고? 아주 좋은 현상이다. 이 변혁은 서서히 일어나는 것이 아니다. 짝사랑하는 사람이 '좋아요'를 눌러주는 것보다 더 큰 영향력을 가진 일이다. 하지만 이 결과가 고르게 분배되지 않고 유달리 당신에게만 유리하기 때문에 전통적인 사무실의 시대는 가고, 체인지메이커의 세상이 온 것이다.

성큼 다가온 체인지메이커의 시대

조직도에 있는 상자가 디지털 노드로 바뀌면서 체인지메이커의 시대는 네 가지 방식으로 앞당겨졌다.

1. 우리는 경력을 쌓아나갈 힘과 자유가 있다

중고차 한 대를 산다고 생각해보자. 인터넷이 없던 시절에는 지역의 중고차 중개소가 권력을 쥐고 있었다. 그들은 가격과 조건 그리고 심지어 차가 제대로 굴러가는지에 대한 정보까지 장악했다. 다니엘 핑크Daniel H. Pink가 『파는 것이 인간이다』라는 자신의 책에서 말한 것처럼 지금까지는 '매수자 위험 부담 원칙caveat emptor'이 적용되는 '구매자 주의' 세상이었다. 그런데 얼마 후 인터넷이 등장했고, 갑자기 모든 차가 중고차 판매자의 말이 아니라 평점과 후기와 함께 하나의 플랫폼에 등록되었다. '매도자 위험 부담 원칙_{caveat venditor}'의 '판매자 주의' 세상으로 바뀐 것이다.

이런 측면에서 보았을 때 사무실은 중고차 중개소와 비슷하다. 둘 다 점점 힘을 잃어가고 있다. 이제 세상은 '피고용자 주의' 세상이 아니라 '고용주 주의' 혹은 '관리자 주의' 세상으로 바뀌었다. 제대로 대우해주지 않으면 우리는 떠난다. 물론 모든 사람이 오늘 당장 일을 그만둘 수는 없다. 매달 월급 통장에 들어오는 돈이 사라질 것을 걱정할 수도 있다. 하지만 곧 이어질 이야기처럼 우리는 휴먼 클라우드를 각자의 상황에 맞춰 활용할 수 있다.

이는 함께 일하는 동안 제대로 된 대우를 받는 것에 국한되지 않는다. 우리는 일을 시작하기 전부터 어떤 사람이 나를 고용하는지 알 수 있다. '레이트 마이 프로페서즈Rate My Professors, 교수에 대한 후기, 평점, 재수강률 등의 정보를 제공하는 사이트 - 옮긴이 주'를 살펴보자. 나는 대학 생활 내내 이전에 강의를 수강한 학생들이 교수에 대해 남긴 평점과 후기를 보며 큰 도움을 받았다. 수강을 할지 말지 결정하기 전에 나는 교수가 학생을 진심으로 대하는 사람인지, 그저 자신이 쓴 교재를 학생들에게 팔기 위해 수업을 하는 부류인지 알 수 있었다. 이 사이트는 나에게 큰 도움이 되었다. 이제 휴먼 클라우드에서 관리자들은 그때 그 교수들처럼 책임을 져야 한다.

2. 임원처럼 높은 직위가 아니어도 큰 규모의 실적을 낼 수 있다

유감스럽게도 우리는 모든 것을 할 수 없다. 우리는 모든 것을 알 수 없고, 설령 그게 가능하다고 하더라도 최소한 잠은 자야 한다. 여기에 대해 사무실이 내놓은 해결책은 가장 많은 '머릿수'를 거느린 거대한 군대를 만드는 것이었다.

하지만 휴먼 클라우드와 머신 클라우드는 인재 발굴과 고용, 급여 지급, 협업 과정에서 발생하는 마찰을 대폭 줄이며 이 역학을 깨부순다. 이전까지는 인사팀, 재무팀, 구매팀 등 각각의 역할을 전담할 부서가 필요했다. 이제 개인은 예금 계좌만으로 이 모든 것을 할 수 있다. 이는 이제 대규모 전담부서 없이도 임원과 같은 힘을 가질 수 있음을 시사한다.

라슬로 나들러Laszlo Nadler 는 휴먼 클라우드로 전체 공급망 운영을 아웃소싱하여 혼자 100만 달러 규모의 스케줄 플래너 사업을 시작했다. 에이제이 고엘은 머신 클라우드를 활용하여 지메일에 적용되는 이메일 플러그인plug-in, 이미 존재하는 컴퓨터 프로그램에 특정 기능을 더해주는 소프트웨어 요소 — 옮긴이 주을 개발하여 일과 인생에서 모두 성공을 거뒀다.

체인지메이커는 고급 사무실을 얻거나 총괄 책임자가 될 때까지 상사에게 굽신거리고 '자신의 가치를 증명' 하지 않아도 된다. 우리는 전문가에게 도움을 요청할 수 있다. 명령하기보다 창조하고 협력하는 것이다.

3. 자발적으로 동료가 되고 힘을 합치는 우리에게 마초적인 위계질서 는 필요 없다

우리는 협력이란 개념을 좋아하지만, 솔직히 말하면 그렇지 않기도 하다. 젊은 세대와 소통하는 법을 써놓은 글에서나 가능할 뿐, 실제 사무실은 아직도 수직적인 명령과 통제를 이용한 리더십으로 운영되고 있다.

하지만 클라우드는 이 관계를 산산조각낸다. 더 이상 '하라면 해!'와 같은 수직적인 사고방식이 아니라, 동료 사이의 수평적인 협력으로 각자의 분야에서 전문 지식을 갖고 더 큰 비전을 위해 일한다. 이것은 부분의 합보다 전체가 더 뛰어나다는 뜻을 가진 '게슈탈트_{gestalt}'의 진정한 모습이다. 말만 오가면서 시간을 보내기보다 도구를 활용하여 명확성을 강화한다. (후반부에 더 자세히 다룰 예정이다.)

4. 옷은 편안하게!

언제 어디서나 원하는 일정에 맞춰 일할 수 있다는 점도 물론 중요하다. 그러나 편안함도 그에 못지 않다.

샌프란시스코에 있는 카페와 공유 사무실 심지어 일반 사무실은 왜 중학생들이 잔뜩 모인 지하실 같을까? 운동복 바지와 요란한 그래픽 티셔츠. 신발은 신고 있으려나 모르겠다.

이런 환경은 휴먼 클라우드와 머신 클라우드가 일과는 관련이 없는 모든 것들을 산산조각 내버렸기 때문에 가능해졌다. 나는 '코드가 왕이다'라는 말을 좋아하는데, 코드는 일을 어떻게 했는지 신경 쓰지 않기 때문이다. 코드는 오로지 입력값(당신이 실제로 한 일)이 의도한 출력값을 산출해냈는지에만 관심이 있다.

아무 쓸모없는 정치꾼이 일 잘하는 사람으로 둔갑하는 대신 디지털 도구를 통해 구체적인 가치를 일 자체에서 끌어낼 수 있게 되었다. 예를 들어 모든 사무실에는 '좋은 소식'을 공유한다며 자신이 한 일이 거대한 성공이었다고 주장하고 수많은 사람에게 감사 인사를 하며, 실제 성과가 무엇인지는 아무도 찾아보지 않길 바라는 마음으로 이메일을 보내는 동료가 분명 있다. 그러나 휴먼 클라우드에서는 모든 업무와 문서가 100% 투명하게 공개되기 때문에 그런 이메일을 보낼 필요가 없다. 따라서 공허한 메시지를 담은 이메일 대신 사람들은 그가 작업한 파일, 동료들에게 받은 피드백을 확인하며 실제로 무슨 일을 했는지 정확히 알 수 있게 된 것이다.

이것이 바로 IBM에 다니려면 있어야 할 청색 정장을 버켄스탁 샌들과 운동복 바지로 교환할 수 있는 대가다. 나다운 모습으로 일하고 말은 일이 스스로 하게 놔두자.

주의사항

하지만 전부 좋은 소식이라고 할 수는 없다. 휴먼 클라우드와 머신 클라우드가 모든 문제를 자동으로 해결해주지는 않는다. 어떤 문제들은 휴먼 클라우드와 머신 클라우드가 오히려 더 악화시킬 수 있다. 기술 발전이 불러오는 기회와 위험이 무엇인지는 점점 더 복잡해지고 있다.

휴먼 클라우드와 머신 클라우드에는 이러한 위험 요인이 있다. 뉴질랜드의 한 도시 오클랜드에 거주하는 프리랜서 베넥 리제프스키Benek Lisefski는 프리랜서가 되려는 젊은 세대에게 이렇게 말했다. "자신의 기대와는 다른 채용 관례에 지친 젊은 세대는 긱 이코노미에서 일하는 것이 자유롭게 경력을 쌓고 의미 있는 일을 할 수 있는 티켓이라고 생각했다. 지금 이들은 또 다른 감옥에 들어왔을 뿐이라는 사실을 깨닫고 있다."

휴먼 클라우드

이런 현상이 생기는 이유는 휴먼 클라우드가 마법의 약이 아니라 우리가 일에서 이미 가치 있게 생각하는 것을 부각해 줄 뿐이기 때문이다. 이것이 '증폭 효과'다. 만약 당신이 사무실에서 가치를 창출해내는 사람이라면 휴먼 클라우드 환경에서도 더 큰 가치를 만들어내고, 더 큰 돈을 벌고, 더 큰 통제권을 쥘 수 있을 것이다. 하지만 만약 원래도 제 역할을 못 했다면? 그러니까 필요한 능력(공학적 지식, 대인관계 기술 등)과 관련 경험, 강력한 네트워크를 갖추지 못했다면 휴먼 클라우드에서도 도움을 얻을 수 없다. 어쩌면 인생이 더 힘들어질지도 모른다.

기술 발전은 가진 자와 못 가진 자 사이의 전반적인 격차를 벌리고, 프리랜서와 인공지능 트렌드는 이 격차를 심화시킬 것이다. 사회적 그리고 경제적 지위가 낮거나 교육의 기회를 별로 누리지 못한 사람들, 성 차별과 인종 차별의 대상이 되는 사람들은 패배하는 쪽에 주로 속하게 된다.

당신의 정치적 신념이 어떻든 이 새로운 세상에서 우리는 모두에게 동등한 기회가 주어지는 사회의 건설을 지향해야 한다. 건강 보험, 노약자 부양, 금융 지식과 같이 우리 대부분이 당연하다고 여기는 것들은 지금보다 더 일반화되고 손쉽게 접근이 가능해야 한다. 그렇지 않으면 이 새로운 경제에서 승자와 패자 사이의 격차는 지금보다 더욱 벌어질 것이다.

우리가 원하는 것

체인지에이커는 타고난 리더이며, 많은 사람에게 영향을 준다. 따라서 휴먼 클라우드와 머신 클라우드를 수용하기 전에 아래 질문에 답해보자.

지난 150년 동안 우리가 자연스럽게 여겼던 시스템을 파괴한 뒤 따라올
사회적 결과에 대해 책임질 각오가 되어있는가?

우리는 코드 몇 줄을 갖고 놀거나 누군가에게 마이애미 말고 발리에 가
라고 설득하는 게 아니다. 우리의 영향을 받는 사람들이 먹고사는 방식을
근본부터 뜯어고치는 것이다. 이 새로운 세상은 개인이 지닌 고유한 가치
를 강화하지만, 그만큼 여러 사회적 문제도 심화시킨다. 그리고 우리가 마
주한 문제들은 상당히 심각하다. 혼자 일하는 개인은 건강 보험 보장 범위
를 협상할 능력이 없다. 마찬가지로 학자금 대출을 받은 회계사, 우버Uber 운
전자 등 대다수의 인력은 추가적인 교육 비용을 부담하거나 무급으로 6개
월이나 코딩 캠프에 참가할 여유가 없다. 이는 빙산의 일각일 뿐이다.

이쯤에서 당신이 해야 할 일도 있다.

경기장 안으로 들어와라. 심리학자 브레네 브라운Brené Brown은 자신의 책
『리더의 용기Dare to Lead』에서 이렇게 말했다. "이따금 호되게 얻어맞기도 하
는 경기장 안에 들어와 있는 사람이 아니라면, 나는 당신의 피드백을 귀담
아 듣지 않을 것이다." 직접 경기장으로 들어와서 쓴맛을 봐라.

먼저 전체를 이해하고 어떤 부분이 당신과 잘 맞는지 선택하자. 안타깝
지만 이 혁신은 식당의 1달러짜리 메뉴가 아니다. 주문하기 전에 누가 참여
했고 누가 영향을 받는지 반드시 이해해야 한다.

일을 넘어 더 큰 그림을 생각하라. 모두에게 더 많은 기회와 권한을 주기 위해 어떻게 일을 변화시킬 수 있을지 생각하라. 여기 힌트가 있다. 우리에게는 이동성이 있는 복지 혜택과 안전망, 규제가 필요할 것이다. 인종차별 방지책으로 휴먼 클라우드 인력 추천 시스템에서 지원자의 이름과 얼굴을 가리는 게 한 예시가 될 수 있다. 어떻게 하면 이 변화를 통해서 단지 배 몇 척이 아니라 바다 전체를 들어 올릴 수 있을까?

체인지메이커에게 자유를!

우리는 역사상 가장 위대한 황제들이 상상만 할 수 있었던 세상에 살고 있다. 소파에 앉아 스마트폰 위에 손가락질 몇 번이면 문 앞에 마차가 기다린다. 카이사르도 부러워할 일이다.

새로운 세상에서는 휴먼 클라우드와 머신 클라우드에 접속해 우리가 가진 두뇌와 일개 직원이라는 현실적인 한계를 넘어 영향력을 기하급수적으로 확대할 수 있다. 우리 부모 세대에서 높은 부가가치를 창출해냈던 GE, AT&T, P&G 등의 회사를 위해서는 수십만 명의 사람들이 수십 년 동안 힘을 모아야 했다. 반면 인스타그램은 수십억 달러를 받고 인수되기까지 겨우 16명의 인력과 2년이라는 시간만이 필요했다. 100만 달러 가치를 가진 1인 사업을 시작할 때도 마찬가지다. 이 모든 것은 그저 시작에 불과하다.

휴먼 클라우드와 머신 클라우드는 체인지메이커의 꿈이다. 소프트웨어 덕후들의 표현을 빌자면 소위 '규모 확장'이 가능한 것이다. 하나의 사용자에서 시작해서 순식간에 100명, 100만 명의 사용자까지 확장할 수 있다. 개인 맞춤화도 가능하다. 프리랜서이든 풀타임 직원이든 사업가든 사내에 휴먼 클라우드를 적용하려는 리더든 상관없이 누구나 원하는 무엇이든 만들 수 있다. 그리고 언제든지 손쉽게 이용할 수 있다.

이 책은 그 기회를 붙잡는 과정 그 자체다.

2부에서는 휴먼 클라우드를 수용하는 방법을 다룬다. 일할 장소와 시간, 내용을 정하고 가속화된 기회의 피드백 루프를 가동하기 위해 휴먼 클라우드에서 일하는 방법을 배운다. 다음으로는 프리랜서를 고용하여 결과물의 규모를 확장할 수 있도록 휴먼 클라우드를 활용하는 방법을 알아볼 것이다. 그런 다음 유능한 외부 인력을 발굴하고 내부 인력의 참여를 활성화하는 조직을 만들 것이다.

머신 클라우드를 다루는 3부에서는 자동화와 인공지능을 기반으로 일을 끝낼 수 있는 신기술을 활용할 것이다.

마지막으로, 이 두 클라우드를 꾸준히 적용하는 데 필요한 사고방식을 구축해서 마침내 체인지메이커를 세상 밖으로 내보낼 것이다.

우린 당신에게 온 세상을 주겠다는 약속은 할 수 없다. 하지만 이 세상에 흔적을 남길 수 있도록 반드시 도울 것이다.

한눈에 보기

1. 생산 수단을 개인이 소유할 수 있게 되면서 회사가 필요 없어졌다. 사무실에서 일하는 대신 휴먼 클라우드와 머신 클라우드를 활용한다.

   • 휴먼 클라우드: 사람과 비즈니스가 쉽고 빠르게 다른 사람들을 찾게 해주는 '클라우드 속 사무실'. 디지털 환경에서 프로젝트 단위로 함께 일하는 플랫폼.

   • 머신 클라우드: 자동화와 인공지능을 활용해 업무를 처리하거나 지원하는 것.

2. 우리는 더 이상 기업의 담장 뒤에 숨을 수 없다. 이제 우리는 전 세계 네트워크에 투명하게 공개됐다. 언제나 일관적이어야 하는 숫자에 불과했던 우리의 가치는 개인 고유의 특성이 반영된 디지털 프로필로 바뀌었다.

3. 네 가지 동력이 체인지메이커 시대의 도래를 앞당기고 있다.

   ① 우리에게는 경력을 쌓아나갈 힘과 자유가 있다.

   ② 우리는 임원이 아닌 창조자로서 큰 규모의 성과도 만들어낼 수 있다.

   ③ 우리는 서로 자발적인 공동 작업자로서 일할 수 있다. 마초적인 위계질서는 더 이상 필요 없다.

   ④ 우리는 복장 규정이나 사내 정치와 같은 무용한 것들이 아닌 일 자체를 중요하게 생각한다. 그래서 청색 정장 대신 운동복 바지를 입

을 수 있다.

4. 휴먼 클라우드와 머신 클라우드는 우리가 이미 소중하게 여기는 것들의 가치를 강화한다. 만약 당신이 풀타임 직장에서도 좋은 실적을 내지 못한다면, 휴먼 클라우드와 머신 클라우드에서는 아마 더 무능력해질 것이다.

체인지메이커로 한 걸음

1. 아마존에서 무언가를 구매한 뒤 스스로 다음 질문을 던져보자. "내가 이 물건을 왜 샀을까?" 그런 다음 자신이 아마존에서 판매되는 제품이라고 상상해보자. 당신은 어떤 제품인가? 어떤 사람이 당신을 고용할 것인가?

2. 당신의 이름을 구글에서 검색해보자. 뭐가 나오는가? 대학교 파티에서 찍은 사진? 아니면 당신이라는 사람의 고유성?

3. 가상으로 업무를 점검하며 당신의 일이 원격으로 할 수 있는 혹은 해야만 하는 일인지 확인해라. 어떻게 하냐고? 1주일 동안 회사에 출근하지 말고 카페나 공유 사무실로 가는 것이다. 집에 머물러보는 것도 좋다. 무엇을 하게 되는가? 더 효율적으로 일하게 되었는가? 더 많은 가치(양적 혹은 질적으로 더 나은 결과물)를 창출해내고 있는가? 그렇다면, 그대로 좋다! 아니라면, 이유가 무엇인가? 당신의 일이 가상으로 끝낼 수 없는 일인가? 만약 할 수 있는 일이라면 비대면 세상이 주지 못하는 요소 중 무엇을 사무실에서 얻을 수

있는가? (힌트를 주자면, 공유 사무실에는 이것이 있을 확률이 높다.)

4. 일의 패러다임 전환을 이해하기 위해 오늘날의 기술 트렌드가 미치는 영향력에 대해 읽어보자.

추천 도서

『뉴 파워: 새로운 권력의 탄생』| 제러미 하이먼즈Jeremy Heimans, 헨리 팀스Henry Timms | 홍지수 옮김

『4차 산업혁명 시대 전문직의 미래: 빅데이터, 인공지능, 기술 혁신이 가져올 새로운 전문직 지형도』| 리처드 서스킨드Richard Susskind, 대니얼 서스킨드Daniel Susskind 지음 | 위대선 옮김

『인간은 과소평가 되었다: 로봇과 인공지능의 시대, 영속 가능한 인간의 영역은 무엇인가』| 제프 콜빈Geoff Colvin 지음 | 신동숙 옮김

『제2의 기계시대: 인간과 기계의 공생이 시작된다』| 에릭 브린욜프슨Erik Brynjolfsson, 앤드류 맥아피Andrew McAfee 지음 | 이한음 옮김

THE
HUMA
CLOU

2부

원하는 일을
원하는 곳에서
원하는 사람과:
휴먼 클라우드

휴먼 클라우드 시대의 도래

업무 방식을 개선하는 엔진

내가 겪었던 디스토피아에 관해 이야기해 보려 한다.

주 5일씩, 그러니까 1년에 약 50주씩 나는 매일 같은 장소에 같은 시간을 머물면서 같은 일을 반복한다. 내가 이 일을 통제할 여지는 별로 없다.

아니 잠깐, 이건 디스토피아가 아니라 그냥 회사잖아?

나는 이 슬픈 현실을 깨달은 날을 평생 잊지 못할 것이다. 그 때 나는 보스턴의 32층짜리 고층 빌딩에서 짜릿한 흥분을 만끽하고 있었다. 거기에 도달하기까지 수많은 밤을 새워야 했기 때문이다. 그 회사에 취직하기 전에는 카페에 앉아 소규모 기업이나 스타트업을 프로젝트 단위로 도와주는 일을 했다. 시장 조사, 회계, 사업 계획 등 유튜브를 보고 혼자 습득할 수 있는 비즈니스 관련 업무라면 무엇이든 했다. 일의 매력에 완전히 푹 빠져 지냈지만, 정말 '내 일'이라고는 여기지 않았다. 이상하게 들리겠지만, 일을 재미로

했다. 하지만 내 주변 사람 모두가 월급과 복지 혜택을 제공하는 '제대로 된' 직장에 들어가라고 말했다. 그래서 나는 꿈의 직장이라고 불리는 4대 회계 법인에 파트너 승진이 보장되는 애널리스트로 취직했다. 그리고 출근할 날을 손꼽아 기다렸다.

하지만 근무를 시작하고 몇 주가 지났을 때 하마터면 공황 발작을 일으킬 뻔했다. 양쪽 세계를 모두 경험한 나에게 '제대로 된' 세상은 도무지 맞지 않았다. 사람들은 자신의 존재를 정당화하기 위해 업무와 관련 없는 용건만 지적하며 좀비처럼 걸어 다녔다. 특별 보너스, 로고, 곧 있을 해피 아워 같은 것만 기다리면서. 마치 산타클로스의 진실을 처음부터 다시 듣는 기분이었다. 다만 이 거짓말은 죽을 때까지 내 삶에 영향을 준다는 점만이 달랐다.

왜 휴먼 클라우드인가?

이제부터 할 이야기에 비하면 나에게 이 '현실'은 완전히 별로였지만 이런 '배부른 소리'를 할 수 있는 건 특권이기도 했다. 버지니아 주 버지니아비치에 사는 회계 담당자 샤론은 남동생이 35세에 갑자기 세상을 떠나는 일을 겪었다. 직장과 가족 중 하나를 선택해야 하는 상황에 놓이게 된 것이다. 그녀의 가족은 이제까지의 경험과는 비교할 수 없을 만큼 비통하고 혼란스러운 상태에 빠졌다. 장례식 절차도 조율해야 해야 했던 샤론은 가족의 곁을 지키기 위해 모든 일을 내려놓고 매사추세츠 주의 본가로 돌아갔다.

그런 와중에 회사는 이 가혹한 상황은 전혀 고려하지 않은 채 회의 일정을 잡고 그녀의 참석을 요구한 것이다.

샤론만큼 극단적인 수준은 아니더라도 우리 대부분은 분명 이 같은 감정에 공감할만한 경험이 있을 것이다. 휴가를 떠나거나 자녀의 축구 게임에 참석하거나, 병든 가족을 간호해야 하는 상황에서도 회사는 가족보다 일을 우선하라고 압박하곤 한다.

나의 경우에는 회사에서 근무한 지 1년 반 정도 됐을 때 첫 휴가를 떠났던 적이 있다. 상사에게 2주 동안 외부 연락을 끊고 머리를 정돈할 시간이 필요하다고 말한 다음, 아시아행 비행기에 올라탔다. 비행기가 착륙하자마자 상사가 보낸 이메일이 도착했다. 내가 미리 만들어두고 온 스프레드시트에서 쉽게 답을 찾을 수 있는 질문이었지만, 물론 날 귀찮게 하는 편이 더 쉬웠을 것이다. 어디에도 존중이란 없었다.

샤론은 용기를 내 심리적으로 그리고 시간적으로 여유가 필요하다고 말했다. 최근 있었던 성과 평가에서 뛰어난 점수와 함께 급여 인상도 받았으니 어려운 요청이라고는 생각하지 않았다. 처음에 고용주는 긍정적인 반응을 보였지만, 얼마 지나지 않아 샤론이 가족보다 회사에 더 집중할 것이라고 기대했다.

결국, 그녀 안에서 무언가가 툭 하고 끊어졌다. 이건 선을 넘는 짓이었다. 샤론은 비통한 마음이 진정되지 않은 상태로 고용주의 명령을 곱씹으며 직장을 그만두고 휴먼 클라우드에 곧바로 뛰어들었다.

휴먼 클라우드란 무엇인가

휴먼 클라우드는 기사 제목을 더 매력적으로 장식하는 단어다. 우리 업계에서는 더 큰 혼란을 일으키려고 신조어를 끊임없이 세상에 내던진다. 긱 이코노미, 프리랜스 이코노미, 노동 유연성, 탄력적 네트워크, 오픈 이노베이션open innovation, 기업의 내부와 외부 자원을 공동으로 활용하는 혁신 방법 — 옮긴이 주. 이런 신조어들은 나를 괴팍한 노인처럼 현관 앞에서 "다들 입 닥쳐!"라고 소리 지르고 싶게 만든다.

그게 단지 유행어라서가 아니다. 휴먼 클라우드란 특정 도구나 제품을 일컫는 단어가 아니라 클라우드 안에서 일하는 방식일 뿐이기 때문이다. 휴먼 클라우드는 하나의 사무실에서 하나의 직장만 유지해야 했던 기존의 업무 방식을 원격 디지털 환경에서 결과 중심적으로 작동하도록 바꾸는 도구와 응용 방식의 조합이다.

가장 일반적인 업무 활동인 커뮤니케이션과 협업 과정을 떠올려보자. 서로 대화를 나누고 질문하고 파일을 공유하고, 피드백을 주고받기 위해 물리적으로 같은 공간에 꼭 모여야 할까? 공유 사무실이나 즐겨 찾는 카페, 집에서도 이렇게 할 수 있지 않을까? 이를테면 나는 지금 이 글을 비행기에서 쓰고 있는데, 말 그대로 구름(cloud) 위가 사무실인 셈이다.

각각의 활동을 대체할 수 있는 디지털 장비가 개발되었을 뿐 아니라 이 장비들이 생산성과 창의성을 증진한다는 사실이 속속 증명되고 있다. 따라서 물리적 사무실은 더 이상 필요 없다.

만약 내가 지금 사무실에 있었다면 일을 시작한 지 13분 정도 지났을 때 동료가 내 사무실로 들어와 농담이나 질문을 던졌을 것이다. 그와 30분 동안 대화를 나누고 다시 일하기 위해 화면을 볼 때쯤이면 나는 이미 다음 회의에 늦었다. 회의에 절반만 집중하면서 동료의 방해를 받기 전에 시작했던 일을 마무리 지으려고 노력할 것이다. 그러면 회의와 내가 하던 일은 모두 생산성이 절반으로 떨어진다.

퇴근 시간이 되면 나는 온종일 아무것도 끝내지 못한 탓에 밀린 업무를 보충하면서 밤을 보내야 한다는 생각에 스트레스를 받을 것이다. 그날 밤에는 4시간밖에 잠을 못 자거나 업무 시간에 완성하지 못한 일을 생각하느라 뜬눈으로 밤을 지새우며 화룡점정을 찍는다.

자, 이제 이런 삶을 개방형 사무실에 적용해보면… 끔찍하다! 반면 휴먼 클라우드 안에서는 커뮤니케이션 여부를 스스로 조절할 수 있다. 3시간 동안 방해받지 않고 싶은가? 메시지에 답하지 않으면 된다. 도구를 활용하여 작업 속도를 효율화할 수도 있다.

안타깝게도 시간에 대한 통제권은 샤론의 것이 아니었다. 이로 인해 그녀는 상당한 고충을 겪고 있었다. 어떻게 유연성과 함께 안전 그리고 안정성을 모두 쟁취할 수 있을까? 그녀는 두 마리 토끼를 다 잡고 싶었다. 휴먼 클라우드는 샤론을 어떻게 도울 수 있었을까?

새로운 기회

휴먼 클라우드 플랫폼은 디지털 중개인 역할을 한다. 이 플랫폼은 프리랜서를 그들의 재능을 필요로 하는 사람들과 연결해주고 계약서 작성, 결제 프로세스 등의 기본적인 기능을 지원한다. 다행히 샤론도 회계 업계 전용 휴먼 클라우드 플랫폼 파로Paro에 대해 알고 있었다.

어쩌면 프리랜서닷컴Freelancer.com이나 업워크(오데스크oDesk와 이랜스 Elance 가 합병된 회사이다.) 같은 플랫폼을 떠올릴 수도 있다. 이들은 이 분야의 선구자이지만, 프리랜서란 개념을 직접 만들어낸 건 아니다. 엄밀히 따지면 '프리랜스free lance'라는 단어는 중세시대에 가장 돈을 많이 주는 국가를 위해 싸웠던 용병에서 유래되었다. 1950년대 이후로는 임시직 취업알선소, 컨설팅 에이전시, 인재 파견 회사처럼 프리랜서와 비즈니스를 연결해주는 모델이 여럿 등장했다. 하지만 소프트웨어를 효율적으로 활용하여 중개 과정을 생략하고 노동력의 공급자와 수요자를 직접 연결해주는 '재능 직접 연결 direct-to-talent' 모델을 최초로 구축한 것은 초기 인터넷 개척자들이었다.

전통적인 프리랜서는 에이전시를 위해 일하고 고객은 프리랜서 개인이 아닌 에이전시와 계약을 맺었다. 다시 말해, 수익권과 통제권이 에이전시에 있었다. 프리랜서가 일을 잘하면 이득을 보는 건 에이전시였다. 만약 프리랜서가 일을 못 하면 에이전시는 다른 사람을 투입했다. 그리고 프리랜서가 일을 너무 잘해서 고객이 그를 직접 고용하고 싶어 하면 에이전시는 고객에게 큰 비용을 청구하거나 고용을 가로막았다. 따라서 재능의 수요자와 공급자 사이에 존재했던 중간층을 걷어낸 첫 도약은 가히 기념비적이었다. 그 다음 단계가 바로 휴먼 클라우드다.

샤론은 파로를 통해 고객과 직접 접촉했다. 고객을 발굴하거나 계약서를 작성하는 일은 신경 쓸 일이 아니었다. 그녀는 그저 맡은 일에만 집중하면 되었고 이는 곧 월 4,000달러의 수입으로 돌아왔다.

전 세계 고객들과의 접점을 제공해주는 것은 휴먼 클라우드의 여러 장점 중 하나일 뿐이다. 소프트웨어는 지스위트, 트렐로, 슬랙, 지라 등의 협업 도구를 통해 업무 관계의 생산성과 속도를 개선한다. 이런 도구들은 업무에 동반되는 잡다한 일 사이의 마찰을 줄여서 샤론이 실질적인 업무에만 집중할 수 있도록 해주었다. 그리고 그녀는 풀타임 직장에서 일할 때보다 더 효과적인 업무 관계를 형성할 수 있었다. 샤론은 신규 고객을 향한 문을 열었을 뿐 아니라, 더 큰 규모의 고객과 프로젝트를 더 효율적이고 집중적으로 관리할 수 있게 되었다.

고객과 더 쉽게 접촉하고 일할 수 있게 되자, 샤론을 원하는 사람들이 6개월 만에 10배로 치솟았다. 찾는 사람들이 많아지자 샤론은 1인 기업을 가족 회사로 확장하고 남편과 딸을 포함해 총 3명의 직원을 고용했다.

샤론은 이제 36개 회사의 경리를 담당하며 매달 2만 6,000달러를 벌고 있다. 하지만 돈이 전부는 아니다. 그녀는 사고방식의 전환을 통해 더 좋은 조건의 회사로 이직하는 것보다 훨씬 훌륭한 기회의 문을 열었다. "남동생 일로 인해 생긴 좋은 일이 딱 하나 있다면, 제게 인생의 전환점을 만들어줬다는 거예요. 남동생이 세상을 떠나고 나서 제 사고방식이 바뀌었어요." 그녀가 말했다. 이 새로운 사고방식은 한 곳의 회사에서 제공해 줄 수 없는 수많은 기회로 이어졌다. "저는 절대 다시 누군가를 위해 일하지 않을 거예요. 머리 위에 고용주가 없는 건 이 세상에서 가장 자유로운 사람이 된 느낌입니다. 제 일정은 제가 만들어요. 매일 일하고 싶을 때 일하고, 하고 싶은 일을 고르죠. 저는 함께 일하고 싶은 고객과 그렇지 않은 고객을 선택할 수 있어요."

휴먼 클라우드를 받아들이는 방법

샤론의 이야기는 믿기 어려울 정도로 굉장하지만 아주 드문 경우는 아니다. 사무실에 앉아서 고정된 일을 하는 것에서 원격 디지털 환경에서 프로젝트 중심으로 일하는 것으로 패러다임이 바뀐 결과다.

하지만 휴먼 클라우드는 그저 도구일 뿐이다. 마술사의 속임수도, '종착지'도 아니다. 우리와 같은 체인지메이커가 세상에 더 큰 흔적을 남길 수 있도록 도와주는 매체이자 수단이다.

샤론은 휴먼 클라우드를 잘 활용하여 가족에게 도움을 주고 장소와 연락망의 제한을 넘어 여러 갈래의 수입원을 만들어낸 훌륭한 케이스다.

나에게 휴먼 클라우드는 기회의 피드백 루프를 가속하고 일할 장소와 시간, 업무 내용을 통제할 수 있게 해주는 도구다. 나는 지금 인터넷 속도가 빠르고 음식도 아주 맛있는 싱가포르의 어느 카페에서 이 글을 쓰고 있다. 가장 친한 친구와 매년 12월에 싱가포르에서 하프 마라톤을 뛰는 바보 같은 전통을 만들었는데, 문득 '친구도 만나고 일도 하면 어떨까?'라는 생각이 들었기 때문이다. 같은 맥락에서 나는 더 좋은 성과를 달성하기 위해 휴먼 클라우드를 활용하여 샤론과 같은 전문가의 도움을 받아 프로젝트 단위로 진행되는 일을 한다.

당신은 무한한 잠재력을 가졌다. 휴먼 클라우드를 사용하는 올바른 방법이나 이것을 사용할 수 있는 사람에게 특별한 점은 없다. 프리랜서와 사업가, 기업의 관리자 모두 휴먼 클라우드를 활용할 수 있다.

우리는 휴먼 클라우드를 다음 세 가지 방법으로 받아들일 것이다. 휴먼 클라우드에서 일하기, 휴먼 클라우드 활용하기 그리고 휴먼 클라우드를 조직에 적용하기다.

휴먼 클라우드에서 일하기

샤론의 사례는 휴먼 클라우드를 도구로 사용할 수 있는 여러 가지 방법 가운데 하나, 원격 디지털 환경에서 프로젝트 단위로 일하는 방법을 알려주었다. 하지만 휴먼 클라우드에서 일하는 방식에는 이외에도 다양한 형태가 있다. 휴먼 클라우드에 풀타임 프리랜서만 있는 것은 아니다.

곧 등장할 리안은 프리랜서 업무와 풀타임 직장 사이를 오가며 일한다. 부업으로 프리랜서 일을 하는 사람도 있다. 이들은 풀타임 직장에서 받는 수입 외에 부수입을 올리기 위해 또는 낮에 근무하는 직장이 채워주지 못하는 허전함을 채우기 위해 부업을 한다. 앞으로도 정규직은 물론 계속 존재할 것이다. 하지만 사무실이 디지털화, 원격화, 프로젝트화 되어가면서 우리가 일하는 형태는 점점 더 프리랜서와 비슷해질 것이다. 이 세상은 점점 더 휴먼 클라우드 업무 패러다임으로 전환되고 있다.

휴먼 클라우드 활용하기

휴먼 클라우드를 받아들이는 또 하나의 방법은 우리의 능력을 보강하기 위해 전문가를 고용하는 것이다. 우리 모두에게는 한계가 있고, 모든 것을 알 수도 없다. 그런데 휴먼 클라우드 세상에서는 우리 손끝에 전문가들이 대기하고 있다. 그리하여 이런 태생적인 한계를 극복할 수 있는 것이다.

예를 들어, 함께 이 책을 쓰고 있는 매튜 코트니를 만난 것은 내 생의 가장 큰 행운이었다. 당시 나는 인공지능에 대한 보고서를 기술적 측면에서 분석해줄 사람을 찾고 있었다. 업워크에 이 프로젝트를 150달러에 올린 뒤, 하마터면 그의 프로필을 읽고 의자에서 떨어질 뻔했다. 딥 러닝Deep Learning 과정을 만든 CTOChief Technology Officer, 최고 기술 책임자이자 '세상에 선한 영향을 주는 인공지능'이라는 주제로 TED 강연까지 한 사람?! 내가 이 프로젝트를 게시한 지 이틀 만에 우리는 함께 일하기 시작했다. 우리는 전형적인 '시키는 대로 하시오' 식의 작업 방식 대신 동등한 위치에서 협력했다. 결과물로 작성한 보고서는 훌륭했다. 그 뒤로도 관계를 계속 이어가다가 지금 당신이 읽고 있는 이 책을 쓰게 된 것이다.

솔직히 나는 휴먼 클라우드에서 고용할 수 있는 전문가들과 해낼 수 있는 일들의 잠재성을 생각하면 여전히 어안이 벙벙할 정도다. 25살짜리가 단순히 구글 검색을 통해 CTO를 고용할 수 있다는 사실은 일반적인 일은 아니니까. 매튜뿐만이 아니다. 나는 디자이너, 개발자, 경영 컨설턴트, 작가, 편집자, 프로젝트 매니저 등 당신이 나열할 수 있는 직군의 전문가 대부분을 고용해봤다. 이 모든 것을 C자 직급 없이도 해냈다. 그리고 대부분의 일은 샌프란시스코에 있는 내 거실에서 이루어졌다.

조직에 휴먼 클라우드 적용하기

잠깐, 이게 끝이 아니다! 휴먼 클라우드에서 일하고 휴먼 클라우드를 활용하는 것은 그것이 가진 거대한 힘의 일부분이다. 휴먼 클라우드는 개인은 물론 조직에서도 활용할 수 있다.

적어도 가까운 미래에 조직이 사라지지는 않을 것이다. 물론 당신이 4월이 닥치면 다가올 여름을 대비하여 겨우내 찐 살을 급히 빼는 것처럼, 조직에서도 불필요한 부분을 다듬기는 하겠지만 조직은 살아남아 역사에 길이 남을 다음 두 가지 도전 과제를 극복하려 애쓸 것이다. 첫째, 당신과 같은 체인지메이커가 6개월마다 이직하지 않도록 자율권을 주는 것. 둘째, 스타트업에 뒤처지지 않는 것.

솔직해지자. 우리처럼 똑똑하고 의욕적이고 진취적인 체인지메이커는 오랫동안 한곳에 머물지 않는다. 우리는 도전을 좋아하며, 자율권이 필요하며 어마어마한 일을 벌일 수 있는 자원을 원한다. 회사가 우리에게 기회를 창출해낼 도구를 제공하지 않으면 우리는 그런 도구를 제공하는 다른 회사로 떠나거나 휴먼 클라우드로 들어가면 된다. 혁신적인 회사에 가면 내가 매튜 코트니를 고용한 것처럼 당신도 휴먼 클라우드를 통해 전문가를 고용할 수 있다. 다만 이 경우에는 당신이 개인 예금 계좌 대신 기업 계정을 사용한다는 차이가 있을 뿐이다. 이를 통해 당신은 고정된 직책이나 직무 기술서 혹은 책임져야 하는 3~5가지 업무를 뛰어넘는 결과를 낼 수 있을 것이다. 이를테면 나는 PM이라는 숨겨진 역할도 하고 있다. 여기서 PM이란 프로젝트 관리자(Project Manager)일까, 제품 관리자(Product Manager)일까? 뭐가 됐든 상관없다. 이 역할을 통해 나는 누군가에게 인수인계받은 직무 기술서 대신 현실적 한계를 뛰어넘는 기술이 필요한 결과물을 지속해서 낼 수 있었다.

앞서 스타트업이 어떻게 대기업의 몫을 가져가고 있는지에 대해 서술했다. 휴먼 클라우드는 반대로 대기업이 스타트업과 맞서 싸우는 데 도움을 줄 수도 있다. 총에는 총으로 맞서야 한다. 제품을 만들어 시장에 출시하고 또 제품을 업데이트할 때 큰 조직이었다면 몇 년이 걸렸을 일을 스타트업은 몇 개월 만에 해낸다. 기업 입장에서 재능있는 인재는 찾기도, 고용하기도 어렵기 때문이다. 최근의 개발자와 데이터 과학자 구인난은 누구나 아는 사실이다. 몇 안 되는 인재 중에서 구글이나 페이스북이 데려가지 않은 사람들은 (중서부 지역에는 미안한 얘기지만) 가까운 곳에서 15달러짜리 유기농 아보카도 토스트를 먹을 수 없는 회사에는 눈길도 주지 않을 것이기 때문이다.

북미의 인기 오토바이 제조업체는 이런 현실적 장벽이 있음에도 불구하고 고객을 위해 디지털 경험을 구축하는 일을 포기하지 않았다. 그들은 차세대 모바일 어플을 만들고 싶었지만 일류 개발자들을 정규직으로 채용하는 데 필요한 예산은 물론 인지도와 시간도 없었다. 하지만 이 업체는 브랜든 브라이트라는 체인지메이커 덕분에 휴먼 클라우드에 있는 전문가에게 접근하여 몇 달씩 걸리던 전통적인 채용 과정을 단 며칠로 단축하고 전 세계 최고의 엔지니어와 제품 전문가를 영입할 수 있었다.

이 모든 선택지를 기반으로 일을 하는 누구나 휴먼 클라우드를 활용할 수 있다는 것은 분명한 사실이다. 이제 휴먼 클라우드 속으로 뛰어들어서 이 세계가 실제로 어떻게 작동하는지 살펴보자.

한눈에 보기

1. 모두가 사무실과 맞는 것은 아니다. 그래서 새로운 업무 방식이 탄생했다. 이번 장에서는 남동생의 급작스러운 사망으로 인해 가족과 함께해야 했던 샤론이 더 이상 직장을 다니기 어려워진 케이스를 통해 전통적인 사무실의 문제점을 지적했다.

2. 휴먼 클라우드는 '일부 사람에게 맞지 않는 일'에 대한 해결책이다. 휴먼 클라우드란 우리가 클라우드에서 일하는 방법이지, 하나의 도구나 제품이 아니다. 휴먼 클라우드는 우리가 하나의 물리적 사무실에서 하나의 직장을 가지고 일해온 방식을 원격 디지털 환경에서 프로젝트 중심으로 일하는 방식으로 변환시키는 도구 및 어플의 모음이다. 샤론은 휴먼 클라우드 플랫폼 파로에 가입하여 원격 환경에서 프로젝트 단위로 일하는 고객들과 접촉할 수 있게 되었고, 이는 그녀가 이전에 일했던 물리적인 사무실에서보다 더 유연하게 일하고 더 많은 수입을 벌어들일 수 있게 해주었다.

3. 우리는 휴먼 클라우드를 3가지 방식으로 받아들일 것이다.

   ① 휴먼 클라우드에서 일하기

   ② 휴먼 클라우드 활용하기

   ③ 조직에 휴먼 클라우드 적용하기

휴먼 클라우드

체인지메이커로 한 걸음

1. 디지털 시대의 휴먼 클라우드 뒤에 숨겨진 맥락을 이해하기 위해 파트타임, 임시직, 독립계약자와 플랫폼 비즈니스 모델 시대의 도래에 대한 책을 통해 디지털 시대의 휴먼 클라우드 뒤에 숨겨진 맥락을 들여다보자.

추천 도서

『플랫폼 기업 전략: 21세기 경제를 지배하는 독점기업』 | 알렉스 모아제드Alex Moazed, 니콜라스 L. 존슨Nicholas L. Johnson 지음 | 이경식 옮김

『플랫폼 레볼루션』 | 마셜 W. 밴 앨스타인Marshall W. Van Alstyne, 상지트 폴 초더리 Sangeet Paul Choudary, 제프리 G. 파커Geoffrey G. Parker 지음 | 이현경 옮김

『Temp: How American Work, American Business, and the American Dream Became Temporary』 | Louis Hyman 지음

휴먼 클라우드에 올라탄
체인지메이커

기회로 향하는 새로운 길

인간들을 한 번에 8시간씩 우리 안에 가둬놓자는 아이디어는 도대체 누가 냈을까? 어쩌면 당신은 공짜 커피나 도넛을 마음껏 먹게 해주는 '도넛 금요일'이 있다면 그 정도는 감수할 수 있다고 생각할지도 모르지만 그래도 나는 도저히 이해할 수가 없다.

나는 카페를 아주 좋아한다. 내가 예전에 살았던 작은 마을의 강변에 있는 '플럼 아일랜드 커피 로스터즈Plum Island Coffee Roasters'라는 카페를 특히 좋아하는데, 자전거를 타고 갈 수도 있고 산책을 하다가 스무디 한 잔을 살 수도 있는 곳이다. 이따금 너무 시끄러워질 때가 있긴 하지만, 노이즈캔슬링 기능이 있는 에어팟과 함께라면 아무 상관이 없다.

그러나 현실에서는 카페가 아니라 사무실에서 일할 수 있는 것조차도 특권이다. 대도시에 살지 않는 99%의 인력, 8시간 동안 한 곳에 머물 수 없는 맞벌이 부부, 나이 들고 몸이 아픈 부모를 모셔야 하는 사람, 상사의 소유물이 되는 것을 참지 못하는 사람 등 사무실에서 근무할 수 없는 사람도 있기 때문이다. 회사 슬로건이나 홍보 기사에서는 사무실의 접근성과 포용성을 내세우지만 실제로는 그렇지 않다. 만약 홍보팀이 진실만을 말한다면, 사무실은 그저 침입적이고 배타적인 곳이라고 할 것이다.

하지만 휴먼 클라우드를 사용하면 인터넷이 연결된 장소라면 어디에서든 일할 수 있다. 아시아의 한 작가는 이 현상을 이렇게 표현했다. "인터넷과 방대한 협력 도구의 도움을 받아 가상의 팀으로 일하는 것은 한 장소에 모인 사람들과 일하는 것과 다름없었다. 게다가 전 세계인과 대화를 나누고, 협력하고, 연락할 수 있다는 건 꽤 멋진 일이다."

하지만 이것은 휴먼 클라우드가 주는 기회의 일부일 뿐이다. 내가 좋아하는 노트북 스티커에는 '난 개 나이, 아니 긱 나이로 20살이다.I'm twenty in dog, I mean gig years.'라는 문구가 쓰여있다. 이 말은 휴먼 클라우드를 통해 자신의 가치를 증명하는 데 걸리는 시간을 단축할 수 있으니, 전통적인 사무실에서는 한참 걸릴 일을 휴먼 클라우드에서는 몇 개월 만에 해낼 수 있다는 뜻이다.

내 인생 최고의 프로젝트 중 하나인 '가상 커뮤니케이션 및 협력용 표준 운영 절차Standard Operation Procedures, SOP' 구축 과정을 예로 들어보겠다. 이 프로젝트는 지금보다 기술에 대한 접근성이 훨씬 떨어졌던 몇 년 전에 진행되었다. 우리는 고객과 100% 원격으로 업무를 했고 함께 일하는 동료들은 서로 다른 세 개의 대륙에 살고 있었다. 하지만 4개월 동안 나는 임원진 및 동료들과 조직에서 사용하는 지스위트, 트렐로, 슬랙을 활용하여 인프라의 계획, 테스트, 적용까지 마무리 지었다. 이 프로젝트는 나의 미래 고객들에게 보여줄 유형의 업무 결과물로 남았다. (내가 직접 활용하기도 했다!) 가장 좋았던 부분은 CEO가 남겨준 후기였다. "매튜는 대화가 잘 통하는 사람이다. 회의 중 그가 보여주는 통찰력은 뛰어나며, 프로세스를 기반으로 업무를 진행한다. 우리는 매튜에게 주요 서비스와 내부 커뮤니케이션의 표준 운영 절차 구축과 관련해 도움을 받고자 했다. 매튜는 이 두 가지 목표를 6개월 만에 달성하고 시행했다. 조직적이고 성장 동력을 확장하고자 하는 팀에 매튜를 강력히 추천한다." 이 후기는 곧바로 다음 일로 이어졌다!

이것은 휴먼 클라우드에서 일하며 겪었던 대표적인 경험이다. 고객들의 예산 수립부터 운영 및 전략 컨설팅까지 도와주면서 각각의 프로젝트는 책임져야 할 일과 도전적인 문제를 쏟아냈을 뿐 아니라 내가 지금껏 함께 일했던 동료들과는 달리 다양한 대륙과 전공 출신의 사람들과 만났고 임원급 결정권자들과의 업무 경험을 제공해주었다. 임원과 일하기가 쉬웠다고 말한다면 거짓말일 것이다. 하지만 바쁘고, 숫자를 기반으로 사고하며 우리와 똑같은 인간이기도 한 임원의 리듬을 이해하자 휴먼 클라우드에서 일하는 것을 통해 교실이나 교과서에서 절대 배울 수 없는 대인관계 기술을 배울 수 있었다. 휴먼 클라우드의 대표적 이점인 기회의 가속화다. 나는 이 경험 덕분에 겨우 26살에 10년 이상의 경영 경험을 갖춘 듯한 느낌으로 직장생활을 시작할 수 있었다.

참고할 사례는 나 말고도 많다. 나를 교실 맨 뒷자리에서 낮잠 자는 게으

름뱅이처럼 보이게 만드는 노엘, 서맨사, 제이, 리안의 경험을 들어보자.

새로운 아메리칸 드림

식구들 중 처음으로 4년제 대학에 진학한 노엘 아렐라노Noel Arellano는 텍사스 A&M대학교Texas A&M University에 델Dell재단 장학생으로 입학했다. 노엘의 앞날은 창창해 보였다.

하지만 곧 그는 막다른 골목에 다다른듯한 느낌을 받았다. 노엘은 마치 공장 노동자가 되기 위해 태어난 사람 같았다. 학교 교육부터 또래 친구들, 가족, 지역 사회 지원 제도까지 모두 그를 텍사스 주 베이타운의 앤하우저부시Anheuser-Busch 맥주 공장의 일꾼으로 키워내려는 것 같았다. 그래서 노엘이 대학 캠퍼스에 처음 발을 내디뎠을 때, 그는 케그 스탠드keg stand, 술통을붙잡고 물구나무를 선 채 맥주를 마시는 미국 대학 문화 — 옮긴이 주나 프랫 파티frat party, 미국 대학의 남학생 사교 클럽에서 주최하는 파티 — 옮긴이 주에 가는 대신 기초를 따라잡는 데 온 힘을 쏟아야 했다. 예컨대 우리는 미적분학 수업을 수강하려는 대학생이라면 대수학 1을 포함한 수학 수업을 이미 듣고 수학적 기초를 당연히 쌓았을 것이라고 기대한다. 이와 마찬가지로 작문, 과학, 기타 선택 과목 수업 역시 어느 정도의 기초적 이해가 있다는 가정 아래 시작한다는 사실을 생각하면, 공장 지대에서 성장한 사람의 출발점이 왜 다를 수밖에 없는지 알 수 있다. 노엘이 다른 학생들과 같은 출발점에 서려면, 케그 스탠드는 당연히 빠져야하는 것이었다.

수업을 따라잡는 것도 매우 힘들었지만, 머지않아 학생들의 가장 큰 현실적 과세인 취업이 다가왔다. 당신의 첫 취업 박람회를 기억하는가? 땀으로 축축해진 손과 어색한 대화. 박람회장을 한 바퀴 돌면서 각 부스에 이력서만 내려놓은 뒤 넥타이를 풀고 밖으로 나갈 수 있다면 정말 좋겠지만, 그럴 수 없다. 당신은 미소를 짓고 점잖게 악수하고 채용 담당자가 당신의 이력서를 특별 파일에 넣게끔 지금까지 해온 일을 근사하게 포장해야 한다. 하지만 지금까지 해온 일이 취업 시장에 적합하지 않다면? 학교에서 다른 학생들을 따라잡기 위해 시간을 보냈다거나 관련된 경험을 할 기회가 없었다면? 그렇다면 망한 거다. 노엘은 이렇게 말했다. "다른 학생들은 채용 담당자와 20분 이상 대화를 이어나갔지만, 저는 20초도 넘기지 못했어요."

그러던 중 얼마 뒤 그는 운 좋게도 학생 대상 휴먼 클라우드 플랫폼인 파커 듀이Parker Dewey, 대학 재학생과 졸업생에게 단기간 인턴십 기회인 마이크로인턴십을 제공하는 웹사이트 - 옮긴이 주에서 진행하는 인터넷 세미나를 발견했다. 노엘은 사이트에 가입해서 여러 기회를 살펴보다가 일주일 만에 그의 첫 마이크로인턴십인 영업 지원 프로젝트를 시작했다.

마이크로인턴십은 일반적인 인턴십과는 조금 다르다. 풀타임 자리를 제안하고 디즈니나 핏불Pitbull 공연 입장권을 선물로 주는 일반적인 여름 인턴십과 달리 노엘의 인턴십은 또 다른 마이크로인턴십으로 이어졌다. 그리고는 세 번째, 네 번째 인턴십이 이어졌다. 노엘은 너무 많은 면접 제안을 받은 탓에 자신도 모르는 사이에 채용 담당자들이 그의 이름을 외우고 있다는 사실을 깨닫고 쑥스러워질 지경이었다.

하지만 여기에서 일 자체보다 더 중요한 건 프로젝트를 맡을 때마다 매번 노엘이 전문가로 성장할 수 있도록 피드백 루프가 빨라졌다는 점이다. 노엘은 이렇게 말했다. "프로젝트를 할 때마다 다른 경로를 통해서 절대 배우지 못했을 현실 세계와 저 자신에 대한 중요한 지식을 습득할 수 있었습니다. 말할 수 없을 만큼 많은 시간과 노력이 들어갔지만, 인턴십은 제 업무 능력에 대한 새로운 차원의 자신감을 부여해주었어요." 그는 업무에 필요한 실질적인 기술을 배웠고, 고객을 상대하면서 언제든 적용할 수 있는 대인관계 기술을 키웠다. 눈코 뜰 새 없이 바쁜 임원에게 정보를 전달하는 방법, 능률적으로 질문하고 건설적인 피드백을 받아들이는 방법을 알게 되었다.

가장 좋았던 점은 노엘이 지망했던 다양한 직무, 산업, 기업에서 일할 기회를 얻었다는 점이다. 그는 스타트업과 대기업을 두루 경험했다. 매 프로젝트를 통해 공짜 음료수 대신 수량화된 실질적인 업무 성과와 기회의 피드백 루프에 불을 지필 현실적인 기반을 다졌다.

익숙한 길은 사라졌지만, 희망은 있다!

노엘과 우리는 모두 모순에 빠졌다. 기업에는 언제나 능력 있는 인재가 필요하고, 능력 있는 인재는 좋은 직장이 필요하다. 그런데 이들 사이를 연결해주는 다리가 끊어진 것이다.

무슨 일이 벌어진 걸까? 아메리칸 드림은 교차로에 다다랐다. 입사를 환영하는 분위기와 종이 이력서가 있었던 그 때 그 시절 아메리칸 드림은 죽었다. 새로운 아메리칸 드림은 휴먼 클라우드에서 일하는 것이다.

달라진 건 뭘까? 휴먼 클라우드는 기존 세계의 규칙대로 움직이지 않는다. 휴먼 클라우드에서는 상사에게 아부하고 미소 짓다가 어느 날 등에 칼을 꽂는 방식의 사내 정치를 할 시간이 없다. 정해진 양식으로 작성한 자기소개서를 여기저기 뿌리고 가시방석 위에 앉아서 몇 개월을 보내다가 '당신보다 더 적합한 인재를 찾았습니다'라는 따위의 자동응답 이메일 혹은 이보다 더 판에 박힌 '축하합니다'라는 이메일을 받는 (그리고 6개월 뒤에 실제 업무와 채용 공고에 있었던 내용과 완전히 딴판이라는 사실을 깨닫고 퇴사하는) 게임도 끝났다. 당신이 멤버십 골프 클럽에서 뛰어놀며 자랐거나 몇몇 선택 받은 귀족 학교를 졸업하지 않았다면 갈수록 더 눈앞에서 멀어질 일이다.

반면 휴먼 클라우드는 결과를 기반으로 작동한다. 그리고 평점, 후기, 유형의 작업물을 통해 이 결과를 수량화한다.

우리에게는 새로운 이력서가 있다

노엘은 자신이 전통적인 이력서 게임에서 승리할 수 없다는 사실을 알고 있었다. 따라서 그는 새로운 종류의 이력서를 작성하기 시작했다. 새로운 이력서는 아마존에 올라와 있는 제품 목록과 유사하지만 훨씬 더 창의적이고 인간 중심적이었다.

좋은 제품의 조건에는 두 가지가 있다. 특색이 있고 작동도 잘 될 것. 모두에게 필요한 스테이플러가 아니라면 아마존에 있는 제품은 눈에 띄고, 관심을 끄는 '초hyper-'독특함으로 특정 구매층의 틈새 욕구를 충족시켜야 한다. 틈새 제품도 플랫폼의 규모 덕분에 많은 수요자를 찾을 수 있다는 점이 시장이 매력적인 이유다. 채용 시장과 우리의 관계도 마찬가지다. 의사처럼 모두가 필요로 하는 몇몇 직업을 제외하면 명문 대학 졸업장만으로는 부족하다. 아마존에서처럼 우리는 '초'특화되어야 한다.

이를테면 에리카 시코 캠벨Erica Ciko Campbell은 업워크 플랫폼에서 레오나르도 다빈치에 대한 글을 전문적으로 쓰는 작가다. 탁월한 작가인 그녀는 우리가 필요했던 것, 즉 다빈치와 그의 유명한 작품인 <인체비례도The Vitruvian Man>에 관한 문단 하나를 작성하는 일에 초특화되어 있었다. 반면 평생 직장이나 기업이었다면 아마 그녀를 찾기란 거의 불가능에 가까웠을 것이다.

특화된 인력이 되려면 스스로에 대해 이해하고 자신만의 고유한 특성을 보강해 나가야 한다. 나는 학생들에게 항상 이런 질문을 한다. "지루할 때 무엇을 하거나 보는가? 그 행동과 관련된 산업이 있는가? 관련된 기술이나 기업의 유형이 있는가? 혹은 관련된 특정 기업이 있는가?" 이런 것들은 교실에서 배우기 힘들다. 다음 장에서는 이 비밀을 파헤칠 도구에 대해 이야기할 것이다.

아마존에서처럼 "저기요, 날 고용하세요! 전 일을 제대로 잘 해요!"라고 외치는 것만으로는 부족하다. 마이크로소프트에서 2년 동안 일한 경력이 있다고 말하는 것으로도 부족하다. "저기요, 제가 이런 걸 했었어요. 당신에게도 해드릴까요?"라고 말할 수 있는 구체적인 결과물을 생산해내야 한다. 이력서에 박힌 로고보다 중요한 것은 평판이다.

제품 작동 여부를 증명하기 위해 기업은 사례 연구나 시험 과정을 거친다. 휴먼 클라우드는 평점, 후기, 유형의 자산을 저장한다. 어떤 컨설팅 회사에서 2년 동안 일했다는 이력 대신 당신이 실제로 무엇을 만들었는지(포트폴리오), 누구를 어떻게 도왔는지(평점과 후기)에 자동으로 우선순위를 매긴다. 일반적인 기업에서 퇴사하면 당신의 성과는 회사에 그대로 남는다. 하지만 휴먼 클라우드에서 만든 작품은 영원히 당신의 것이다.

가속화된 기회의 피드백 루프로 이득을 취할 수 있다는 점이 이 새로운 이력서의 매력이다. 제품이 인터넷을 통해 퍼져나가듯 휴먼 클라우드는 기회의 플라이휠flywheel, 엔진이 안정적인 속도로 회전할 수 있도록 해주는 무거운 바퀴 ― 옮긴이 주을 돌릴 수 있다. 이에 대해 노엘은 이렇게 말했다.

"저는 입사 제안은커녕 면접 기회 한 번 얻지 못하다가 10번이 넘는 면접 기회와 수많은 풀타임 자리를 제안받을 수 있게 되었습니다. 대학에서 화학공학 학사 학위를 받고 졸업했을 당시 새로 생긴 자신감을 활용하여 풀타임 자리에 취직했어요. 이 모든 일이 1년 만에 일어났어요. 1년이요! 좋은 기회를 통해 제 인생은 정말 믿기지 않을 정도로 크게 바뀌었습니다. 저는 이 모든 일이 가능할 거란 상상조차 하지 못했어요. 저에게 대학을 졸업하고 취직하는 과정은 인생에서 마주한 최대 난제 중 하나였는데, 각각의 프로젝트가 제가 다른 어디에서도 얻지 못할 저 자신과 현실 세계에 대한 중요한 지식을 가르쳐주었습니다."

아름답다.

모두가 새로운 꿈을 꿀 수 있다

휴먼 클라우드가 도움을 줄 수 있는 사람은 이제 막 노동시장에 진입하기 시작한 사람뿐이 아니다. 훌륭한 PM이자 편집자인 서맨사 메이슨 Samantha Mason의 사례를 살펴보자.

그녀의 삶은 전통적인 경로에서 승승장구하고 있었다. 소프트웨어 개발자로 일을 시작한 서맨사는 공개 상장 기업에서 4000만 달러를 벌어들이는 부서의 임원으로 승진했다.

두 아들의 엄마가 되자 그녀는 직장에서 발휘했던 끈기를 육아에도 적용하고 싶어졌다. 그래서 퇴사하기로 했다. 일을 그만두고 나서 서맨사는 10만 달러 규모의 모금 행사를 기획하기도 하고, 유치원생부터 고등학생까지 참여할 수 있는 체스 동아리를 주관했다. 고등학생과 대학생을 대상으로 한 요리 학교도 운영했다.

아이들이 대학에 진학하자 서맨사는 다시 회사로 돌아갈 준비가 되었지만, 기업 세계는 그녀를 별로 반기지 않았다. 필요한 분야의 자격을 갱신했음에도 복직의 문은 열리지 않았다. 하지만 서맨사는 좌절하지 않고 (서맨사는 거절을 좀처럼 받아들이지 못하는 사람이다) 특이하지만 놀라울 만큼 효과적이었던 경로를 통해 휴먼 클라우드로 방향을 틀었다.

그녀는 전문 스크럼 마스터Professional Scrum Master, 제품 출시를 목표로 조직된 전문가 모임인 스크럼팀의 리더 — 옮긴이 주 자격증을 취득할 때 공부했던 책의 저자에게 연락을 했다. 오랜 세월을 통해 서맨사에게는 좋은 내용을 알아보는 감각이 있었다. 그 책은 영어가 아닌 언어로 쓰인 책이었는데, 그래서 서맨사가 자신의 능력을 발휘할 여지가 있었다. 닫히는 문에 가까스로 발을 끼워 넣는 것처럼 그녀는 저자에게 연락하여 자신의 이름을 편집자로 실어주면 책을 무료로 편집해주겠다는 제안을 했다. 저자는 주저하긴 했지만 어쨌든 동의했다. 시간을 뒤로 빨리 돌려보면… 어느 날 독일의 한 출판사가 이 책을 집어 들었고, 보스턴대학교Boston University의 퀘스트롬 경영대Questrom School of Business 수업에서 이 책을 추천 도서로 활용하고 있다. 유형의 결과물과 고객 후기를 통한 평판을 만든 것이다.

이후에 그녀는 업워크에 가입해 인테리어 관련 업체의 게시글을 편집하는 업무를 맡았다. 서맨사는 온라인 세계에서 성공하는 방법이나 그녀의 특별한 틈새 능력이 무엇인지 정확히 알고 시작한 것이 아니었다. 그래서 처음에는 소박하게 한두 시간 정도 걸리는 일에 8달러에서 35달러 정도를 받았다. 이런 일들은 취업이나 입시를 앞뒀거나 전문직 단체의 회원으로 선출되려는 고객들에게 개인 브랜드를 만들어주는 일과 개인 블로그 개설을 도와주는 일로 이어졌다.

프로젝트를 진행할 때마다 서맨사는 능력을 강화하고 발전시키며 점점 더 높은 집중력을 발휘했다. 그녀에게는 특별한 틈새 능력이 없었지만, 그녀의 다양한 분야를 아우르는 커뮤니케이션 능력과 업무 추진력 덕분에 기술 및 전문 분야의 고객을 발굴할 수 있었다. 그녀는 이렇게 말했다. "모든 일이 너무 금세 일어났어요. 흥미로웠던 부분은 특정 프로젝트에 단기적인 도움이 필요한 사람들을 만나는 것이었어요. 재밌는 건 그때 같이 일했던 인테리어 업체와 3년이 지난 지금까지도 같이 일을 하고 있다는 거죠. 8달러를 받고 진행했던 계약이 1만 달러 이상의 수입을 주는 장기 업무로 바뀌었어요. 심지어 스페인의 한 회사를 방문할 기회도 있었어요! 업체의 CEO는 저와 제 가족, 팀원 전체에게 점심도 대접하고 두 팔 벌려 환영해주었어요.”

그녀는 조심할 점도 일러주었다. “하지만 이 모든 일이 항상 쉽지만은 않았어요. 특히 초반에는 정말 힘들었죠. 프리랜서 업무에는 밀물과 썰물이 있어서 모든 과정에서 자신의 능력을 의심하게 됩니다. 저는 거의 한 달 동안 새로운 고객 없이 약간의 반복적인 업무만 하며 지냈어요. 하지만 결국 저는 그 기회를 활용하여 제 웹사이트를 개선하고, 글을 쓰고, 이전에 함께 일했던 고객에게 연락을 해보면서 저만의 시간을 가질 수 있었죠. 저는 잠재적으로 독이 될 수 있는 일에 허겁지겁 달려들기보다는 차분히 진행하는 편이 좋다는 것을 배웠거든요.”

휴먼 클라우드를 받아들인 지 3년이 되었을 때 서맨사는 본래 다시 돌아가려고 했던 세계보다 더 좋은 곳을 찾았다는 사실을 깨달았다. 일을 더 많이 하냐고? 그렇다. 주말에도 여전히 일하는가? 물론 그렇다. 하지만 그녀가 원해서 하는 일이다.

최근에는 고객 중 한 사람이 급하게 이력서 작성을 요청했다. 구직 중인 사람에게 종종 있는 일이다. 그녀는 이렇게 말했다. “‘일요일 오전 8시부터

10시 사이에만 가능해요. 이 시간 외에는 업무를 해드릴 수 없어요.'라고 공지했는데, 고객은 더 높은 가격을 제시하며 그 시간으로 계약을 맺었어요."

그녀는 아무도 고용해주지 않을 거라는 말을 들었던 '경단녀'에서 지속성과 수익성이 모두 좋은 경력을 가진 프리랜서로 발전한 것이다. 수입도 늘었지만, 평생 친구로 지낼 전 세계의 수많은 사람을 만났다. "저는 모자 관계 혹은 부녀 관계에 있는 사람들과 일을 했고 결혼 소식까지 전달받았어요. 사업가들이 사업을 시작하는 데 도움도 주고 특허를 신청할 때 변호사와 연결해주기도 했습니다. 우리 집에서 개인적으로 만나기도 하고, 스타트업이 제가 소개해준 벤처캐피털에 발표하는 자리에도 참석했죠. 좋은 날도 있고 나쁜 날도 있었지만, 꿈을 향해 달려가는 사람들의 모습을 지켜볼 수 있었어요. 만약 제가 풀타임 직장에서 일했다면 이렇게 많은 인연을 맺지 못했을 거예요. 저는 이제 다시는 사무실로 돌아갈 수 없을 것 같아요."

노엘과 서맨사 모두 9시부터 5시까지 일하는 전통적인 경로에는 맞지 않았지만, 휴먼 클라우드에는 아주 잘 맞는 케이스였다.

꿈을 꿀 여유가 없는 이들에게도 기회는 있다

서맨사가 회사를 아예 그만두지 않아도 됐다면 어땠을까? 엄마 되기 '또는' 풀타임 직장에서 일하기 중 하나만 선택해야 하는 것이 아니라, 훌륭한 엄마 되기 '그리고' 풀타임 직장에서 일하기를 둘 다 하고 싶었다면? 발표 자료 디자이너 제이 치마가 그랬다.

제이는 나이키에서 전형적인 기업의 위계질서 사다리를 타고 올라가기에는 아까운 인재였다. 그는 존스홉킨스대학교Johns Hopkins University를 졸업하고, 노스캐롤라이나대학교의 채플 힐UNC-Chapel Hill에서 MBA를 취득했다. (한마디로 수재다.) 나이키에서 근무하는 동안 제이는 9개국의 부사장 26명으로 구성된 리더십 팀의 지원을 담당한 부서를 이끌었다. 신흥 시장 지원 및 전략 기획 부서장으로 일한 적도 있었다. 하지만 더 높은 자리로 승진할수록 정작 가장 소중한 가족과 보낼 시간은 점점 사라졌다.

제이는 출장 마일리지와 추억을 교환하는 대신 스스로 질문을 던졌다. "내가 나의 상사가 되고 가족과 더 많은 시간을 보낼 수 있다면?"

서맨사처럼 제이도 이 사실을 깨달은 다음 날부터 수십만 달러의 연봉을 내려놓았다. 버튼 하나를 눌러서 기업의 권력자 없이 엄청난 수익을 내는 마법을 부리지도 않았다. 높이 평가받는 관리자였지만 제이 역시 자신의 독특함이 무엇인지 알아내고 평판을 쌓아야 했다. 제이는 자신만의 독특한 차별점을 생각하다가 나이키에서 기발한 파워포인트를 만들어냈던 경험을 떠올렸고, 이것이 그의 틈새 능력이 될 수 있을지 궁금해졌다. MBA 졸업장과 지원 및 전략 기획 부서장이라는 탄탄한 기반과 상당한 관리 및 전략 컨설팅 기술도 갖추고 있었다. 하지만 무엇보다 그를 차별화한 것은 전략 분야의 경력과 대기업 임원급 대상 프레젠테이션에서 필요한 디자인적 감각을 활용하여 근사한 자료를 만드는 능력이었다.

제이는 시급을 100달러로 올려놓고 기다렸다. "한 3일 정도 버텼어요. 문득 제가 대부분 사람보다 경험이 많기는 하지만 이런 플랫폼에서는 경험이 전혀 없다는 사실을 깨달았어요. 제안이 들어오지 않는 걸 보고 겸손해 졌죠. 그래서 시급을 낮췄습니다." 제이가 농담조로 말했다. 제이는 길거리 평판을 어렵게 배웠다. 그에게는 수량화된 업무 성과와 진지한 후기가 필요했다. 쉽지 않았고, 제이답지 않은 방식이었지만 시급을 30달러로 낮췄다. 그는 시급을 이렇게 내린 이유에 대해 이렇게 말했다. "당시 아들을 돌봐주셨던 유모의 시급이 20달러였거든요." (웃음).

서맨사와 노엘이 그랬던 것처럼, 이 방법은 통했다. 이제 제이는 시급을 250달러씩 받으며 프리랜서 발표 자료 디자이너로서 35만 달러가 넘는 수익을 낸다. 그는 업워크의 최상급 프리랜서 중 한 명으로 엑손모빌, 마이크로소프트Microsoft, 유튜브, GE, 나스닥Nasdaq, 블루나일Blue Nile, 링크트인LinkedIn, 아디다스, 레볼루션 그로스Revolution Growth, 지멘스Siemens와 같은 브랜드와 일을 한다. 하지만 제이는 통장 잔고에 생긴 변화보다 더 중요한 것이 있다고 말한다. "저는 함께 일할 고객과 프로젝트를 선택하고, 일할 시간과 장소를 골라요. 하루를 완전히 내 마음대로 보낼 수 있는 거죠."

따라서 취업 시장에 발을 들이기 시작한 사람, 재취업을 시도하는 사람, 일을 계속 하면서 아이들과 함께 시간을 보내고 싶은 사람 모두에게 새로운 아메리칸 드림은 딱 맞는 기회가 될 수 있다.

휴먼 클라우드에서 기업으로

겉으로 보기에 리안 스컬트는 여느 기업인과 비슷하다. 흰색 아우디와 교외의 자연 친화적인 집. 하지만 리안에게는 비밀이 있다. 일반 기업에 다니는 사람처럼 보이지만 실제로 그녀는 휴먼 클라우드와 일한다.

이는 휴먼 클라우드가 알려지기 전부터 리안이 독립 계약직으로 일해 왔기 때문이다. 당시에는 휴먼 클라우드가 구축되지 않은 상태였기 때문에 그녀에게는 수많은 프로젝트가 잠재된 글로벌 네트워크가 없었다. 하지만 리안은 안정적인 월급이나 복지 혜택 없이 프로젝트 단위로 업무를 했다.

서맨사처럼 리안도 아이들이 태어나자 기업 권력자의 감시 아래 일하는 환경에서 키우고 싶지 않았다. 그녀는 버스 정류장에 아이들 마중을 나가고, 아이들의 축구 경기에도 빠지고 싶지 않았다. (그리고 회의와 축구 관람을 동시에 하느라 딸이 우승 골을 넣는 순간을 놓치고 싶지도 않았다.) 하지만 일을 그만둘 수는 없었다. 때문에 프리랜스 에이전시에 연락해 주 15시간 보고서 작성을 돕는 6개월짜리 프로젝트 관리 업무를 맡았다.

계약 기간이 끝나기 훨씬 전에 에이전시는 그녀와의 계약을 1년으로 연장했고 근무 시간도 늘렸다. 리안의 가속화된 기회의 플라이휠이 돌아가기 시작했다. "프리랜서로 일하는 것의 가장 큰 매력은 어떤 프로젝트를 하고 누구와 함께 일할지, 얼마를 받을지에 대한 결정권이 저한테 있다는 점이에요. 재미없는 프로젝트나 업무 환경이 나쁘다고 알려진 일을 거절할 능력이 생기기 때문에 어려운 프로젝트를 맡아도 멋진 사람들과 최상의 성과를 낼 수 있어요." 그녀가 말했다. 직장인이라면 누구나 상사가 하기 싫은 일을 시켰을 때 겉으로는 "넵!"이라고 대답하면서 '장난하냐?'라는 말을 속으로 삼킨 경험이 있을 것이다. 하지만 플라이휠에 속도가 붙기 시작하자마자 리안은 그녀의 일을 완전히 통제할 수 있었다.

이런 잠재적인 프로젝트 중 하나는 한 글로벌 대기업의 휴먼 클라우드 플랫폼 수용 작업이었다. 당시 스타트업은 휴먼 클라우드 플랫폼을 쉽게 활용할 수 있었지만 인력과 프로세스, 기술의 부족 혹은 제한이라는 인프라 문제로 몇몇의 대기업만이 휴먼 클라우드를 활용하고 있었다.

그녀가 여기에서 엄청난 기회를 보았다는 것은 좋은 소식이었고, 나쁜 소식은 일을 성공적으로 마무리 지으려면 현존하는 규정과 프로세스, (조금 뒤 더 자세히 다룰 예정인) 내부 시스템을 타파해야 했기 때문에 풀타임으로 일을 해야 했다는 것이다. 다행히도 리안은 프리랜서로 일하면서 얻은 능력으로 새롭게 마주한 두 가지 커다란 문제를 해결할 방법을 알아냈다.

첫 번째 문제는 법무, 구매, 인사, 전략 기획, 각종 제품 담당 등 거의 모든 부서에 걸쳐 요구 사항이 적용되어야 한다는 것이었다. 대부분은 대기업의 구조적 복잡성 때문에 두 손 들고 물러났겠지만 리안은 프리랜서로 일해본 경험을 통해 여러 가지 일을 하는 부서의 결정권자를 어떻게 대해야 하는지 알고 있었다. 그녀는 이렇게 말했다. "저는 풀타임 직원으로 일하는 동료들처럼 특정한 업무 한 가지를 담당하고 있지 않았기 때문에 부서별 요구 사항과 설립 취지를 이해하고, 다양한 부서가 협력하며 서로의 성과를 기반으로 새롭게 공유된 비전을 향해 나아가도록 만들 수 있었어요."

두 번째 문제는 미리 짜인 각본이 없고 그저 여러 부서가 건네준 요구 사항만 있었다는 것이었다. 다들 알겠지만 기업 내 부서들은 낡은 규정과 프로세스로 인해 접근법도 서로 다르고 요구사항도 상충한다. 누군가는 이런 환경에서 실패를 직감할지도 모른다. 책임이 제대로 명시되어 있지 않고 따를 수 있는 전례도 없다. 그저 다른 사람들이 할 줄 모르는 일에 대한 소유권과 책임져야 할 일의 목록이 있을 뿐이다. 하지만 리안에게 이것은 그녀의 능력 향상 기술을 마음껏 사용할 기회였다. 그녀에게는 비교할 대상, 편견, 사용해야 할 기술이 정해져 있지 않았다. 항상 트렌드에서 앞서기 위해 새로운 기술을 배워야 했던 프리랜서로서의 경험은 그녀를 완벽하게 대비시켰다. 이 능력은 풀타임 직원에 비해 프리랜서에게 두드러진 점이라고 잘 알려져 있다.

리안은 이렇게 말했다. "프리랜서로 일해본 경험이 없는 사람들은 혼란스러운 상황에서 일을 잘 못 해요. 풀타임 직장에서 일하면 대개 상사가 당신의 운명을 결정하죠. 이런 시스템은 당신이 참고할 각본과 책임져야 할 목록이 정해져 있다는게 장점이긴 하죠. 하지만 프리랜서는 그렇지 않아요. 프리랜서는 결과물의 100%를 자신이 만들어낸 것이기 때문에 책임져야 할 목록을 스스로 만들고 그 목록에서 나오는 모든 결과를 스스로 책임져야 합니다." 따라서 자신의 책임이 뭔지 묻는 대신 마이크로소프트 365 프로그램이 제공하는 서비스 중 팀즈Teams, 파워 오토메이트Power Automate, 셰어포인트SharePoint, 파워BIPowerBI, 폼즈Forms 등의 다양한 기술을 혼자 습득하고 위의 요구사항과 이들을 결합해서 기업용 휴먼 클라우드 프로그램을 만들었다.

프로그램은 엄청난 성공을 거뒀다. 그녀가 만든 프로그램은 2년도 채 안 돼서 프로세스조차 없었던 프로젝트를 5,000개가 넘는 프리랜서 프로젝트로 탈바꿈시켰다. 휴먼 클라우드계에 슈퍼볼Super Bowl이 있었다면 MVP는 아마도 그녀의 차지였을 것이다.

이 일화가 우리와 같은 체인지메이커에게 주는 교훈은 휴먼 클라우드에서의 경험이 그녀가 개인적으로 일할 때와 조직에서 일할 때 모두 승승장구할 능력을 주었다는 것이다. 프리랜서가 가진 능력 중 하나는 최상의 주인의식이다. 그녀는 이렇게 말했다. "프리랜서는 울타리 너머로 쓰레기 하나도 그냥 던질 수 없어요. 새로운 일을 따낼 때 영향을 주는 평판이 걸려 있기 때문이죠." 또 하나는 일을 직접 해보면서 학습하는 능력이다. 그녀는 다음과 같이 덧붙였다. "필수라고는 하지만 정작 쓸데는 없는 교육을 받으며 시간 낭비를 하지 않아도 돼요."

제이처럼 조직의 벽 바깥에서 일하든 리안처럼 벽 안에서 일하든, 조직은 고정된 물리적 사무실에서 디지털화, 애자일agile, 외부의 피드백을 빠르게 결과물에 반영할 수 있도록 소규모로 팀을 구성하여 수평적인 분위기로 일하는 효율적인 조직 문화 ─ 옮긴이 주化, 프로젝트화 되고 있다. 이제는 체인지메이커들이 빛날 차례다.

만약 휴먼 클라우드를 외면한다면?

겁이 많은 사람은 휴먼 클라우드에 단번에 뛰어들지 못한다. 다이빙 보드 위에서 셋까지 셀 때 느끼는 두려움과 비슷하다. 물이 너무 차가우면 어떡하지? 수영복이 벗겨지면 어쩌지?

그러나 그렇다고 당신이 뛰어들지 않는다면 어떻게 될까?

휴먼 클라우드

휴먼 클라우드로 뛰어들지 않은 동료가 있었다. 그는 안전하다고 느낀 대신 아이들과 더 오래 함께 있기는 어려웠다. 그래서 사무실을 지독히 싫어했고, 어떻게 하면 일의 효율성을 높여서 사무실에 있는 시간을 최소화할 수 있을지 고민했다.

나는 그에게 이렇게 물었다. "사무실에 가지 말고 사무실이 당신에게 오게 만드는 건 어때요? 사무실과 아이들을 합치면 어떨까요?" 동료는 그게 무슨 소리냐고 물었다. 그래서 나는 다시 이렇게 물었다. "아이들과 보내는 시간에 일을 녹이는 거예요. 다음 주에 발표해야 할 기조연설이 있다고 가정해볼게요. 당신은 작은 종이에 할 말을 적고, 내용을 외워서 발표 연습을 하겠죠. 종이에 적힌 내용을 주제로 아이들과 퀴즈 게임을 해보면 어떨까요? 당신이 틀릴 때마다 아이들에게 초콜릿 칩 팬케이크 한 장을 주겠다고 약속하는 거예요. 더 좋은 방법은, 아이들과 함께 대본을 만드는 거예요! 누가 더 창의적인 대본을 만드는지 겨루는 거죠." 이론적으로는 가능하겠지만, 현실에서는 어렵다.

제이는 이런 시간을 보낼 수 있지만, 유감스럽게도 내 동료는 그럴 수 없다. 휴먼 클라우드에서 일하지 않기 때문이다. 그는 꼼짝없이 '회사 게임'을 계속할 수밖에 없다. 리안과 서맨사 그리고 제이는 자신에게 중요한 것을 통제할 수 있다. 그러나 회사는 결과보다 순종적인 태도를 원한다. 나의 우선순위가 상사의 우선순위에 자리를 빼앗기는 것이다.

이것이 당신에게 의미하는 것

보다시피 휴먼 클라우드에서 일하는 것은 일원화되어 있지 않고 개별적으로 맞춤화되어 있다. 마치 자유롭게 음료수를 뽑아 마실 수 있는 기계와 비슷하다. 한 가지 음료수만 마실 수도 있지만 사이다에 콜라를 섞어 마실 수도 있다. 여기에 과일 맛 음료수도 추가할 수 있다. 그리고 짜잔! 엄마가 얼굴을 찡그릴 만한 작품이 나왔다.

제이와 서맨사는 음료수를 한 종류만 마시는 사람으로, 개인적인 업무만 하는 사람들이다. 당신의 부모님과 조부모님 역시 음료수를 한 가지만 마시는 사람이었을 테지만, 그 분들의 경력은 풀타임 직장이었을 것이다.

나는 괜찮은 조합을 찾을 때까지 여러 가지 맛을 섞어 마셔보고, 찾아낸 조합을 2년 정도 계속 마시는 타입이다. 나는 휴먼 클라우드에서 발견한 프로젝트를 발판 삼아 적당한 풀타임 기회를 찾았다. 이 과정에서 엄청나게 많은 것을 배울 수 있었다. 평판도 쌓았다. 더 큰 책임이 따르는 풀타임 직장으로 뛰어들었다. 미래에 내가 무엇을 하고 있을지는 아무도 모른다. 중요한 건 무엇을 누구와 함께 만들었는가다. 뉴발란스 운동화를 신고 카키 바지를 입고 일하는 대기업도 괜찮고, 후드티와 운동복 바지를 입고 일하는 스타트업도 좋다. 아예 바지를 입지 않고도 일할 수 있는 프리랜서라면 더 좋겠지만!

한편, 나보다 매력적인 다른 매튜(코트니)는 자신이 뭘 원하는지 모른다. 어떤 날에는 주로 과일 맛 음료수를 마신다. 다음 날에는 주로 콜라를 마신다. 그는 풀타임 직장에서 일하면서 달빛을 벗 삼아 부업으로 프로젝트를 진행하는 사람이다. 그를 표현하는 친절한 단어는 '르네상스인'일 테지만, 더 적합한 명칭은 '전문적인 ADHD'일 것이다. 매튜는 기술과 경영도 좋아하고 사람도 좋아하며 사업도 좋아한다. 그리고 글쓰기와 음악과 예술도 좋아한다. 이 모든 것을 충족하는 직업은 당연히 없다. 이중 일부라도 충족하는 직업을 찾는다는 것 역시 불가능에 가깝다.

부업의 세계를 살펴보자. 매튜는 기술 분야의 임원이다. 국세청에서 소환장이 날아오면 안 되니까 (특히 오하이오 주 교외 작은 마을에 사는 데 드는 '검소한' 생활비를 고려해서) 그냥 꽤 잘하고 있다고만 해두자. 그는 돈 때문이 아니라 충족되지 않는 호기심과 열정의 목마름을 조금이라도 해소하려고 부업을 하는 것이다. 매튜는 코딩을 하고, 웹사이트도 디자인하며 시간이 날 땐 밴드에서 연주도 한다. 최근에는 전문가들을 대상으로 한 기술 및 경영 관련 글을 대필했다. 우리가 이 책으로 이어진 뿌리도 이런 일 중 하나다.

휴먼 클라우드는 직함이나 역할이 아닌 오직 결과물에만 집중한다. 보고서를 편집하든 프레젠테이션 자료를 디자인하든 새로운 프로그램을 설계하든 결과물은 어떠한 종이 이력서보다 훨씬 빠른 속도로 다음 기회를 열어줄 것이다.

휴먼 클라우드와의 모험을 시작할 준비가 다 되었는가? 다음 장에서 다룰 내용이 당신을 지켜줄 테니 걱정하지 않아도 된다.

한눈에 보기

1. 아메리칸 드림은 교차로에 다다랐다. 환영 받는 신입사원과 종이 이력서가 있었던 예전의 아메리칸 드림은 죽었다. 새로운 아메리칸 드림은 휴먼 클라우드에서 일하는 것, 특히 이력서를 대체할 디지털 제품으로 변신하는 것이다.

2. 자신을 제품화하는 것은 기회의 피드백 루프를 가속화한다. 노엘은 휴먼 클라우드 플랫폼 파커 듀이에 가입하여 다른 학생들이 수개월에 걸쳐 할 일을 몇 주 만에 해냈다.

3. 휴먼 클라우드는 모두에게 열려있다. 첫 직장을 구하는 사람, 재취업을 하려는 사람, 일을 계속 하면서 아이들과 함께 시간도 보내고 싶어하는 사람 모두에게 잘 맞는다.

4. 사무실은 휴먼 클라우드와 결합하고 있다. 휴먼 클라우드의 동력이 되는 디지털 기술이 점진적으로 사무실에 도입되면서 휴먼 클라우드에서 승승장구했던 사람들은 사무실에서도 그러할 것이다.

체인지메이커로 한 걸음

1. 당신의 링크트인 페이지를 제품화하라.

- 1단계: 이력서에 있는 모든 첫 문장에 동사를 넣어라. 예를 들어 '만들었다' '생성했다' '추진했다' 등의 동사를 사용하자. 당신이 공간을 차지하지 않고도 일을 훌륭히 처리할 수 있다는 점을 부각하라.

- 2단계: 항목마다 시간 단위를 추가하고 각 단위를 문제 해결에 초점을 맞춰 서술하라. '3개월 이내에 재방문율을 33% 증가시켰다'와 같이 구체적으로 언급해야 한다.
- 3단계: 유형의 예시를 추가하라. 당신이 디자이너라면, 샘플 디자인이 있는가? 작가라면, 완성한 글이나 샘플 글이 있는가? 경영 컨설턴트라면, 공개된 연구 보고서 중에 당신이 활용하거나 만들어낸 성과를 기반으로 작성된 것이 있는가?
- 4단계: 사회적으로 받은 인증을 추가해라. 어떤 형태로든 다른 사람들이 당신이 하는 일을 응원한다는 의미만 담겨있으면 된다. 당신의 일을 강조하는 글이 될 수도 있고, 추천사가 될 수도 있다.
- 5단계: 글을 쓰고, 다른 사람들의 글에 의견을 남기거나 다른 업계 선두주자들에게 연락해서 스스로 업계 선두주자의 자리로 올라서라. 주의할 점은 당신이 이념적 사상가가 될 필요는 없다. 목표는 특정 틈새에서 전문가의 위치를 확보하려는 것이지 당신에 대한 홍보 글을 남들이 지겹게 느낄 정도로 퍼뜨리려는 것이 아니다.

2. 프리랜스 이코노미 시대의 도래와 프리랜서로 일하는 것이 무엇인지에 관련한 책도 읽어보자.

추천 도서

『프리 에이전트의 시대』| 다니엘 핑크 지음 | 석기용 옮김

『직장이 없는 시대가 온다: 경제적 자유인가, 아니면 불안한 미래인가』
| 새라 케슬러Sarah Kessler 지음 | 김고명 옮김

>>>>>

휴먼 클라우드에서 성공하기

기회를 향한 새로운 길을 개척하다

우리가 캘리포니아 주 팰로앨토 시내에 있는 블루보틀에 같이 앉아 있다고 상상해보자. (내가 지금 여기 앉아서 글을 쓰고 있으니까!) 당신은 프리랜서 일을 시작하는 데 관심이 있지만, 스스로를 휴먼 클라우드에 어떻게 적용해야 할지 모르는 상태다.

지금부터 소개할 단계를 통해 당신의 상황에 맞춤한 전략을 찾을 수 있다. 이것은 마법을 일으키는 공식이 아니다. 매우 어려운 과정이 될 것이고 모두의 여정은 각각 특별할 것이다.

만약 당신이 인공지능 분야에서 박사 학위를 가진 소프트웨어 개발자라면 쉬운 일이다. (당신 같은 능력자에게는 일이 쏟아져 들어올 것이다.) 반면 당신이 인생을 어떻게 살아야 할지 감을 못 잡은 학생이라면 꽤 힘들 것이다. 그리고 만약 이 스펙트럼 사이의 어딘가, 그러니까 디자이너, 작가, 회계사, 프로젝트 관리자, 연구원이라면 훈련이 조금 필요할 것이다.

잔에 와인을 조금 채운 다음, 귀여운 골든 리트리버를 부둥켜안고 이 문제를 같이 해결해보자!

1단계: 현실을 직시하기

내가 원하는 건 무엇일까? 유연하게 일하는 풀타임 프리랜서? 멋진 사람들을 만나고, 새로운 기술을 배우고, 지금 가지고 있는 도구를 강화할 부업 몇 가지?

예술가 겸 회계사(음양의 완벽한 조화다.)라는 조합을 이룬 데이브 화이트Dave White의 이야기를 들어보자. 버지니아 주 애쉬번에 사는 데이브는 여러 가지 일을 조금씩 다 한다.

데이브는 회계사가 되는 일반적인 진로를 밟았다. 여느 회계사처럼 싫어하는 일을 하는 대가로 안전과 안정성을 보장받았다. 데이브는 이렇게 말했다. "저는 학교와 사회가 주는 압박감을 느꼈습니다. 제가 해야 할 일을 하고 있다고 생각했죠. 하지만 사무실에 출근해서 일을 하는 건 저를 계속 갉아먹기만 했어요. 저는 제가 가진 예술적 재능을 더 활용하고 싶었는데, 가고 싶지 않은 방향으로 억지로 끌려가는 것 같았죠."

데이브는 (참으로 회계사답게) 휴먼 클라우드로 직진하지는 않았다. 그는 경리 일을 부업으로 조금씩 하면서 여러 풀타임 직장의 문을 두드렸다. 하지만 결국 폭발했다. "서서 전화를 받는데 회사에 가서 이 짓을 또 할 수는 없을 것 같다는 생각이 들었어요. 다른 선택지가 없는 상황이었지만 제안받은 일자리를 거절했습니다. 갈 길을 스스로 정하고 저만의 예술을 할 에너지를 가지고 있고 싶었어요." 그가 말했다.

마침내 그는 파로(샤론이 그녀의 상사에게서 도망칠 때 사용했던 재무/회계 플랫폼)와, 비슷한 프리랜서 플랫폼인 섬택Thumbtack 그리고 그의 내면에 숨어있는 예술가를 위해 작품 직거래 플랫폼인 엣시Etsy로 뛰어들었다. 그 이후 단 한 번도 뒤돌아보지 않았다. 그는 고객 10명의 회계 업무를 담당하면서 매년 7만 3000달러를 번다. 남는 시간에는 그림을 그리고 머그잔, 티셔츠, 인사장, 공책, 펜, 아트 프린트 등 재밌는 문구 용품이나 선물을 제작해서 판매한다. 데이브는 날마다 작품 주문을 받는데, 최근에는 한 기업체가 기념품으로 나눠줄 아트 프린트 1,000장 (1만 달러어치)을 주문했다고 말했다.

예술가 겸 회계사라니 멋지지 않은가? 이 모든 것은 데이브가 스스로 휴먼 클라우드에 원하는 게 무엇인지에 대해 질문했기 때문이다. 휴먼 클라우드에서 회계 업무를 통해 안정적인 수입을 얻었고, 예술 활동을 통해 영혼을 되찾았다. 데이브는 이렇게 덧붙였다. "아이들 때문도 있었지만, 제가 풀타임 직장을 떠난 또 다른 큰 이유는 제가 아닌 다른 사람인 척하며 사는 것 같아서였어요. 저는 예술적인 재능이 있는 사람이고, 이 일을 정말 좋아합니다. 예술가로서 수입을 얻을 수 있는 유연성이 생겨서 너무 행복해요. 회계 업무에서도 저만의 고객과 일하고 저 자신의 상사가 될 수 있어서 정말 만족합니다."

자, 여기까지가 1단계다. 프리랜서의 삶에서 어떤 것을 바라는가? 만약 당신이 예술가 겸 회계사가 될 수 있다면 더 이상 거칠 것이 없지 않은가?

사람들이 프리랜서로 일하고자 하는 일반적인 이유는 이렇다. 업무의 시간, 공간, 종류에 구애받지 않고 일할 수 있는 독립적인 풀타임 경력을 구축하기 위해. 참여하고 싶은 프로젝트를 선택하고 원하는 시간에 일할 수 있는 파트타임 긱 업무를 하기 위해.

수익성이 좋지만 지루한 풀타임 직장을 병행하면서 열정, 목적의식, 창의적인 업무에 대한 욕구를 충족시켜주는 부업을 하기 위해.

실직 상태일 때, 특히 취업이 어려운 상황에서 생계를 유지하기 위해.

이제 갓 사회생활을 시작하면서 관련된 기술과 경험을 쌓기 위해. 이를 통해 첫 직장에 들어갈 때 항상 듣는 닭이 먼저냐 달걀이 먼저냐의 문제(다들 "경력 없는 사람은 고용할 수 없습니다."라고 말한다)를 해결해줄 '인생 이력서'와 포트폴리오를 만들 수 있다.

프리랜서는 창의적인 관심사를 좇거나, 아이를 키우거나, 풀타임 직장을 가진 반려자의 고정 수입을 보충하거나, 은퇴를 앞두고 있거나, 일하지 않아도 살아갈 수 있을 만큼의 충분한 재산이 있는 사람에게 완벽한 업무 형태다.

2단계: 초연관성을 만들기

우리의 디지털 세계가 얼마나 개인화되었는지를 살펴보면 믿기지 않을 정도다. 데이트 어플이건 프리랜서 플랫폼이건 알고리즘은 손에 강력한 자석을 들고 지푸라기 속에 떨어진 바늘을 찾는 것만큼이나 간단하게 사람을 만날 수 있게 해준다. 인터넷은 유별난 (좋게 말하면 독특한) 당신에게 보상을 톡톡히 해준다.

이것은 결국 개인이 가진 기술이 그의 가치를 증명해주는 시대의 종말을 뜻한다. 소프트웨어 개발을 할 줄 아는가? 좋다! 그렇다면 밀레니얼 세대의 참여를 끌어올릴 방법은 알고 있는가?

이 질문은 내가 인도의 한 대형 금융 업체와 일할 때 마주했던 문제다. 휴먼 클라우드를 살펴보다가 핀테크, 가상 카지노 분야에서 모바일 어플과 게임화gamification, 지식 전달, 마케팅 등 게임이 아닌 분야에 게임적 요소를 적용하는 것─옮긴이 주 소프트웨어 어플 개발 경험이 많은 뉴질랜드의 밀레니얼 제품 관리자 제이콥Jacob을 찾았다. 제이콥은 그냥 개발자가 아니었다. 그에게는 이 프로젝트의 성공을 보장할 만한 초연관된 경험이 있었다.

10년 전 제이콥이 할 수 있는 일은 피터 잭슨Peter Jackson 감독의 차기 영화 속 단역 정도에 한정되어 있었다. 하지만 이제 그의 독특함은 휴먼 클라우드에 동력을 제공하는 알고리즘의 초연관성으로 보상을 받고 있다.

이쯤에서 당신은 아마 '나한테는 저런 독특함이 없는데?'라고 생각할 것이다. 특히 학교를 갓 졸업했거나 지난 20년 동안 틀에 박힌 기업 환경에서 생활해왔다면 더욱 그럴 수 있다. 정장을 입고 출근했던 부모님이 당신도 그들과 비슷한 삶을 살기를 기대하고 있을지도 모르겠다. 미국 동부에서 자라난 사람으로서, 이런 기대는 나 역시 힘들었다. 관습에 순응하고 '정상적'으로 살아야 한다는 압박을 받았지만 휴먼 클라우드 안에서 독특한 존재로서 얻어낼 수 있는 압도적인 혜택을 무시할 수 없었다.

초연관성을 만드는 방법

인기 있는 사람이 되는 방법은 우리도 잘 모른다. 아마 사진 찍을 때마다 완벽한 조명을 찾고, 당신이 누른 '좋아요'의 개수 대비 받은 '좋아요'의 개수를 자유자재로 조절하는 등 인스타그램과 관련된 무언가일 것이다.

하지만 전문성을 가진 사람이 되는 방법은 알려줄 수 있다. 일단 글을 읽고 무언가를 만들어라. 무엇을 읽어야 할까? 흥미가 생기는 것이라면 무엇이든 좋다. 무엇을 만들어야 할까? 흥미가 생기는 것이라면 뭐가 됐든 상관없다. 무엇을 하지 말아야 할까? 당신의 관심을 강렬하게 끌지 못하는 것은 전부 멈춰야 한다.

초연관성은 깊은 내면과 관련되어 있다. 우리는 스스로에 대해 잘 안다고 생각하지만, 실제로 이런 질문은 오글거려서 제대로 생각해본 적이 없을 것이다. 무엇이 당신을 움직이게 만드는가? 무엇에 열정이 생기는가? 어떤 영향력을 만들고 싶은가? 당신이 세상을 떠나면 사람들은 당신에 대해 뭐라고 말할까? 학교에서 배운 적은 없지만 대부분의 사람들에게 매우 중요한 질문이다.

초연관성을 만들려면 아주 오랜 시간 동안 당신의 에너지를 같은 방향으로 정렬해야 한다. 일론 머스크의 전기를 쓴 작가 애슐리 반스Ashlee Vance는 이 현상을 '통일장 이론Unified Field Theory'이라고 불렀다. 자동차 회사 테슬라Tesla, 에너지 회사 솔라시티SolarCity, 생명공학 회사 뉴럴링크Neuralink 등 지속가능성을 현실화하는 기술에 에너지를 쏟고 있는 머스크의 사업은 단기적 목표와 장기적 목표가 모두 연관되어 있다.

이것은 각 프로젝트가 다음 프로젝트의 기반이 된다는 것을 뜻한다. 다시 말해, 하나의 프로젝트는 그저 목적 없이 이동하며 거쳐가는 것이 아니라 당신의 초연관성을 단련시키는 것이다. 완전히 똑같은 일을 반복하라는 뜻이 아니다. 다양한 일을 해도 괜찮고 오히려 권장할 만한 일이다. 단, 당신의 경험에 공통적인 주제나 구심점을 통해 특정 집단의 필요에 맞는 설득력 있는 이야기로 연결되어야 한다.

나(매튜 코트니)는 제약 회사, 금융 기관, 법률 기관, 정부 기관, 의료업계에서 일한 경험이 있다. 소프트웨어 개발 및 데이터베이스 관리부터 프로젝트 관리, 경영, 영업까지 전부 겪었다. 산토끼보다 더 빠르게 여기저기 뛰어다녔다. 이러한 경험에서 나는 인공지능이 각 분야 전문가들의 일을 더 빠르고 효율적으로 처리하도록 한다는 공통점을 꿰어냈다. 더 정확히 말하자면 자기 성찰을 통해 발견한 것이다. 이것이 내가 가진 초연관성이다.

■ 그림 1

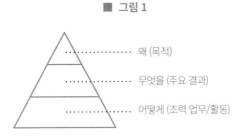

왜 (목적)

무엇을 (주요 결과)

어떻게 (조력 업무/활동)

나의 비밀 병기는 아주 기본적인 비전 피라미드다. 드라마 <실리콘밸리 Silicon Valley>를 보았다면, 지금 우리가 '성공의 결합 삼각형'을 설명하는 잭 바커 Jack Barker처럼 말하고 있다고 느껴질 것이다. (그림 1 참고)

1. 왜

우리는 하루에도 여러 가지 일을 한다. 그런데 그 일을 '왜' 하는지 생각한 적이 있는가? 일반적으로 '왜'는 전 세계인의 공통적인 고민이거나 이것을 '당신이' 해결해야 하는 문제라고 생각하도록 만든 인생의 중요한 사건과 연결되어 있다. 아주 개인적인 질문이 될 수도 있다. 이렇게 생각해보자… 당신은 항상 어떤 것에 끊임없이 호기심을 느끼는가? 정신을 놓고 멍하니 있을 땐 어떤 생각을 하는가? 10년 후에 무엇을 하고 있을 것이라고 생각하는가?

내가 해결하고자 하는 문제가 무엇인지 알아맞힐 수 있겠는가? 나(매튜 모톨라)는 사람들이 일을 사랑했으면 좋겠다. 사람들이 "지긋지긋하게 일만 하다가 죽는다."라는 말을 하지 않았으면 좋겠다.

나(매튜 코트니)에게는 아주 간단, 그렇지만 알아내는 데 긴 세월이 걸린 답이 있다. 나는 사람들이 인공지능을 활용하여 위대한 일을 하는 데 도움을 주고 싶다. 이 모든 건 어릴 적 처음 컴퓨터를 선물 받고 어딘가에 쓸모가 있는 소프트웨어를 만들 수 있다는 생각에 빠졌을 때 시작된 일이다.

2. 무엇을

다음에는 당신의 '왜'를 달성하는 데 필요한 주요 결과와 전략을 일컫는 '무엇'이 온다. 당신의 '왜'와 관련된 직장이 있는가? 무료 수업을 수강할 것인가? 책을 매달 몇 권씩 읽을 것인가? 글을 쓸 것인가? 관련된 프리랜서 프로젝트를 진행할 것인가?

우리는 어떤 개별 활동들이 하나의 주제로 바뀌기 시작하는지 구체적으로 살펴보려고 한다. 나의 경우에는 이 '무엇'을 행동하기, 가르치기, 배우기로 분류한다.

'행동하기'란 무언가를 만드는 시간으로, 내 시간의 70% 정도를 차지한다. '가르치기'는 이 책에서 지금 하고 있는 것처럼 조지아공과대학Georgia Tech에서 강연을 하거나 글을 쓰거나, 프레젠테이션을 하는 것으로, 20% 정도의 시간을 쓴다. 마지막으로 '배우기'란 무언가를 읽는 것부터 대규모 온라인 공개강좌Massive Open Online Courses, MOOCs를 수강하는 것까지 포함되며 일반적으로 내 시간의 10% 정도를 차지한다.

3. 어떻게

이제 '어떻게'를 실행에 옮길 차례다. 최대한 구체적이어야 한다. 예를 들어 "나는 책을 한 달에 한 권씩 읽을 거야."라고 말하기보다 "나는 매일 밤 잠들기 전에 한 시간씩 책을 읽을 거야."라고 말하는 게 더 좋은 방향이다. 기업에서 유행하는 말로 그 전략이 스마트(SMART) 한지, 즉 구체적이고 (Specific) 측정할 수 있고(Measurable) 달성 가능하며(Achievable) 최종 목표와 연관성이 있고(Relevant) 기한이 정해져 있는지(Time-bound)를 확인해야 한다.

3단계: 무엇이 가능한지 탐색하라 (구글에 검색해보자!)

솔직히 말하자면 당신이 이 책을 읽고 있을 때는 프리랜스 일이 어디서 생겨날지 알 수 없다. 당신에게도 분명히 기회가 있을 텐데, 과연 그 기회는 어디에서 찾아야 할까?

나의 프리랜스 프로젝트는 내 말을 들어준 모든 사람(그리고 들어주지 않았던 사람 몇 명)에게 "제가 도울 일이 있을까요?"라고 질문하면서 시작되었다. 첫 고객은 내 야구 코치였다. 수업 도중에 코치는 사업을 구상하고 있다고 말했다. 내가 "어떻게 도움을 드릴 수 있을까요?"라고 질문하자 그는 "글쎄, 뭘 해줄 수 있는지 네가 말해줘."라고 대답했다. 나는 경쟁자 분석을 하고 예산과 비용 예측에 도움을 줄 수 있다고 했다. 이렇게 시작된 나의 첫 프리랜스 프로젝트인 시장 조사와 재무 분석을 성공적으로 완수했다. 대가로는 주유비와 밥값을 받았다. 추천서와 포트폴리오를 손에 쥔 채 계속 같은 질문을 하며 돌아다녔고, 이런 방식으로 대학 시절부터 지금까지 계속 일거리를 찾을 수 있었다.

이건 단지 내 경험일 뿐이다. 이 외에도 프리랜스 일을 탐색할 경로는 다양하다. 일을 시작할 때 가능한 선택지는 세 개다. 무엇을 고르든 다음 두 가지를 명심해야 한다.

휴먼 클라우드

- 당신에게 필요한 건 완벽한 프로젝트가 아니라 첫 프로젝트다. 이 첫 프로젝트를 통해 좋은 평가를 담은 추천서나 포트폴리오에 넣을 결과물을 확보한다면 성공이다. 처음에 의도했던 바와 조금 (혹은 아주 많이) 다르더라도 괜찮다. 당신이 프로젝트를 통해 어떤 비즈니스적 혹은 기술적 능력을 키울 수 있다고 생각하면, 경험은 연관성보다 중요하다.
- '누구를 도울 것인지, 어떻게 도와줄 것인지 그리고 도와주려는 사람들이 자주 가는 장소는 어디인지'를 기준으로 삼아라.

선택지 1

구글에 들어가서 'XYZ 프리랜서 구함'이라고 검색해보자. 여기에서 XYZ는 당신과 관련 있다고 생각하는 기술이라면 무엇이든 좋다. 어떤 걸 검색해야 할지 모르겠다면 당신이 목표로 하는 몇 가지를 시도해보자. 모험을 조금 해보고 싶다면 기술 대신 특정 제품을 검색해도 좋다. 예를 들어 '모바일 어플' '디자인 교본' '웹사이트 디자인' 프리랜서를 검색한 후 점점 더 자세히 파고들 수도 있다.

선택지 2

인기 있는 프리랜서 플랫폼, 그중에서도 당신에게 잘 맞는 틈새 플랫폼 하나와 일반적인 플랫폼 하나를 찾아라. 어떤 플랫폼이 적합한가? 당신이 가진 특정 기술이나 관심사는 물론이고 당신이 복잡한 세부 기술을 연마해야 하는 틈새 분야 전문가가 되고 싶은지 혹은 관련된 다양한 경험에 조금씩 발을 담그는 제너럴리스트가 되고 싶은지에 따라 다르다. 일반적으로 '재무 및 회계를 위한 플랫폼'처럼 전문적인 틈새 기술에 집중할수록 높은 수준의 필터링이 적용되어 더 엄격한 수준의 품질 검증과 더 오랜 입문시간이 소요된다. 하지만 일단 진입에 성공하기만 하면 일반 대중이 아닌 선택된 일부와만 경쟁한다.

선택지 3

사람들에게 직접 묻는 것을 두려워하지 말자. "생각은 세계로, 구매는 지역에서"라는 문구를 기억하라. 예를 들어 베넥은 자신이 살고 있는 오클랜드 지역의 고객 확보에 집중한다. 그의 고객들 역시 대부분 오클랜드에 거주한다. 이런 접근 방식은 세계를 무대로 활동하는 것보다 경쟁이 덜 치열하고 고객과 한 번이라도 더 대면해서 신뢰감을 준다.

베넥은 이렇게 말했다. "전 세계가 자기 손 안에 있다는 생각은 착각이에요. 사람들은 프리랜서가 업워크에서 긱 업무를 하는 사람이라고만 생각해요. 하지만 여기에는 수천 명의 경쟁자가 있습니다. 가장 쉽게 시작하는 방법은 완전히 지역 단위로 내려가서 만들 수 있는 최대 범위의 인맥을 형성하는 거예요. 친구, 가족, 학교 동기부터 시작하는 것도 좋고요. 그렇게 시작할 수 있는 일이 생각보다 많아요."

첫 프로젝트는 극찬이 담긴 추천서와 업무 능력을 증명해줄 유형의 증거임을 잊지 말자.

4단계: 기대 수준을 맞춰라

여기서 비밀이 하나 있는데, 고객은 자신이 원하는 게 무엇인지 잘 모르는 경우가 많다는 것이다. 문제를 인지하고 해결할 방법에 대한 약간의 아이디어는 있을 수 있지만, 고객이 원하는 사양과 비용 그리고 기한을 정해주길 기대하는 것은 마치 수의사가 개한테 다리를 어떻게 고치냐고 묻는 것만큼 터무니없는 일이다. 전문가는 당신이지 고객이 아니다.

따라서 추측하거나 임의로 만들어내지 말고 고객의 관점에서 기대치를 그려봐야 한다. 아마도 그들이 걱정하는(그리고 상사에게 보고해야 하는)것은 다음 세 가지일 것이다.

① 무엇을 생산할 것인가?
② 언제 결과물을 받을 것인가?
③ 얼마나 비용이 들 것인가?

이건 그저 시작에 불과하다. 고객에게는 비교할 수 있는 제품에 대한 설명이나 시각 자료가 필요하다. 로드맵이나 간단한 프로젝트 계획이 필요할지도 모른다. 당신에게 무엇이 필요한지도 분명히 알려줘야 할 것이다.

예를 들어, 따라야 할 브랜드 혹은 디자인 가이드라인이 있을까? 고객은 사무적이고 전문적인 결과물을 기대했는데 당신은 고객이 재미있고 도발적인 것을 원한다고 생각하면 매우 복잡한 상황이 벌어지게 된다. 만약 당신이 한 달짜리 프로젝트를 하면서 상황을 공유하지 않아서 프로젝트가 끝날 때쯤 이 사실을 알게 된다면 더 끔찍할 것이다.

유감스럽지만 일은 품질 수준을 맞추는 것으로 끝나지 않는다. 고객이 "주말 오후 7시 반이나 새벽 2시에 이메일을 보내도 한 시간 안에 답변해주실 거죠?"라고 묻지 않도록 (현실에서는 벌어지지 않는다고 믿고 싶다) 해야 한다. 미리 명시해두지 않으면 충분히 생길 수 있는 일이다. 어떤 일을 할지 정하는 사람은 당신이다. 그러니 어떻게 일을 할지 정하는 것도 당신의 몫이다.

자주 놓치는 허점:

- 커뮤니케이션: 고객과 어떻게 연락할 것인가? 이메일? 메신저?
- 예상 답변 시점: 당신은 고객에게 얼마 만에 답변할 수 있는가? 고객은 당신의 답변을 얼마나 기다리면 되는가? 2시간? 이틀? 연락을 받기 어렵거나 대답을 하지 못하는 특정 시간대나 기간이 있는가?
- 질문: 고객에게 질문할 때는 모아서 한 번에 하는 게 좋을까? 아니면 나눠서 해야 하나?
- 곤란한 일이 생겼을 때: 일하는 데 필요한 피드백이나 질문에 대한 답변을 고객이 제공해주지 않는다면 이전에 합의한 업무 기술서Statement of Work, SOW로 곤란해질 수도 있지 않을까? 고객이 답하지 않더라도 당신은 급여 전액을 받을 수 있을까?
- 피드백: 몇 번에 걸쳐 피드백을 제공할 것인가? 고객이 만족할 때까지 일을 계속해야 하는가?

- 수정 요청: 기존 업무 범위에 고객이 추가하고 싶은 사항이 생기면 어떻게 해야 하는가?
- 일의 결과가 좋지 않을 때: 결과물이 기대 이하라면 어떻게 되는가? 예를 들어, 대형 제품 출시 행사에서 누가 봐도 눈에 띄는 오타가 발견되었다. 하지만 엄밀히 계약은 종료된 시점이다. 그래도 수정할 의무가 있는가? 그렇다면 수정할 시간은 얼마나 주어지는가?
- 지원/유지: 계약 종료 후에는 어떻게 되는가?

5단계: 장기적인 관계를 구축하라

세상이 아무리 기술 중심으로 변해도 사람 사이의 관계가 전혀 필요 없는 세계를 만들 수는 없을 것이다. 그런 세상이 있다면 지난 인류의 역사 1만 년은 무의미해질 것이다.

휴먼 클라우드로 우리는 깊이 있고 성취감을 느낄 수 있는 관계를 형성한다. 그리고 머신 클라우드가 실제 업무에서 발생하는 부수적인 행정 처리를 대신하기 때문에 휴먼 클라우드에서는 결과물과 고객이 원하는 것을 어떻게 일치시키는가에 점점 더 큰 비중을 둘 것이다.

물론 많은 이들이 고객과 좋은 관계를 맺는 방법에 대해 이미 알고 있겠지만, 휴먼 클라우드만의 특별한 비법 몇 가지도 소개한다.

- 캘린들리Calendly와 같은 도구를 통해 일정 예약을 자동화하고 예약 방식

- 을 하나로 통일하라.
- 고객이 당신에게 쓸 수 있는 시간은 1주일에 1시간이라고 생각해라.
- 회의:

    회의 전에 안건 목록을 작성해라.

    질문할 내용을 미리 준비하라.

    화상 회의를 할 때는 언제나 미리 카메라를 켜놓아라.

    합의한 시간 제한을 지켜라. 1시간 회의라면 55분이 되었을 때 고객에게 5분이 남았다고 고지하라. 고객이 시간을 초과해서 회의를 진행하고 싶어 한다면 해도 되지만, 그들의 시간을 선제적으로 존중해라.

- 점점 데이트 코치 같아지는데…?
- 커뮤니케이션:

    고객에게 어떤 방법으로 연락을 주고받고 싶은지 물어보자. 이메일이 될 수도 있고, 메신저가 될 수도 있다.

- 질문은 한꺼번에 하자. 일요일에 1개, 월요일에 2개 이런 식으로는 질문해서는 안 된다.

휴먼 클라우드에서 일하는 것은 퍼즐의 한 조각일 뿐이다. 다음 장에서는 개인의 현실적 한계를 뛰어넘어 글로벌 두뇌의 역량을 최대치로 활용하는 방법을 다룰 것이다.

한눈에 보기

1. 뛰어난 프리랜서가 되는 마법은 없다. 하지만 다음 다섯 단계는 디딤돌이 되어줄 것이다.

   - 1단계: 현실 직시하기 — 프리랜서로 일하고 싶은 이유는?
   - 2단계: 초연관성 만들기 — 당신의 초연관적 가치는?
   - 3단계: 무엇이 가능한지 탐색하기 — 당신이 프리랜서로 활동할 기회는 무엇이고, 어디에 있는가?
   - 4단계: 기대 수준을 맞추기 — 언제, 무엇을 만들 것이며 비용은 얼마나 필요한가?
   - 5단계: 장기적인 관계를 구축하라 — 잠재된 기회를 어떻게 발굴할 것인가?

체인지메이커로 한 걸음

1. 웹사이트 제작자를 선정해서 개인 웹사이트를 만들어 보자. 처음 개설한 웹사이트가 마지막 웹사이트가 되진 않으니 부담은 갖지 않아도 된다. 신뢰를 구축하고 링크트인과 더불어 사람들이 당신을 찾을 수 있는 하나의 포인트를 마련하는 것이 사이트 제작의 목표다. 당신은 특정 틈새시장의 전문가다. 웹사이트는 사람들이 그 틈새를 확인하는 곳이다. 자기소개를 할 때 이 웹사이트의 링크를 연결 고리로 활용하자.

웹사이트에 포함되어야 하는 내용:

- 1단계: '왜' 문장 - 누군가 당신을 설명할 때 쓸만한 한 문장. 링크트인의 한 줄 프로필과 비슷하게 생각하면 된다. (예시: '웹 & 모바일 소비자 제품 전문 디자이너' '전자상거래 전문 제품 관리자' '기술 전문 작가')

- 2단계: '무엇을' 문단 - 링크트인의 정보 항목과 비슷하거나 똑같으면 된다. (당신은 무엇을 하는가? 지금까지 어떤 일을 했는가?)

- 3단계: '어떻게'를 증명해주는 증거 - 정확히 어떤 일을 해왔는가? 이것이 당신의 포트폴리오다. 앞 장에서 설명한 링크트인 제품화 조언을 참고하여 포트폴리오 안에 넣을 예시를 만들어라.

- 4단계: 창의력을 발휘하자. 다른 사람들의 개인 웹사이트에서 발견한 몇 가지 항목을 적어보았다.

  — 당신에게 영향을 준 책이나 글, 유튜브 영상, 수업 목록. 당신이 직접 요약한 내용을 게시하면 더 좋다.

  — 소식지

  — 당신과 약속을 잡을 때 사용할 수 있는 일정 관리 기능

2. 비전 보드를 만들어서 당신의 호기심을 형상화해라. 목표와 관련된 사진을 찾아서 붙이는 것도 좋은 방법이다. 건강한 식단이 목표라면 신선한 과일 사진을 붙여도 된다. 채닝 테이텀Channing Tatum 같은 외모를 갖고 싶다면 그의 사진을 붙여도 좋다. 나는 싱가포르로 이사를 하고 싶어서 싱가포르의 마리나베이샌즈호텔Marina Bay Sands 사진을 붙였다. 꿈은 무조건 크게 꿔라!

최고의 사무실은 휴먼 클라우드!

영향력을 만드는 새로운 길

만약 당신이 회사에서 매일 만드는 파워포인트를 아예 만들지 않아도 된다면 어떨까? 발표 자료에 들어간 전략이나 내용에 더 집중할 수 있다면? 나쁜 뜻은 아니지만, 당신의 디자인 실력은 그리 뛰어나지 못하니 말이다. 만약 당신의 시장 규모 측정 능력만큼 디자인을 잘하는 사람에게 도움을 받을 수 있다면 어떨까?

이제 당신에게도 가능한 일이다. 클라우드가 더 많은 기회의 문을 열어 주듯이 휴먼 클라우드는 우리 모두를 더 많은 전문가 네트워크와 연결해 줄 수 있다.

체인지메이커가 된 엄마들

엄마들을 과소평가하면 안 된다. 진지하게 하는 말이다.

아이들을 키우면서 여러 모로 유연성이 있는 일을 하기 위해 프리랜서로 전향했던 싱글맘 리사Lisa의 이야기를 살펴보자. 리사는 취미로 프리랜서 일을 하는 것이 아니었다. 두 아이를 키워야 하는 그녀에게는 지속적인 수입이 필요했다. 우리가 지금까지 이야기했던 프리랜서들은 자기가 하고 싶은 일을 골라서 했지만, 리사에게는 그런 선택권이 없었다. 리사는 이렇게 말했다. "다음 달에 수입이 있을지 확신할 수 없는 상황에서는 까다롭게 굴 수 없어요. 모든 것에 '네'라고 대답해야 하죠."

그런데 이게 더 큰 문제를 낳았다. 그녀에게는 모든 프로젝트에 참여할 시간과 능력이 없었다. 온종일 진행되는 임원 회의의 진행을 맡을 때 가졌던 '일단 하고 보자' 식의 태도는 후환으로 돌아왔다. 리사는 발표 자료를 만들고 있었던 디자이너에게 이런 메시지를 받았다. "발표 자료는 엉망이고 임원들이 자꾸 슬라이드를 변경하고 추가해요. 저는 임원들한테 대본을 써오라고 할 권한이 없어서 더 이상 할 수 있는 게 없어요."

리사의 고객은 메시지부터 디자인까지 통합된 하나의 이야기를 담은 자료를 원했지만 모든 것은 난장판이었다. 게다가 리사와 디자이너는 CEO 직급에 있는 발표자들에게 그들이 써온 이야기가 별로라고 대놓고 말할 수 없었다. 그러나 다행히도 리사에게는 비밀 무기가 있었다.

반전은 오길비Ogilvy, '현대 광고의 아버지'라고 불리는 데이비드 오길비가 설립한 광고 회사 — 옮

휴먼 클라우드

긴이주의 임원을 거쳐 미국 의회의 언론 담당 비서관으로 일하다가 프리랜서로 전향한 또 다른 엄마 체인지메이커 에이버리Avery가 일으켰다. 리사는 에이버리에게 도움을 요청했고, 이틀 안에 에이버리는 이 잘나신 분들(CEO 여러분 죄송합니다)이 제대로 된 대본을 써오도록 만들었다. 발표 자료는 1주일 만에 완성되었다.

에이버리 덕분에 회담은 무너지지도, 불타버리지도 않고 매끄럽게 진행되었다. 아무도 쓰러지지도, 코를 골지도 않았다. 설득력 있는 발표 자료와 하나의 통합된 이야기만 있었다.

이제 리사가 아니라 당신이 이 상황을 마주했다고 해보자. 당신은 이틀 안에 도움을 줄 에이버리와 같은 전문가를 섭외할 수 있는가? 아니면 임원의 지시를 마냥 기다리고만 있는가?

네트워크처럼 생각하기

만약 당신이 임원이라면 당신에게는 에이버리와 비슷한 역할을 하는 풀타임 직원 등의 '인원'이 있을 것이다. 그러나 불행하게도 그 직원은 당신을 진심으로 좋아하지 않는다. 당신의 일에는 관심이 없다. 아마 우리가 이 이야기를 하는 지금 이 순간에도 이직할 곳을 찾고 있을 것이다. 하지만 뭐, 엄밀히 말해서 그녀는 당신의 부하가 맞다… 적어도 지금은.

하지만 부하 직원과 당신이 함께 일할 날은 얼마 남지 않았다. 왜냐하면 머지않아 휴먼 클라우드에서 일하는 편이 더 낫다는 사실을 깨닫게 될 것이기 때문이다. 그들은 아마 리사 같은 사람과 함께 일할 것이다. 왜일까? 리사 같은 사람들은 휴먼 클라우드가 어떻게 권력의 패러다임을 소유에서 접근성으로 옮기는지 이해하고 있어서다.

리사는 얼마나 많은 사람을 거느리는지보다 전문가에 대한 접근성이 중요해진 것을 감사하게 생각한다. 리사는 이렇게 말했다. "저는 이걸 생명의 나무라고 불러요. 일을 더 많이 수락할수록 더 많은 네트워크를 활용할 수 있게 되고, 당신 자신과 고객 그리고 당신이 손을 내민 전문가를 위해 더 많은 가치를 창출할 수 있어요."

휴먼 클라우드와 사무실이 전문가에게 접근하는 방법에는 근본적인 차이가 있다. 사무실은 위계적인 조직도로 구성되어 있지만 휴먼 클라우드는 하나의 거대하고 개방적이며 수평적인 네트워크다. (그림 2 참고)

차이가 무엇일까? 일레인 포펠트Elaine Pofeldt의 책 『나는 직원 없이도 10억 번다The Million-Dollar, One-Person Business』에서 힌트를 찾을 수 있다.

■ 그림 2

조직도 vs. 휴먼 클라우드와 머신 클라우드

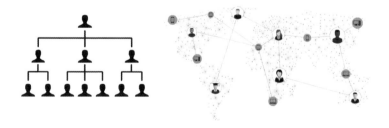

"외부 인력과 함께 일하게 되면 사내의 관리자와 직원 사이보다 더 우호적이고 평등한 관계가 가능하다. 자신이 고용한 외부 인력을 감독해야 하는 부하 직원이 아니라 신뢰하는 파트너로 여기기 때문이다. 이들은 공생하며 함께 사업을 구축해나가는 개인들로 이루어진 공동체."

에이버리는 휴먼 클라우드가 마치 한 '마을' 같다고 말한다. "마을이 있다는 생각은 서로를 경쟁자가 아닌 협력자로 인식하는 데 중요한 역할을 합니다. 이것은 위계질서나 경주가 아니라 하나의 생태계예요."

우리가 그동안 겪었던 <헝거 게임Hunger Games>이 <왕좌의 게임Game of Thrones>을 만난 것 같은 사무실과는 꽤 다르지 않은가?

하지만 애초에 전문가 네트워크에 접근하지 않아도 된다면? 아예 도움을 받지 않고 일할 순 없을까? 혹은 당신이 하는 일을 다른 사람들과 완전히 차별화할 수는 없을까?

우리의 새로운 초능력

모든 게 가능했던 옛날이 그리워진다. 밤 새서 공부하기, 유튜브 영상 보면서 자습하기. 우리는 다른 사람이 나를 위해 무언가를 해준다 게 근본적으로 잘못됐다는 생각한다. 나도 과한 욕심을 부리며 무리를 한 적이 있다. 하지만 리사와 달리 그 당시 나에게는 네트워크가 없었다. 게다가 나는 도움을 받지 않고 홀로 설 줄 아는 사람이 되고 싶었다.

기업가 정신에 대한 수업의 커리큘럼 짜는 일을 돕고 있을 때였다. 고객이었던 담당 교수는 학생들에게 도움이 될만한 교재가 한 권 있다고 말했다. 문제는 그 책이 제대로 된 교재가 아니라 임시방편으로 만들어진 워드 문서였다는 점이다. 나는 『린 스타트업The Lean Startup』을 읽고 웹페이지와 교재의 중간쯤에 있는 하이브리드 요약본을 만들었다. 요약본에는 하이퍼링크가 걸려 있었고 각 장은 두세 쪽 분량으로 간추려져 있었다. 필요할 때 꺼내쓰고 머릿속에 영원히 저장할 수 있는 형태 그대로 구성한 요약본이었다. 적어도 교수를 설득할 때는 이렇게 소개했다.

과거의 나였다면 이 교재를 혼자 디자인해보려고 자습을 했을 것이다. 그러나 이제는 그럴 시간이 없었다. 첫 수업까지 한 달밖에 남지 않은 시점이었다. 게다가 나는 그 때 급성장하는 스타트업에서 이미 풀타임으로 일하고 있었기 때문이다. 포기하는 대신 휴먼 클라우드로 고개를 돌려 이 일을 아래와 같이 게시했다.

상호작용이 가능한 기업가 정신 교재 디자인

가격: 1,000 달러 (고정)
기한: 1개월, 최종본 2월 1일까지 전달 필요
설명: 마이크로소프트 워드 문서를 전자책 겸 웹사이트의 형식으로 디자인해줄 디자이너를 구합니다. 원본은 하이퍼링크와 북마크 형식으로 구성되어 있습니다.

이틀 안에 나는 테네시 주 내슈빌에 사는 에머슨 멘디에타-카스트로

Emerson Mendieta-Castro에게 다음과 같은 메시지를 받았다.

> 안녕하세요! 아주 흥미로운 프로젝트 같아요. 제가 기업가라서 그런지 이 프로젝트가 친숙하게 느껴지네요. 제가 최근에 진행했던 프로젝트 이미지 파일 세 개를 보내드립니다. 말씀하신 프로젝트처럼 상호작용이 가능한 디자인이에요. 당신과 함께 이 프로젝트에 생명을 불어넣을 수 있게 되길 바라요!
> ― 에머슨

나는 (면접도 안 보고) '바로 고용하기'를 눌렀다. 에머슨은 일주일 만에 첫 15쪽을 보냈다. 이메일을 열어보고 감동해서 눈물까지 흘릴 지경이었다. 에머슨은 내 요구사항에 맞춰서 전체적인 심미성부터 세부적인 시각 자료 그리고 진정한 전문가만이 이해할 수 있는 미세한 부분까지 상상을 초월한 결과물을 만들어냈다.

프로젝트의 결과도 놀라웠지만, 에머슨과 일하면서 내가 모든 것을 하지 않아도 된다는 사실을 배웠다. 공을 가로채고 사장단 앞에서 자신의 능력을 과시하는 못난 임원이 되지 않고도 도움을 요청할 수 있었다. 업무를 위임하고 명령하는 대신 창조하고 협력했다.

우리의 새로운 사고방식

에이버리는 영웅이다. 에머슨도 영웅이다. 이들의 전문성을 활용하면 당신은 무한한 능력과 규모의 확장이란 초능력을 가진 영웅이 될 수 있다.

리사는 초능력을 이렇게 설명했다. "안 되는 건 없어요. 네트워크를 활용해서 할 수 있는 일의 가능성은 무궁무진합니다. 무엇이든 할 수 있어요. 기회가 생길 때마다 스스로 지금 이 일을 할 능력과 시간이 있는지 질문하세요. 만약 할 수 없다면, 엄마들을 불러모으세요!"

이제 당신이 댈 핑곗거리는 없다. 능력 밖의 일이든 시간이 부족하든 이제 안 되는 이유에는 그저 당신이 '하고 싶지 않아서'라는 것밖에 없다. 당신은 이제 능력이 아니라 욕구를 기반으로 선택한다. 책을 쓰고 싶은가? 글을 쓰고 싶은가? 어플을 만들고 싶은가? 웹사이트를 만들고 싶은가? 랜딩 페이지landing page, 인터넷 링크를 눌렀을 때 열리는 페이지 — 옮긴이 주를 만들고 싶은가? 당신의 제품을 테스트해보고 싶은가? 경쟁사 제품을 조사하고 싶은가? 프로세스가 궁금한 고객인 척하면서 경쟁사에 전화를 걸어보고 싶은가? 기존 고객에게 어떤 제품이 인기가 있는지 인터뷰를 해보고 싶은가? 와, 이렇게 나열해보니 정말 다양하다. 나는 이 모든 분야의 전문가를 고용해봤다.

여기에서 핵심은 당신이 일을 주기율표처럼 다뤄야 한다는 것이다. 모든 원소를 다 외울 수 있는가? 가능할지도 모른다. 하지만 그걸 '반드시' 외워야만 하는 건 아니다. 10년 전에는 그랬을지도 모르지만, 인터넷 세상에서는 그럴 필요가 전혀 없다. 그냥 검색하면 된다. 가장 관심 있는 '원소'를 선택하고 그것을 완벽히 숙지하기만 하면 그만이다. 그리고 사이사이에 생긴 빈틈을 메꾸는 데는 전문가 네트워크를 활용하면 된다.

휴먼 클라우드는 당신에게 필요한 전문가를 찾는 구글 같은 곳이다. 예를 들어 교재를 제작할 때 나는 '상호작용이 가능한 기업가 정신 교재 디자인'이라는 검색어를 생성했고, 상당히 빠른 시간 안에 에머슨이라는 영웅을 만났다. 심지어 이 일은 내가 리사처럼 나만의 네트워크를 꾸리기도 전에 일어났다.

일단 네트워크를 형성하면, 협업은 저녁 약속 잡기보다 더 쉬워질 수 있다. 지금 내 클라우드에서는 특정 문서에 골뱅이(@)를 붙여 작업해줄 사람의 이름을 언급하기만 하면 된다. 그 사람은 일을 마친 뒤 내가 이름을 언급한 부분에 대답하거나 필요한 질문을 한다. 프로젝트가 끝나면 나는 알림을 받고, '송금하기' 버튼을 누르고, 아이폰에 얼굴을 인식해서 전문가에게 돈을 보낸다. 공상 과학 소설처럼 들릴 수 있겠지만, 이 책 역시 이런 방식으로 쓰였다. 100% 디지털, 100% 가상으로.

'네가 할 수 있는 모든 건 내가 더 잘할 수 있어 Everything you can do, I can do better'라는 노래 가사를 아는가? 그 가사를 이렇게 바꿀 수 있다. '사무실이 할 수 있는 모든 건 휴먼 클라우드가 더 잘할 수 있어. Everything an office can do, the human cloud can do better.'

우리의 새로운 꿈

체인지메이커로서 우리는 모두 세계에 거대한 흔적을 남기고 싶어 하지만, 안타깝게도 그러기란 쉽지 않다. 사무실의 관료주의 말고도 우리에게는 잠과 인간의 두뇌라는 심각한 생물학적 결점 두 가지가 있다. 우선 인간의 두뇌는 모든 것을 알 수 없기에 '능력' 제한이 생긴다. 그리고 만약 모든 것을 아는 (정확한 기억력을 가진) 사람이더라도 여전히 잠은 자야 하므로 '규모' 제한도 있다.

지금까지는 능력 제한을 보강하는 사례를 다루었다. 하지만 라슬로 나들러는 능력을 보강하는 것만으로 만족하지 못했다.

라슬로는 뉴저지 주의 집에서 자기계발 플래너 사업을 시작했다. 플래너의 디자인을 맡길 디자이너를 찾아냈지만, 그것만으로는 부족했다. 그는 모든 일을 혼자서 하는 것보다 더 큰 규모로 제품을 생산할 방법을 알아내야 했다. 그는 플래너 인쇄를 하면서 이 사실을 힘들게 배웠다. 라슬로는 집에 고급 레이저 프린터를 14개나 가지고 있었지만 휴일을 보내면서, 다른 사람들이 휴일을 즐기는 동안 스스로를 1인 저임금 노동 작업장에 가두었다는 사실을 깨달은 것이다.

신뢰할 수 있는 공급업체 선정을 최우선으로 두고 온라인 인쇄 업체 한 곳을 찾자 사업이 본격적으로 번창하기 시작했다. 날마다 운영할 일을 관리하는 대신 라슬로는 이제 성장과 '5년 후에 이 결정이 어떤 결과로 돌아올까?'와 같은 질문에 집중할 수 있었다.

대성공이었다. 툴즈포위즈덤Tools4Wisdom이라는 브랜드를 출시한 뒤 라슬로는 매년 200만 달러의 수익을 내고 있다. 하지만 여기에서 돈보다 더 중요한 것은 라슬로가 상상할 수 없었던 결과물을 만들 수 있게 되었다는 점이다. 그는 이렇게 말했다. "공급망을 아웃소싱하면 규모를 거의 무한대로 확장할 수 있어요."

더 자세히 살펴보자. 라슬로가 어느 날 갑자기 자고 일어났더니 휴먼 클라우드 마술사가 된 것은 아니다. 그는 규모를 키워야겠다는 생각을 하며 잠에서 깨어났지만, 동료 체인지메이커들의 경우와 마찬가지로 라슬로에게도 유능한 컨설턴트나 대규모 인력을 고용할 돈이 없었다. 이 규모의 딜레마는 라슬로만의 문제가 아니다.

우리는 모두 각자에게 주어진 소중한 시간을 최대한 활용하여 자신의 노력이 미치는 범위를 최대치로 확장하고 싶어 한다. 아마 당신은 이 책에 등장하는 일에 대해 읽으며 이것이 직접 해볼 가치가 있는 일인지 스스로 질문하고 있을 것이다. (아주 좋은 자세다!) 라슬로의 특별한 점은 백기를 드는 대신 휴먼 클라우드를 이리저리 굴려보며 규모 제한을 해결할 방법을 찾았다는 것이다. 하룻밤 만에 이루어진 성공 이야기나 '규모 확장 버튼'을 눌러서 갑자기 생겨난 해결책이 아니다. 그는 이렇게 말했다.

"계속해서 무언가를 배우는 경험이었어요. 일단 어떤 걸 시도해봐요. 그럼 그게 작동할 때도 있고 안 할 때도 있어요. 예를 들어 우리가 이 대화를 나누고 있는 순간에도 저는 디지털 마케팅을 어떻게 아웃소싱할지 고민하고 있습니다. 휴먼 클라우드는 '아무것도 안 하는 것'보다 훨씬 나은 선택입니다. 만약 그게 없었다면 저와 제 사업은 지금 이 자리까지 오지 못했을 겁니다."

라슬로의 인내는 특별했지만, 전략은 그렇게 특별하지 않다. 일레인 포펠트는 이렇게 말했다. "이 사업가들은 수많은 인력을 고용하여 규모를 확장했던 헨리 포드 시대의 사업 모델을 답습하기보다 가벼운 짐만 챙겨서 여행을 떠난다. 개인의 능력을 보강해야 할 때면 일부러 비용 처리나 아웃소싱 기능이 있는 외부업체나 독립계약자에게 손을 내민다."

더 이상 하루 24시간이란 제한이 없다는 사실에 체인지메이커들은 환호한다. 우리에게는 이제 작은 리사, 작은 라슬로만 있으면 된다. 이 두 명을 합치면 바로 당신이라는 체인지메이커가 되는 것이다!

상상도 못 하던 결과를 내는 새로운 당신

지금까지는 전부 좋은 이야기들이다. 하지만 현실을 보자…. 주방에 요리사가 많다고 해서 반드시 맛있는 음식이 나오지는 않는다. 대부분은 혼자 요리했을 때보다 더 많은 문제를 발생시킨다.

하지만 우리가 혼자 먹으려고 요리하는 게 아니라면 혼자서는 충분히 많은 음식을 만들 수 없다. 진정한 체인지메이커가 되고 싶다면 여러 명의 요리사를 불러모아서 결과물의 규모를 확장해야 한다.

사무실은 조직도라는 기본적인 방법을 통해 이 문제를 해결했다. 조직도는 사람들을 위계질서 안의 교체 가능한 블록으로 배치하며 규격과 지속성을 우선시한다. 에이버리가 일을 그만두면, 그 자리에 또 비슷한 사람을 채워 넣는다. 호환성이 좋은 구조다.

반면 휴먼 클라우드에는 무한대에 가까운 네트워크와 협업 무리라는 색다른 해결책이 있다. 프로젝트나 업무에는 끝이 있다. 하지만 관계는 계속된다. 선순환되는 환경이 조성되면 능률과 효과의 측면에서 상상을 초월하는 기하급수적인 성장이 일어난다.

지난주에 마크Mark와 나 사이에 있었던 일도 비슷했다. 월요일 아침 나는 샌프란시스코에서 개최될 CEO 글로벌 리더십 정상 회담의 기조연설 자료를 만들어야 했다. 에이전시를 통해서 디자인을 완성하려면 최소 1개월이 필요했다. 만약 새로운 프리랜서를 고용하려면 적어도 몇 주는 걸릴 것이다. 하지만 나에게는 시간이 사흘밖에 없었다.

나는 곧바로 예전에 여러 번 작업을 함께 해봤던 마크에게 연락했다. 마크는 이렇게 답했다. "내일 정오까지 검토할 초안을 보낼게요." 다음 날 아침 10시에 자료가 도착했다. 나는 몇 가지를 수정하고 피드백을 추가했고 서너 시간 뒤에 자료는 완성되었다.

마법이 일어난 것 같았다. 자료를 만드는 데 이틀밖에 걸리지 않은 것이다. 하지만 우리는 놀라지 않았다. 우리는 지난 수개월 동안 함께 일해왔다. 프로젝트를 하나씩 할 때마다 마크는 우리에게 잘 맞는 스타일이 무엇인지 알게 되었다. 따라서 내가 비상 상황을 처했을 때 그동안 매끄럽게 기름칠되어있었던 우리의 업무 관계는 매우 높은 효율성으로 이어졌다. 수개월은 걸릴 일이 며칠 만에 완성되었다.

마크는 이렇게 말했다. "매튜와의 관계를 '고객과 프리랜서'라고 생각하지 않아요. 우리는 동등한 위치에서 각자 서로 다른 재능을 가지고 하나의 이야기를 전달하려는 공동창조자에 가깝죠. 서로를 알아가고 협업을 통해 결과물을 창조하는 일에 시간과 에너지를 투자하면서 자연스럽게 이렇게 됐어요. 여러 번의 시행착오를 통해 함께 일하는 것이란 일단 각자의 아이디어를 들고 테이블에 모여서 사람들에게 가장 큰 영향력을 행사할 방법을 찾아내는 과정이라는 걸 알게 되었습니다."

이 영감을 주는 말이 불러온 결과는 상상을 초월한다.

우리에게 기하급수적인 잠재력이 생길 수 있었던 것은 휴먼 클라우드 덕분이다. 휴먼 클라우드는 에이버리, 에머슨, 마크와 같은 전문가와 만나고 라슬로처럼 규모를 무한대로 확장할 가능성을 열어주기만 하지 않는다. 휴먼 클라우드가 주는 마지막 선물은 바로 일에 직접적인 가치를 부여하지 않는 일에서 발생하는 마찰을 없애주고 기업의 조직도에서 벗어나 지속가능한 업무 관계를 맺을 수 있도록 해준다는 것이다. 체인지메이커가 모여서 형성한 무리로 인해 뛰어난 결과물을 만들어내는 업무 관계를 구축하는 것이 가능해졌다.

다음 단계

우리는 각자 휴먼 클라우드를 활용하면서 '우와'하며 감탄하는 순간을 겪는다. 내가 감탄했던 순간은 에머슨과 함께였다. 그는 새로운 종류의 교재에 대한 아이디어를 현실로 만들어주었고, 이는 지금껏 내가 가장 큰 성취감을 느꼈던 경험 중 하나인 조지아공과대학 초청 강연으로 이어졌다.

휴먼 클라우드를 활용하는 것은 주로 '내가 이 전문가하고 도대체 어떻게 연락을 하게 된 거지?'라고 말하며 그 사람을 찾아낸 순간에서 시작되어 함께 일에 대해 열띠게 논의하고, 마지막에 우정을 꽃피우는 것으로 마무리된다. 이 우정은 전문가의 동네를 방문할 일이 생겼을 때 마치 절친한 친구처럼 그의 집에서 하룻밤 묵는 것으로 이어진다. 아이들도 만나고, 함께 요리도 하고, 공항에서 만나는 것도.

내 경험은 여기까지다.

이제 당신이 경험을 쌓을 차례다. 다음 장에서는 경험을 쌓는 방법에 대한 전략을 다룬다.

한눈에 보기

1. 모든 것을 할 필요는 없다. 휴먼 클라우드를 통해 전문성(능력)과 도움(규모)에 접근해서 능력이나 시간이 부족해 하지 못했던 일을 해낼 수 있다.

2. 휴먼 클라우드를 활용할 때는 독립계약자나 임원과는 근본적으로 다른 사고방식이 필요하다. 일을 주기율표처럼 생각해야 한다. 모든 원소를 외우거나 필요한 세부 사항을 다 기억할 수 있는가? 할 수는 있다. 하지만 반드시 그래야 하는 건 아니다. 임원처럼 조직도를 기준으로 경영하지 말고 하나의 거대하고도 평평하며 개방된 네트워크로 접근해야 한다.

체인지메이커로 한 걸음

1. 어떤 부분에서 보강이 필요한지 업무 과정을 점검해보자.

   • 1단계: 당신이 현재 밟고 있는 업무 과정에 대해 질문하라.

     ◦ 할 수 있지만 하고 싶지 않은 일은?

     ◦ 할 수 있지만 계속하면 안 되는 일은?

     ◦ 능력이나 시간이 부족해서 하지 못 하는 일은?

   • 2단계: 당신을 기다리고 있는 전문가가 있다고 상상해보자.

     ◦ 인턴의 도움을 받을 수 있다면, 어떤 일을 도와달라고 할 것인가?

     ◦ 비서가 있다면, 어떤 일을 도와달라고 할 것인가?

- 전문 디자이너에게 의뢰할 수 있다면, 어떤 일을 도와달라고 할 것인가?
  - 3단계: 큰 그림을 보아라.
    - 구석에 묵혀만 두었던 프로젝트가 있는가?
    - 호기심이 가긴 했지만 지원해보지 못한 일이 있는가?
  - 4단계: 주위 사람들과 수준을 맞춰라(좋은 뜻으로).
    - 동료가 하는 일 중에서 해보고 싶은 일이 있는가?

2. 구글이나 휴먼 클라우드 플랫폼에서 검색해서 당신에게 필요한 기술이 어떤 것인지 알아보자. 예를 들어, '프론트엔드front-end, 웹이나 모바일 어플의 앞단에서 사용자와 상호작용하는 UX 및 UI ─ 옮긴이 주개발자'를 검색해 본 뒤 어떤 결과가 나오는지 확인해보자. 당신의 손끝으로 고용할 수 있는 인재들을 보고 놀라서 까무러칠 수도 있다.

3. 휴먼 클라우드로 뛰어들어 프리랜서를 고용하라. 사이먼 사이넥 Simon Sinek이 한 말처럼, "꿈은 크게 가지고 시작은 작게 해라. 하지만 가장 중요한 건 시작하는 것이다."

4. 더 적게 일하고 더 많이 이룰 수 있게 해 주는 오늘날의 기술에 대해 읽어 보자.

추천 도서

『나는 직원 없이도 10억 번다』| 일레인 포펠트 지음 | 신솔잎 옮김

『Company of One: Why Staying Small Is the Next Big Thing for Business』
| Paul Jarvis 지음

휴먼 클라우드에서 일하는 법

영향력을 키우는 법

노아: 다른 사람이 뭘 원하는지 그만 신경 쓰면 안 돼? 내가 원하는 게 뭔지, 그 사람이 원하는 게 뭔지, 당신의 부모님이 원하는 게 뭔지 그만 좀 생 각해. 네가 원하는 건 뭐야? 도대체 네가 원하는 게 뭐야?

앨리: 그렇게 간단하지가 않아.

노아: 너는… 뭘… 원해? 빌어먹을, 네가 원하는 건 도대체 뭐야?

니컬러스 스파크스Nicholas Sparks의 소설 원작 영화 <노트북The Notebook>을 떠올렸는가? 떠올리지 못했다면… 안타깝다. 떠올렸다면, 당신은 기하급 수적인 결과를 내는 데 필요한 초석을 발견한 것이다.

당신이 원하는 건 무엇인가? 삶을 자동화하고 싶은가? 항공 교통 관제사 가 되고 싶은가? 당신의 능력을 키우고 규모를 확장하고 싶은가?

휴먼 클라우드로 보강할 수 있는 것의 가능성은 무한하며 계속 증가한다. 일정 관리, 비용 보고서 쓰기, 제품 최저가 검색, 고객과의 저녁 식사(와 데이트)를 할 레스토랑 검색과 예약 등 가상 비서의 업무처럼 간단한 것일 수 있고, 부서 전체를 아웃소싱하는 것처럼 중대한 일이 될 수도 있다.

나에게 보강이란 가장 의미 있고 가치 있는 일을 우선순위로 올려놓는 것을 뜻한다. 세금 관리를 예로 들어보겠다. 내가 이 일을 스스로 할 수 있는가? 물론이다. (사실 내 전공이 회계다.) 하지만 이 일을 꼭 해야만 하는가? 나는 세금 코드에 전혀 관심이 없으므로 아마 하지 않는 편이 나을 것이다. 반면 내 회계사는 나와 다르다. 청소도 마찬가지다. 내가 청소를 할 줄 아냐고? 할 줄 아는 것 같긴 하다. 청소를 꼭 직접 해야 할까? 내 시급이 청소대행업체에서 요구하는 시급보다 많아지는 순간부터 안 해도 될 것이다.

하지만 개인 업무 보강은 휴먼 클라우드가 제공해주는 가능성의 1%도 안 된다. 이렇게 개별 업무 단위로 생각하는 것은 마치 라디오를 들으려고 자동차를 사는 것과 비슷하다. 매년 200만 달러를 벌어들이는 사업은 어떤가? 북미 최대 규모의 오토바이 제조업체에 디지털 라이더 경험을 제공해주는 일은? 우리가 아주 심하게 편애하고 있는, 이 책을 만드는 일은?

기하급수적인 결과물을 제대로 만드는 것은 드림팀을 꾸리는 데서 시작한다. 초연관성과 초능력을 가지고 초개인화된 팀은 정말 놀라운 결과를 낸다. 툴즈포위즈덤의 창립자 라슬로는 이렇게 말했다. "꿈을 달성할 때는 팀이 필요해요. 만약 당신의 꿈에 팀이 없다면, 그 꿈은 충분히 크지 않은 겁니다."

이런 팀은 100% 프리랜서로 구성될 수도 있고, 프리랜서와 풀타임 직원으로 섞여서 구성될 수도 있다. 유일한 상수는 복잡성이다. 이 팀은 100% 가상 환경에서 프로젝트 단위로 작동하므로, 기존 리더십과 프로젝트 관리에 존재했던 위험을 증폭시킨다. 따라서 당신의 드림팀이 앞으로 나아가는 데 도움을 줄 전략이 필요하다.

1단계: 요구사항을 정의하라

무엇을 언제 해야 하는가

목표와 기한이 너무 비현실적이라면 어떻게 해야 할까? 매튜와 나의 목표는 이 글을 6개월 안에 마무리 짓는 것이었다. 다행히 이 책을 만들기 전에 우리는 호흡을 맞춰본 경험이 있다. 우리에게 회사 임원진이 불가능해 보이는 목표를 던지며 몇 시간 안에 구체적인 계획을 내놓으라고 했던 적도 있고, 프리랜서 고객들이 분 단위로 앞으로의 계획에 대해 질문을 했던 적도 있다. 고객들이 조용할 때는 은행 계좌가 가만히 있지를 않았다.

이런 상황에서 어떻게 해야 할까? 우리는 냅킨 한 장을 꺼내서 무엇을 언제 해야 하는지에 대한 간단한 체크 목록을 만들었다. 최종 목표가 마무리되어야 하는 시점부터 거꾸로 시작해서 최종 마감일까지 무엇을 언제 해야 하는지 일정을 세워봤다. (그림 3 참고)

너무 심각하게 생각할 필요는 없다! 길어도 15분 정도면 충분히 완성할 수 있다. 또한 각각의 일정과 해야 하는 일은 고정된 것이 아니라 그저 예상

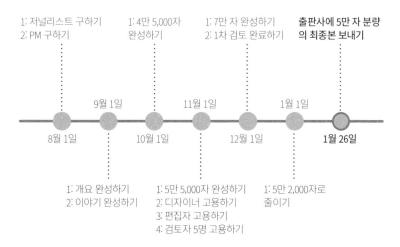

■ 그림 3

1: 저널리스트 구하기
2: PM 구하기

1: 4만 5,000자
완성하기

1: 7만 자 완성하기
2: 1차 검토 완료하기

**출판사에 5만 자 분량
의 최종본 보내기**

9월 1일   11월 1일   1월 1일

8월 1일   10월 1일   12월 1일   **1월 26일**

1: 개요 완성하기
2: 이야기 완성하기

1: 5만 5,000자 완성하기
2: 디자이너 고용하기
3: 편집자 고용하기
4: 검토자 5명 고용하기

1: 5만 2,000자로
줄이기

일뿐이다. 일정과 할 일은 바뀔 것이다. 하지만 프리랜서나 팀이 들고 일어나기를 바라거나 인터넷 사방에 같이 일하기 최악인 사람이라고 소문나고 싶지 않다면 일을 완전히 즉흥적으로 할 수는 없다.

어떻게 그리고 누가 일을 할 것인가

당신도 잘 알겠지만 냅킨 뒤에 적은 체크 목록으로는 큰 규모의 프로젝트를 감당할 수 없다. 팀원들이 저마다 다른 대륙에 살고 있을 수도 있다. 체크 목록은 프로젝트 전체를 볼 수 있는 큰 그림을 제시해주지만, 팀원 개인이 해야 하는 일과 각각의 역할이 프로젝트 전체에 어떻게 기여했는지 어떻게 확인해야 할까?

휴먼 클라우드

우리는 소프트웨어 제품을 만들 때처럼 인텔의 앤디 그로브Andy Grove가 최초로 만들어낸 목표 및 핵심 결과 지표Objectives and Key Results, OKR 프레임워크를 적용한다. 이 프레임워크의 기본 개념은 '이 말도 안 되는 일을 목표, 핵심 결과, 그리고 조력 업무로 나눠보자'는 것이다. 출판사 구하기라는 목표를 예로 들어보자. 우리가 프리랜서 한 명과 개별적으로 일을 할 때는 아

■ 전통적인 출판사를 찾기 위한 OKR

목표	전통적인 출판사
핵심 결과	1: 투자 브리핑 (30일) 2: 회의 10번 (90일)
조력 업무	1: 투자 브리핑 　모범 사례와 관련 분야에 대한 지식 습득을 위해 비교 가능한 　세 가지 브리핑 공부하기 (우리) 　투자 브리핑 개요 초안 작성하기 (우리) 　투자 브리핑 초안 작성하기 (우리) 　저자 프로필 편집하기 (아담) 　시장 지형도 만들기 (로렌) 　비교 가능한 책 25권의 가격, 아마존 후기, 출판사, 저자 팔로워, 　약점 조사하기 (로렌) 　시장 출시 계획 세우기 (로렌) 　가능성 있는 팟캐스트 목록 만들기 (조시) 　가능성 있는 컨퍼런스 목록 만들기 (알렉사) 　현재 제목과 잠재적인 제목에 대한 검색 엔진 최적화[1] 진단하기 (데렉) 　브리핑을 검토하고, 피드백 제공하기 (존) 　부분별로 검토하고, 제출 준비가 될 때까지 피드백 작성하기 (존) 2: 회의 10번 　산업 컨퍼런스 참석하기 (존) 　출판사에 브리핑 보내기 (존) 　출판사와 회의 일정 잡기 (존) 　회의에 참석해 일목요연하게 설명하고 감사 이메일 보내기 (우리) 　출판사와의 관계 관리하기 (존)

1 Search Engine Optimization (SEO), 콘텐츠를 검색 결과의 상위권에 노출하기 위한 디지털 마케팅 전략
　— 옮긴이 주

무 문제가 없었다. 하지만 여러 명의 프리랜서와 동시에 일을 하면서 하나의 통합된 계획이 없으니 마치 술 취한 사람이 비틀거리며 귀가하는 모습처럼 일이 마구잡이로 진행되었다. 어찌 진행되기는 했지만, 프리랜서와 우리모두 출판사를 구한다는 큰 목표에 서로가 어떻게 기여했는지는 볼 수 없었다.

그래서 우리는 이렇게 했다.

1단계 목표 세우기

: 우리가 달성하고자 하는 목표, 즉 출판사 구하기.

2단계 핵심 결과 만들기

: 목표를 달성하기 위해 일어나야 하는 핵심 결과, 즉 투자 브리핑과 회의.

3단계 조력 업무 만들기

: 목적지에 도달하기 위해 해야 할 활동. 아래 표 확인.

4단계 누가 무엇을 해야 하는지 확인하기

: 표에서 각 조력 업무 옆에 적힌 이름 확인.

무엇을 기대하고 고용했는가

고용은 간단해 보인다. 고용주는 피고용자에게 무엇을 할지 알려주고 피고용자는 일을 시작하면 된다. 프레젠테이션을 앞두고 자료의 디자인에 도움을 받아야 하는 상황이라고 가정해보자. 당신은 5점 만점에 4.7점을 받은 디자이너를 고용한다. 발표 전날 밤, 당신은 자료를 열어보고 공포에

질려 침을 꿀꺽 삼킨다. 자료는 파워포인트가 아니라 프레지Prezi 파일이다. 도표는 디자인적인 요소도 전혀 없고 무슨 고등학교 과제 같아 보였다. 색상도 당신의 브랜드와 일관성이 없었다.

디자이너에게 이게 어찌 된 일인지 물어보자 그는 이렇게 대답한다. "지시하신 내용과 가격에 맞춰서 작업한 거예요. 제시하신 가격에는 기본적인 사항이 포함되어 있지 않았어요. 파워포인트 형식으로 해달라는 요구사항도 없었고, 브랜드 색상도 지정하지 않으셨죠. 그저 프레젠테이션 자료 디자인이 필요하시다고 했고, 저는 주제에 일관되고 깔끔하게 만들었을 뿐이에요. 추가 프로젝트로 의뢰해주시면 흔쾌히 업데이트해드릴게요."

이건 그의 잘못이 아니다. 당신의 잘못도 그렇게 큰 건 아니다. 현실에서는 무엇을 시키려고 고용했는지 알기가 매우 어렵다. 직함, 세부 설명, 요구사항부터 급여까지 이 모든 것은 설명서가 없는 무한대의 조각이 있는 퍼즐 맞추기만큼이나 어렵다.

하지만 고용을 반드시 이런 방식으로 해야 하는 것은 아니다. 우리는 전문가 행세를 하지 않고 프리랜서에게 직접 업무 기술서를 쓰게 한다. 이 책의 6장을 읽었다면 프리랜서와 프리랜서를 고용한 사람 모두에게 업무 기술서는 언제나 진실에 가까이 다가서게 해주는 첫걸음이라는 말이 무슨 뜻인지 이해할 것이다.

우리가 출판 에이전트를 찾을 때 활용했던 업무 기술서를 예로 들어보겠다. 우리는 완전히 초보였고 존John은 30년 차 전문 출판 에이전트였다. 우리는 그에게 바라는 점을 지시하는 대신 존과 함께 업무 기술서 양식을 채

워나갔고 출판사 구하기라는 목표에 집중했다.

2단계: 면접은 생략하고 여러 명을 고용하라

프리랜서 플랫폼에 일을 등록해두었다가 지원자가 쏟아져 들어올 때 적용하는 단계다. 면접은 어떻게 해야 할까?

면접은 하지 않는다. 실제로 일한 결과물을 볼 수 있는데 왜 굳이 예전처럼 면접을 하겠는가? 면접 과정을 거치면 나를 재밌게 해주는 사람에게 마음이 향하게 된다는 사실을 알게 됐다. 재밌는 사람은 면접 시간을 즐겁게 만들어주었지만, 프로젝트의 성공을 보장해주지는 못한다. 사람은 좋은데 업무 결과가 마음에 들지 않으면 분위기가 어색해졌다. 대부분의 사람들은 면접을 망치기 마련이기 때문에 잘못된 사람을 고용하고 궁극적으로는 적임자는 놓치는 상황이 생긴다.

면접 대신 일의 결과물을 보자. 나는 프로젝트 하나를 작업하는 데 여러 명을 고용한다. 예를 들어 프레젠테이션 자료가 필요하면 품질을 판단할 수 있도록 같은 슬라이드 5장 정도의 작업을 3명의 디자이너에게 맡긴 뒤, 최고(개인 또는 여러 명의 조합)를 선정하고 마감 기한이 되었을 때 적합한 수준의 결과물을 창출해내지 못할 위험에 대비한다.

가장 적절한 방법은 작은 테스트 프로젝트를 시켜보는 것이다. 그럴 만한 일이 없다면 업무 기술서를 작성하게 해라. 업무를 기술하는 방식의 수준과 근거를 기반으로 지원자가 해야 하는 일에 대해 얼마나 잘 알고 있는

휴먼 클라우드

■ 우리(고객)가 존과 함께 작성한 업무 기술서

부문	목표
고차적 요약	출판사 구하기
고차적 결과물	최소 40쪽 분량 워드 문서 형태의 투자 브리핑 출판사에 소개하는 자리 최소 10번
로드맵	투자 브리핑 자료 만들기 8/20: 존이 투자 브리핑 양식 제공 8/25: 고객이 모범 사례와 관련 분야를 학습하기 위해 비교 가능한 브리핑 세 가지 공부 9/1: 고객이 투자 브리핑 개요 초안 작성 9/5: 존이 브리핑을 검토하고 피드백 제공 9/20: 고객이 부분별 초안 작성 진행 중: 존이 부분별로 검토하고 제출 준비가 될 때까지 피드백 작성 진행 중: 회의가 끝날 때마다 존이 출판사의 반응을 기반으로 피드백 제공하고 고객이 브리핑 수정 출판사 만나기 11/1: 존이 출판사와 회의 2번 이상 잡기 1/1: 존이 출판사와 회의 5번 이상 잡기 5/1: 존이 출판사와 회의 10번 이상 잡기 진행 중: 고객과의 참석해서 조리 있게 말하고 감사 이메일 보내기 진행 중: 존이 출판사와의 관계를 처음부터 끝까지 관리
비교 대상	『뉴 파워: 새로운 권력의 탄생』, 펭귄랜덤하우스Penguin Random House 『2번째 기계의 시대: 인간과 기계의 공생이 시작된다』, W.W. 노튼앤컴퍼니W.W. Norton & Company 『로봇의 부상』, 베이직북스Basic Books
비용	고정 착수금, 출판사 계약 및 수익금의 일정 비율
다음 단계	9/26: 존과 고객이 1시간 동안 소개하는 자리를 가짐, 이때 필요한 것에 대한 고차적인 개요와 고객이 가진 질문에 대해 논의함. 10/1까지: 존이 투자 브리핑 전송 10/15까지: 고객이 투자 브리핑 초안 제공

지 빠르게 파악할 수 있다. 만약 지원자가 업무 기술서를 제대로 쓰지 못했다면 다른 사람을 더 알아봐야 할 것이다.

3단계: 시작하라

휴먼 클라우드의 장점은 버튼만 누르면 바로 일을 시작할 수 있다는 것이다. 점점 더 많은 프리랜서 플랫폼이 서류 작업이나 급여 지급을 포함한 수많은 업무를 지원하고 있다.

그러나 단점 역시 버튼만 누르면 바로 일을 시작할 수 있다는 것이다. 기업은 이 단계에서 발생하는 수많은 문제를 6개월에서 1년에 걸쳐 해결한다. 예를 들어, 가장 대표적인 단절에는 다음과 같은 것이 있다(이 부분은 5장에서 언급했던 프리랜서의 관점과 비슷하다).

- 커뮤니케이션: 프리랜서와 어떻게 연락할 것인가? 이메일? 메신저? 연락을 받기 어렵거나 대답을 하지 못하는 특정 시간대 또는 기간이 있는가?
- 예상 답변 시점: 프리랜서는 몇 시간 이내에 답변해야 하는가?
- 질문: 프리랜서가 질문이 있을 때는 어떻게 해야 하는가? 한 번에? 산발적으로?
- 곤란한 일이 생겼을 때: 일하는 데 필요한 피드백이나 질문에 대한 답변을 당신이 제공해주지 않는다면 이전에 합의한 업무 기술서로 인해 프리랜서가 난처해질 수도 있을까?

휴먼 클라우드

- 피드백: 피드백을 몇 번에 걸쳐 제공할 것인가? 프리랜서는 당신이 만족할 때까지 일을 계속해야 하는가?
- 수정 요청: 기존 업무 범위에 추가하고 싶은 사항이 생기면 어떻게 해야 하는가?
- 일의 결과가 좋지 않을 때: 프리랜서가 일을 잘 못했다면 어떻게 되는가? 예를 들어, 대형 제품 출시 행사에서 누가 봐도 눈에 띄는 오타가 발견되었다. 엄밀히 계약은 종료되었다. 프리랜서에게 아직도 수정 의무가 있는가? 그렇다면 시간은 얼마나 주어지는가?

각 상황에 대한 해결책은 '어떻게 협업할지' 명시하는 것이다. 이 단계는 계약을 맺는 시기에 하는 것이 가장 좋다. 무턱대고 일을 시작할 순 없다. 그러므로 실제 작업을 시작하기 전에 합의를 마치는 것이 중요하다. 서로 다른 표준시간대에서 생활한다거나 맥락에 포함된 감정과 의도를 제대로 파악하지 못하면 이와 같은 단절로 인해 생기는 문제점들이 폭풍우처럼 밀려들 것이다.

'포괄적 협력 계약서Master Service Agreement, MSA'를 작성하는 것도 하나의 방법이다. 업무 기술서가 무엇을 언제 해야 하는지를 기술한다면 포괄적 협력 계약서는 업무 관계를 '어떻게' 진행할 것인지에 대한 개요를 제공한다.

또 다른 방법으로는 프리랜서에게 포괄적 협력 계약서보다 조금 더 가볍고 짧고 재밌는 '안내서'를 보내는 것도 있다.

4단계: 관리하라

팀을 관리하는 일은 어렵다. 더구나 가상의 팀을 관리하는 것은 혼돈 그 자체다. 프리랜서 한 명은 1년 동안, 또 다른 프리랜서는 일주일만, 세 번째 프리랜서는 딱 하루만 일하기로 계약했다. 직원 1,000명 이상이 100% 가상 환경에서 일하는 한 기업의 리더는 나에게 이렇게 말했다. "저희는 통제된 혼돈을 추구합니다."

다음 이야기는 대규모 가상 팀을 관리하는 것에 대해 경고한다. 내가 휴먼 클라우드에 뛰어든 지 얼마 안 되었을 때 함께 일했던 디자이너에게 받은 이메일이다. "매튜, 저는 점점 더 스트레스가 심해지고 있어요. 어떤 주제인지 깊게 이해해야 하는 시각 자료를 만들 때마다 병목현상이 일어나요. 피드백이라곤 구글 닥스Google Docs에 중구난방 달리는 댓글뿐이에요. 정확성이 너무 떨어져서 디자인 과정에서 의미를 유추하는 데 시간이 오래 걸리고, 일러스트가 원본을 정확히 묘사하길 무작정 바랄 수밖에 없어요. 어떨 때는 예닐곱 번씩 번복하고 나서야 제대로 완성되기도 해요. 단순히 넘어갈 수준의 답답함이 아니라 정말 심각한 문제에요."

이 당시 우리는 여러 명의 프리랜스를 관리할 인프라가 없었다. 그래서 이 이메일을 받았을 때 어떻게 해야 할지 전혀 감을 잡지 못했다. 그 당시 수석 편집자는 이렇게 말했다. "전체 내용의 편집 일정을 맞추기가 힘들었어요. 새로운 작가들이 간헐적으로 내용을 추가했지만, 저는 언제 글이 올지 알 수 없고 누가 어떤 주제로 글을 쓰고 있는지도 전혀 파악할 수가 없었거든요. 여러 명의 고객과 번갈아 가며 연락을 하고, 일부 고객과 여러 프로젝트를 동시에 진행하고 있었던 저는 우선순위를 지키기가 너무 힘들었어요. 다른 사람들이 모두 글을 완성할 때까지 편집을 마무리 지을 수 없었어요."

해결책은 전략과 실행 모두에 프로젝트 관리 도구의 사용 비중을 높이는 것이었다. 마법을 일으키는 프로젝트 관리 도구는 없다. 특효약도 없다. 더 중요한 건 다음 세 가지 질문을 투명하고 완전하게 실시간 디지털 방식으로 대답하는 것이다.

① 사람들은 '어디서' 커뮤니케이션할 것인가? 어떻게 질문하고, 이전에 했던 질문을 조회할 것인가?

② 사람들은 '어디서' 일을 분배할 것인가? 마감일은 언제인지, 요구사항이 무엇인지, 결과가 어떤 모습인지 볼 수 있는 곳은 어디인가?

③ 사람들은 '어디서' 파일을 공유할 것인가? 업무를 중복으로 하고 있지 않다는 사실을 어떻게 확인할 수 있는가? (다른 사람들이 열두 번째 버전을 작업하는 동안 홀로 일곱 번째 버전을 작업했던 경험은 누구나 있을 것이다.) 사람들은 어떻게 피드백을 파일에 직접 추가할 수 있는가?

우리는 이 과정을 집처럼 생각했다. 팀이 실시간으로, 투명하게, 디지털 방식으로 운영되도록 보장해주는 지스위트는 인테리어고, 트렐로는 현관문이었다.

수많은 팀이 슬랙이나 마이크로소프트 팀즈로 커뮤니케이션을 하고 트렐로나 지라로 업무 분배를 하며 구글이나 마이크로소프트 생산성 도구를 적절히 조합하여 공동집필을 한다. 이 도구들만큼 좋은 다른 도구도 많다. 핵심은 도구를 활용하고 특정 프로젝트에서 사용하는 도구를 일관적으로 유지하는 것이다.

5단계: 진화하라

우리의 업무 관계를 그냥 괜찮은 정도에서 대단한 것으로 발전시킬 수 있을까? 내 경우에 대단한 관계란 발표 자료를 수개월이 아니라 며칠 만에 완성하는 것을 뜻했다.

문제는 우리가 자신만의 독특한 특성을 가진 개체들이라는 것이다. 내가 좋아하는 것과 동료가 좋아하는 것은 다르다. 프리랜서가 내 생각을 읽어야 할 의무는 없다. 게다가 우리에게는 일관성이 있다. 오늘 좋아하는 것은 아마 내일도 좋아할 것이다. 따라서 새 프로젝트를 할 때마다 백지부터 시작하지 말고 어떤 것이 우리와 우리의 협력자들의 효율성을 높였는지에 대해 지금껏 쌓아온 교훈과 지식을 활용해보면 좋지 않을까?

비결은 요구사항, 커뮤니케이션 스타일, 피드백 스타일, 심지어 성공의 모습까지 모든 것에 대한 양식을 명확히 만드는 것이다. 요구사항의 경우 다음 질문을 해보자. 당신에게는 브랜드 가이드라인이 있는가? 그렇지 않고 개인적으로 선호하는 디자인만 있다면, 지금까지 꾸준히 좋아했던 테마가 있는가? 자주 사용하는 서체가 있는가? 특별한 요소가 있는가? 나는 이 모든 것을 나와 함께 일할 프리랜서를 위해 미리 묶어서 포장해두었다.

커뮤니케이션의 경우, 나에게는 결과물의 유형별로 사용하는 이메일 양식이 있다. 커뮤니케이션 용도 외에도 프리랜서들이 제품 조사를 할 때 활용할 수 있는 파일 양식도 만들어두었다.

한눈에 보기

1. 프리랜서를 고용하는 건 친구에게 문자 보내기만큼이나 간단할 수 있다. 하지만 한 번에 한 명의 프리랜서와 일하는 것은 진짜 자동차가 아니라 리모컨으로 조종하는 장난감 자동차를 구매하는 것과 마찬가지다. 그러나 프리랜서와 풀타임 직원 100명이 섞인 팀을 운영하려면 당신만의 기반을 반드시 구축해야 한다.

   - 1단계: 요구사항을 정의하라
     - 무엇을 언제 해야 하는가?
     - 누가 어떻게 일을 할 것인가?
     - 무엇을 시키려고 고용했는가?
   - 2단계: 면접은 생략하고 여러 명을 고용하라
     - 누가 가장 일을 잘 했는가?
   - 3단계: 시작하라
     - 최소한의 노력으로 프리랜서의 업무 속도를 높일 방법은 무엇인가?
   - 4단계: 관리하라
     - 어떻게 커뮤니케이션하고 협력할 것인가?
   - 5단계: 진화하라
     - 프로젝트를 통해 무엇을 배우고 다음 프로젝트를 어떻게 개선할 것인가?

체인지메이커로 한 걸음

1. 업무 관리 도구를 활용해 일상적인 과정을 기록하라.

2. 당신의 업무 스타일을 문서와 양식으로 만들면 프리랜서가 당신과 일하기가 더 수월해진다.

   - 1단계: 업무 기술서SOW를 작성하라.
   - 2단계: 포괄적 협력 계약서MSA를 작성하라.

3. 에드엑스edX, 유다시티Udacity, 코세라Coursera 등에서 제공하는 대규모 온라인 공개강좌를 통해 임원, 사업가, 프로젝트 관리자에게 필요한 능력을 길러라.

추천 도서

『빌 캠벨, 실리콘밸리의 위대한 코치』| 앨런 이글Alan Eagle, 에릭 슈미트Eric Schmidt, 조너선 로젠버그Jonathan Rosenberg 지음 | 김민주, 이엽 옮김

『린 스타트업』| 에릭 리스Eric Ries 지음 | 이창수, 송우일 옮김

『OKR: 전설적인 벤처투자자가 구글에 전해준 성공 방식』| 존 도어John Doerr | 박세연 옮김 | 이길상 감수

왜 조직에서는
휴먼 클라우드를 활용할까?

조직에 변화의 바람을 불어넣는 엔진

제이콥: 당신이 스티브 잡스처럼 억만장자예요?

칼: 아뇨.

제이콥: 아, 그래요? 그렇다면 당신에게는 뉴발란스 운동화를 신을 자격이
　　　 전혀 없는 겁니다.

— 영화 <크레이지, 스투피드, 러브Crazy, Stupid, Love> 중에서

조직은 궁지에 몰렸다.

당신의 회사가 인기 많은 신생 스타트업이나 유기농 식사와 마사지 서비
스를 매일 제공해주는 곳이 아니라면 그저 '꼰대' 집단으로 비칠 뿐이다. (이
런 맥락에서 위와 같은 대사가 나왔다.) 과거에는 경험이 곧 힘이었지만 요즘 세상
에서 조직은 우수 인력의 관심을 끌기 위해 몸부림치고, 경쟁사의 제품 생

산 주기에 뒤처지고, 끊임없이 헛다리를 짚고 있다.

조직에는 기업의 위계질서 사다리를 타고 올라갈 사람이 아니라 '당신'이 필요하다. 사다리 타는 사람의 뒤를 쫓아다니는 유순한 꿀벌은 더욱 필요하지 않다. 조직에는 휴먼 클라우드를 활용한 새로운 방법으로 일할 수 있게 도와줄 체인지메이커가 필요하다.

쉽진 않을 것이다. 사내 정치, 관료제, 나이 든 백인 아저씨들이 그렇게 쉽게 자리를 비켜주지는 않는다. 하지만 젊은 세대가 기성세대 밑에서 일하기를 거부하고 스타트업이 계속 치고 올라오고, 직원 유지가 혁신보다 힘들어지는 상황이 오면 달라질 수밖에 없다. 그들은 도태 아니면 휴먼 클라우드 중 하나를 선택해야 한다.

조직이 휴먼 클라우드에 주목해야 하는 이유

우선 아주 기본적인 질문부터 시작해보자. 조직은 왜 휴먼 클라우드에 주목해야 할까?

소비자를 위한 디지털 경험을 만들고자 했던 중서부의 대형 오토바이 제조업체(업체명은 일부러 언급하지 않고 있다)를 이끈 소프트웨어 컨설턴트 체인지메이커 브랜든 브라이트의 이야기로 돌아가 보자. 이 업체의 오토바이는 사랑받고 있었지만, 라이더들은 라이딩 경험의 디지털화를 기대하고 있었다. 국토 횡단을 하고 지역 딜러를 찾아다녔던 과거에서 소셜 라이딩 챌린지를 운영하게 되기까지 라이딩 세계에서 오토바이 한 대와 카우보이 가죽 바지는 오래 된 유물로 빠르게 전락했다. 지금은 모바일 어플의 시대다.

이 회사에는 언제나 목표 달성을 위해 사용할 수 있는 선택지가 많았다. 풀타임 직원(주로 열렬한 팬층이 직원이 되곤 했다) 또는 맥킨지McKinsey, 베인Bain, 보스턴 컨설팅 그룹Boston Consulting Group, 엑센추어Accenture, 딜로이트와 같은 회사에 컨설팅을 의뢰할 수도 있었다. 혹은 맨파워Manpower, 아데코Adecco, 로버트 하프Robert Half, 란드스타드Randstad와 같은 회사들을 통해서 임시직을 고용하거나 인력을 보충할 수 있었을 것이다.

그런데 이 업체는 왜 사람들이 우버 기사와 그래픽 디자이너를 혼동하는 새로운 '비주류' 모델을 눈여겨 본 것일까? 조직은 인재가 모이는 곳으로 가기 마련이고, 점점 더 많은 인재가 휴먼 클라우드로 이동하고 있기 때문이다.

인재는 고르게 퍼져 있지 않다

안타깝지만 치즈커드cheese curd, 우유를 응고시켜 만든 작은 간식거리 — 옮긴이 주맛이 아무리 좋아도 개발자들이 중서부 지역으로는 이사하는 일은 없을 것이다.

업계에서 가장 뛰어난 개발자들은 샌프란시스코 돌로레스공원Dolores Park에서 코코넛맨과 함께 있고 싶어 한다. (돌로레스 공원은 도시의 명소다. 코코넛맨은 직접 만나보지 않으면 이해할 수 없다). 실력이 괜찮은 개발자들은 뉴욕에 있다. 비용에 민감하거나 약간 구식인 개발자라면 시애틀이나 텍사스 주

오스틴에 산다. 물론 이것은 당연히 전체적으로 일반화한 결과다. 하지만 메시지는 언제나 같다. 기술 중심지 혹은 테크 기업을 제외한 모든 곳에서 제품 관리, UI/UX 디자인, 데이터 과학, 그리고 최신 개발 플랫폼 분야의 인재 유치전을 겪고 있다.

그러면 우리는 어떻게 해야 하는가? 컨설턴트한테 전화를 해야 할까?

브랜든은 이렇게 말했다. "전통적인 컨설팅 회사들은 높은 비용을 요구하지만 민첩성은 떨어지고, 인재가 부족합니다. 디자인 에이전시는 개발과 실행까지의 과정을 유기적으로 연결할 능력이 없죠. 지역 개발자 센터는 대기업에 필요한 규모와 기술의 다양성을 갖추지 못했어요. 규모, 민첩성, 우수 인력이 필요한 기업을 위한 해결책은 분산된 소프트웨어 네트워크를 배양하는 것입니다."

기회는 균등하다

앞서 개인으로서 전문가 네트워크를 활용하는 방법을 다뤘다. 하지만 브랜든은 대기업에서 휴먼 클라우드를 활용할 수 있도록 만들어야 한다는 더 큰 도전과 마주했다.

다행히 프로세스는 개인적으로 휴먼 클라우드를 활용할 때와 크게 다르지 않았다. 브랜든과 그의 팀은 특수한 요구사항을 이해하는 것부터 시작했다. 그들에게는 iOS, 안드로이드, 웹, 백엔드back-end, 웹이나 모바일 어플의 서버와 데이터베이스 관리 ─ 옮긴이 주, 클라우드, 사물인터넷Internet of Things, IoT 전문가가 필요했다. 브랜든의 팀은 긱스터Gigster 네트워크를 통해서 이들과 연락을 시도했다. 긱스터는 소프트웨어 개발에 특화된 휴먼 클라우드 플랫폼인데, 전문가들과의 네트워크를 갖추기까지 약 일주일 정도 걸린다.

그런 다음 이 전문가들과 함께 실제 업무와 기술적 측면에서 필요한 것을 완벽히 이해하기 위해 노력했다. 한 달 이내에 그들은 필요한 기술 사양과 프로젝트 로드맵을 갖추고, 개발 착수에 필요한 분산된 팀을 꾸렸다.

어떤 사람들은 이것을 할리우드 모델이라고 부른다. 영화 한 편을 만드는 동안 다양한 곳에서 감독과 배우, 스턴트 배우, 세트 제작자 들이 나타나서 일을 마치고 떠나기 때문이다. 각 전문가는 프로젝트 단위로 일을 하면서 여러 프로젝트를 동시에 진행할 수 있다.

이 프로젝트의 '출연진'에는 제품 관리자, 프로젝트 관리자, UI/UX 디자이너, 웹 및 모바일 어플 개발자, 개발 및 운영 담당 엔지니어, 설계자, 품질 보증 테스트 담당자가 포함되었다. 팀에는 스케치Sketch, 인비전InVision, 리액트React, 노드.jsNode.js, 자바Java, 코틀린Kotlin, 스위프트Swift, 구글클라우드플랫폼, 아마존웹서비스 등 명확한 기술을 갖춘 사람들이 모였다. (이 정도면 거의 어벤져스급 출연진이다.)

전 세계에서 모인 이들은 모두 가상으로 업무를 진행했다. 팀원들이 한 일은 그냥 불쑥 나타나서 코드 몇 줄을 쓰고 퇴근하는 게 아니었다. 이들은 말도 안 될 정도로 어려운 문제들을 해결하기 위해 협업했다.

예를 들어, 요구사항 중 하나에는 고객의 하드웨어 제공 업체마저 찾기 어려워하는 모바일 블루투스 연결성과 관련된 사물인터넷 기술이 필요했다. 긱스터가 일주일 만에 일본에서 찾아낸 개발자는 적합한 기술을 갖췄을 뿐 아니라 그 문제에 대한 해결책까지 제시했다. 그는 며칠 만에 팀에 합류해서 iOS와 안드로이드에 하드웨어를 연결할 전용 블루투스 프로토콜을 만드는 데 도움을 주었다. 여기서 끝나지 않았다. 이 전문가는 1년 넘도록 이 업체의 블루투스 전문 해결사 역할을 해주었고 이후 여러 새로운 프로젝트에도 투입되었다.

이는 전통적인 방식만을 따르던 기업에 놀라운 결과를 안겼다. 이 사례는 스타트업에서 일하는 방식에 더 가까워 보인다. 몇 년 만에 이 프로젝트는 순식간에 아이디어에서 계획으로, 개발로 이어졌다. 이 글을 쓰고 있는 시점에는 다운로드 수 약 15만 회 그리고 8,800개가 넘는 후기와 별점 5점을 받은 모바일 어플이 되었고 고객들에게 어플 스토어를 뛰어넘는 즐거움을 선사했다. 1년 만에 이 어플의 사용자들은 100만 마일 이상의 주행을 기록하고 25개 이상의 챌린지를 완성했다. 가장 최근에 진행했던 챌린지에는 4,000명 이상의 고객이 참가했다.

기업의 핵심성과지표Key Performance Indicator, KPI 보다 더 중요한 것은 기회를 균등하게 분배하는 휴먼 클라우드의 영향력이다. 재능있는 인재들은 더 이상 근사한 일을 하기 위해 샌프란시스코의 거실에 월세 1,500달러를 내고 살 필요가 없어졌다. (매튜 모톨라가 샌프란시스코에 살 때 실제로 그랬다.) 대형 테크 기업은 더 이상 모든 인재를 빼앗아 갈 수 없다. 당신은 전 세계 최고의 기술 인재에게 접근할 수 있다. 두 마리 토끼를 다 잡을 수 있게 된 것이다.

블록버스터의 50가지 그림자

전통 산업으로부터 인재들을 빼돌리고 있었던 서부의 잘나가는 테크 기업들은 지금 스타트업이라는 악몽을 꾸고 있다.

그런데 이미 눈치챘겠지만, 나는 리얼리티 TV쇼에 등장하는 연예인 걱정과 마찬가지로 대기업 걱정도 할 필요가 없다고 생각한다. 하지만 내가 '블록버스터의 50가지 그림자' 순간이라고 부르는 것 때문에 대기업이 아주, 아주 조금 걱정되긴 한다. 지금까지 대기업 임원들은 안전하다고 생각하면서 잠자리에 들었다. 그들이 모아둔 자녀의 대학 등록금과 은퇴 자금은 안전했다. 하지만 하룻밤 사이에 대규모 정리해고가 코앞에 닥쳤다.

무슨 일이 벌어진 걸까?

예전에는 크기가 중요했다. 하지만 이제 제품의 시장 출시와 이미 출시된 제품의 업데이트, 심지어 신생 기술(그린필드, 블루오션, 세 번째 수평선이라고도 불린다)까지도 대기업에서라면 몇 년이 걸릴 일을 스타트업에서는 몇 주 혹은 몇 개월 만에 잽싸게 해낸다. 이에 따라 큰 덩치는 오히려 단점이 되었다. 그리고 스타트업에 속도가 붙으면 아마존웹서비스로 고객 수요에 발맞춰 규모를 신속하게 확장한다. 이베이, 마이크로소프트, IBM, 오라클 등 한때 잘나갔던 테크 기업들은 모두 현재 수많은 스타트업이 차세대 블록버스터의 자리를 꿰차기 위해 필사적으로 노력하고 있다.

규모가 커서 생기는 단점은 스타트업과 대기업이 인재를 '건물' 안에 들어오게 하는 방법의 차이를 보면 확연히 드러난다. 대기업 안에서의 전통적인 접근법은 구매 부서에서 승인한 경로를 활용하여 오랜 조사 기간과 조직 적응 프로세스를 거치는 것이었다. 크기가 중요했던 시기에는 대기업이 규모의 경제를 활용하여 비용을 절약할 수 있었기 때문에 구매 부서의 역할이 매우 큰 이점으로 작용했다. 안타깝게도 이렇게 인증된 경로를 활용하면 다음 중 (기껏해야) 두 가지는 가질 수 있지만, 절대 세 가지 (그림 4 참고)를 모두 가질 수는 없다는 통념이 생겼다.

반면 스타트업은 신용 카드를 꺼내 들고 업워크, 파이버Fiverr, 99디자인99designs과 같이 통념을 깨부수는 휴먼 클라우드 플랫폼의 문을 두드리면 된다.

이것이 미치는 영향력은 명확하다. 브랜든이 수개월에 걸쳐 제너럴리스트 개발자를 고용하고 훈련했다고 가정해보자. 그 개발자가 어떻게 모든 어플에서 종합적으로 발생하는 제품 업데이트 속도를 따라잡을 수 있을까? 스타트업과 경쟁하기 위해서 기업은 휴먼 클라우드를 활용해야 한다.

■ 그림 4

	기존 방식/구매 승인	휴먼 클라우드
속도	25일 이상	평균 이틀. 단, 틀이 이미 잡혀있다면 몇 분만에 끝낼 수도 있다. *내 기록은 30분이다.
품질	계정 관리에 '매우' 뛰어난 제너럴리스트	장기적인 관계를 맺을 가능성이 있는 초연관적 전문가
비용	물리적 사무실, 지역 스포츠 센터 전용 공간의 확보와 수년 간 쌓인 계약 문서 보관에 소모되는 고정 비용	50~90% 비용 절약 소프트웨어가 물리적인 요소를 대체한다. 당신의 지갑에서 나오는 돈으로 일을 배우는 제너럴리스트 집단 대신 당신이 필요로 하는 정확한 기술을 갖춘 전문가를 고용하기 때문에 비용이 효율적으로 분배된다.

임직원에게 힘 실어주기

임직원이 행복하지 않다는 건 누구나 아는 사실이다. 이혼율보다 유일하게 높은 통계 수치가 직장에서 몰입하지 못한다고 말하는 임직원의 비율이라는 것을 보면 틀림없이 큰 문제가 있는 것이다. 똑똑한 척하는 사람은 '전부 다 휴먼 클라우드로 교체해버려'라고 말하겠지만, 현실적으로 풀타임 직원을 모조리 없애버릴 수는 없다. 우리가 리안의 이야기에서 배웠듯이 풀타임 직원의 특성이 변화할 수는 있어도 풀타임으로 고용하는 형태 자체에서 효과적인 결과가 나오는 경우도 있기 때문이다.

하지만 체인지메이커는 영혼이 빨려 들어가는 듯한 느낌을 주는 대기업에 계속 머무르지 않을 것이다. 우리와 같은 체인지메이커가 선택할 수 있는 해결책 중 하나는 혼자 일하는 풀타임 프리랜서가 되는 것이다. 다른 하나는 스타트업에 가는 것이다. 사람들은 더 큰 책임감을 느끼고, 관료제에서 탈피하여 더 많은 영향력을 행사하기 위해 이 두 가지 해결책을 선택한다.

휴먼 클라우드는 도약할 준비가 되어있지 않은 사람, 회사를 사랑하기는 하지만 더 많은 일을 하고 싶은 사람 모두에게 위와 같은 혜택을 가져다준다. 기술과 규모를 확장하는 것만큼 책임감도 키울 방법이 있을까? 상사 없이 수평적인 업무 관계에서 협업하는 것만큼 관료제를 확실하게 피할 방법이 있을까? 풀타임 직원들에게 휴먼 클라우드를 활용하게 해주는 것은 그들에게 영향력을 만들어낼 비법을 알려주고 결과적으로 일에 대한 몰입도를 개선할 것이다.

다음 장에서는 대기업에서 휴먼 클라우드를 충분히 활용하는 것을 가로막는 방해 요소가 무엇인지 알아보고, 상황을 개선하기 위해 몇몇 기업이 어떻게 대응하고 있는지 살펴볼 것이다.

한눈에 보기

1. **조직은 세 가지 커다란 문제를 마주하고 있다.**
   - 주요 허브 지역에 속해있지 않은 기업에는 기술 분야의 인재가 늘 부족하다.
   - 조직에서 몇 년이 걸리는 일을 스타트업에서는 몇 개월 만에 해낼 수 있다. 재능있는 인재들에 접근하는 기존 경로의 속도가 너무 느리기 때문이다.
   - 이혼율보다 높은 유일한 통계 수치는 직장에서 몰입하지 못하는 임직원의 비율이다.
2. **해결책은 조직이 개인처럼 휴먼 클라우드를 활용하는 것이다.**

체인지메이커로 한 걸음

당신의 팀원과 함께 업무 과정을 점검해보아라.

- 1단계: 팀의 현재 업무 과정을 분석해보아라.
  - 할 수 있지만 하고 싶지 않은 일은?
  - 할 수 있지만 계속하면 안 되는 일은?
  - 능력이나 시간이 부족해서 하지 못 하는 일은 무엇인가?
- 2단계: 당신의 지시를 기다리고 있는 전문가가 있다고 상상해보자.
  - 팀에 인턴이 있다면, 어떤 일을 도와달라고 할 것인가?
  - 팀원 각자에게 비서가 있다면, 어떤 일을 도와달라고 할 것인가?

- 전문 디자이너가 있다면, 어떤 일을 도와달라고 할 것인가?

- 데이터 과학자가 있다면, 어떤 일을 도와달라고 할 것인가?

- 3단계: 큰 그림을 보자.

  - 구석에 묵혀만 두었던 프로젝트가 있는가?

  - 구상은 했지만 처리하지 못한 과제가 있는가?

- 4단계: (좋은 방향으로) 주위 사람들과 수준을 맞춰라.

  - 다른 팀이 하는 일 중에서 해보고 싶은 일이 있는가?

>>>>>

조직에서의 휴먼 클라우드 사용법

매력적이지는 않아도, 파급력은 엄청나다!

기업을 당신의 친척이라고 생각해보자. 스타트업은 세상과 맞붙을 준비가 되어있다며 모든 것을 흑백으로 나누어 보며 위험을 감수하려는 고집불통의 10대 사촌과 같다. 중대한 임무를 수행 중인 이들은 '사회 기득권층'에게 순순히 짓눌리지 않을 것이다.

그리고 반대편에는 전통적인 기업이 있다. 이들은 이미 안정적인 자리를 잡았고, 보수적이며 세상을 회색빛(그분들의 머리카락 색깔만 얘기하는 것이 아니다)으로 보는 조부모님이다. 그들은 매주 토요일 밤 크래커배럴Cracker Barrel, 미국의 유명 프랜차이즈 레스토랑 – 옮긴이 주에 가곤 하는데, 이곳을 좋아하기도 하지만 무엇보다 이곳에서는 예상치 못한 일이 벌어지지 않기 때문이다. 그들의 목표는 간단하다. 살아남아 인생을 즐기고, 여유가 된다면 다음 세대에 도움을 주는 것. 위험을 감수하는 것은 그들의 사전에 없다.

휴먼 클라우드

기업이 휴먼 클라우드를 활용하는 것은 어렵다. 특히 오래되고 경직된 조직이라면 더욱 그렇다. 이유가 뭘까? 풀타임 직원과 전통적인 독립계약자를 고용하는 안전한 방법과 비교했을 때 휴먼 클라우드는 여러 방해물이 위험 요소로 작용하기 때문이다.

이런 위험은 스타트업에서는 별로 상관없을 수 있지만 (스타트업은 이미 존폐 위기를 버텨내고 있으니까) 대기업에서는 경력을 망치거나 부서를 폐지하고, 회사 전체를 파산시키기 충분하다. 프리랜서의 작은 실수 한 번으로 회사 전체가 소송에 휘말리거나 기밀 사항인 지적 재산권을 잃거나, 대외적 이미지에 결정적인 타격을 입을 수 있다.

당신이 휴먼 클라우드를 활용하려는 기업에 있다면 이런 위험을 제대로 인지하고, 위험에 대한 사전 대책을 마련해야 효율적으로 일할 수 있다. 만약 당신이 휴먼 클라우드에서 일하고 있다면 상대편 회사 직원이 왜 저렇게 소심하게 행동하는지 이해하고 그들의 예민해진 마음을 진정시키는 데 도움을 줄 수 있을 것이다.

법률적 악몽

휴먼 클라우드의 프리랜서는 법무 부서의 걸어 다니는 법적 책임이나 다름 없다. 기업은 당신과 일하면서 정규직과 독립계약자 사이 근로자 분류법 위반으로 발생하는 거대한 소송의 위협을 감수하며 지뢰밭을 걷고 있는 것일지도 모른다.

마이크로소프트의 경우 미국 국세청 및 기타 정부 기관에서 요구한 '업무 수단과 방법에 대한 통제권은 기업이 아닌 근로자에게 있다'는 지침을 따르지 않고 정규직으로 고용해야 할 근로자를 독립계약자로 분류했다. 그 이유로 9,700만 달러 규모의 집단소송을 당했다. 심지어 위반 요건의 상당수는 당신이 생각하는 것보다 훨씬 간단하게 성립되었다. 예를 들어 프리랜서에게 회의에 참석할 의무가 있을까? 현장에 출근하거나 행사에 참석할 의무는? 다수의 고객을 수용하지 못할 만큼 당신과의 업무 비중을 높게 설정했나? 만약 이 질문 중 '그렇다'라는 대답이 나오는 것이 하나라도 있다면, 기업은 해당 근로자를 정규직으로 고용해야 한다.

유감스럽게도 근로자 분류를 잘못하는 경우만 지뢰인 것이 아니다. 프리랜서는 시스템이나 문서 및 기타 민감한 기업 데이터에 접근할 수 있지만, 일반 정규직보다 더 자유롭게 드나들기 때문에 정규직만큼 엄격한 통제를 받지 않는 경우가 많다. 이 부분에 대해 돈만큼 잘 아는 사람은 없다.

어느 기업의 경영진이었던 돈Don은 어느 날 아침 일어나 《월스트리트 저널Wall Street Journal》에서 「직원 5,000명을 해고하려는 테크 기업」이라는 제목의 기사를 보았고, 머지않아 인사팀으로부터 컴퓨터에 있는 모든 파일을 즉시 삭제하라는 이메일을 받았다. 그는 프리랜서를 고용해 지역별 산업 급여 평균을 스프레드시트에 입력하는 작업을 맡기려던 참이었다. 수많은 탭이 있는 대용량 스프레드시트였고, 그가 몰랐던 탭 중 하나에 정리해고 계획이 들어 있었던 것이다.

만약 그의 스프레드시트에 고객 이메일 주소가 들어있었다면? 유럽이라면 이메일 주소나 집 주소를 포함하여 특정인을 추적할 수 있는 정보를 모두 개인식별정보로 취급하는 EU의 일반개인정보보호법General Data Protection Regulation, GDPR에 따라 전 세계 매출의 최대 4%에 달하는 벌금을 물어야 할 수도 있다.

문화적 악몽

안타깝게도 인사팀을 뜬눈으로 밤새우게 만드는 원인은 법률적 문제에서 끝나지 않는다. 기업은 풀타임 직원이 느끼는 두려움에 대해서도 파악하고 있어야 한다.

간단히 말하자면 풀타임 직원들은 휴먼 클라우드를 기절할 정도로 두려워한다. 왜 아니겠는가? 앞서 확인했듯이 기술 발전을 통해 휴먼 클라우드에서 일하는 것이 점점 더 철밥통 정규직과 식별이 어려울 정도로 비슷해졌다. 정규직이 10분의 1의 비용으로 자신과 똑같은 일을 하는 프리랜서를 보면 분명 "언젠가 나를 완전히 아웃소싱하지 않을까?"라고 생각할 것이다. 두려움과 위협 뒤에는 보복이 따라온다. 정규직들이 파업에 동참하거나 노조에 가입할지도 모른다. 언론에 정보를 흘릴 수도 있다. 직원들의 감정을 거스르지 않도록 관리해야 하는 기업의 관점에서 휴먼 클라우드는 대외적 안정성을 보장해주지 못한다. 대부분의 기업이 전문 용어로 '임시인력'이라고 불리는 노동력을 활용하지만, 위와 같은 이유로 공식적으로는 이 사실을 잘 인정하지 않는다.

직원은 프리랜서를 고용할 의무가 없다

프리랜서 고용을 담당하는 직원이 있을까?

'발전적 사고방식' 안에 숨겨져 있었던 걸까? 아니면 매번 빠짐없이 등장하는 애매한 '기타 지정 업무'에 포함된 걸까? 휴먼 클라우드에서 일해본 경험이 없는 관리자와 직원을 어떻게 프리랜서를 활용할 수 있도록 훈련할까? 회사에서 휴먼 클라우드를 활용하는 방법에 대한 교육 프로그램을 제공해야 하는 걸까? 동기를 부여해야 할까?

잘못하면 휴먼 클라우드를 활용하는 것이 내부 인력만으로 일하는 것보다 오히려 더 비효율적일 수 있다. 재작업이나 부차적인 일이 생길 수도 있고, 최악의 상황에서는 직원이 기존에 즐겁게 해왔던 일을 빼앗아갈 수도 있기 때문이다.

휴먼 클라우드는 기업에 맞추지 않는다

요즘 나오는 생산성 도구들은 정말 대단하다. 대개 소규모를 대상으로 제한적인 기능을 제공하는 무료 버전을 제공한다. 사람들이 도구를 사용하게 하는 건 매우 쉽다. 하지만 팀원이 15~30명을 넘게 되면 사생활 보호나 보안, 지속적인 협력을 유지하기가 매우 어려워진다. 프리랜서를 팀에 합류시키는 일로 간단하게 예를 들면 그들을 빠르게 슬랙, 트렐로, 지스위트에 추가할 수 있다는 부분은 좋은 점이다. 하지만 이전에 함께 일했던 프리랜서에게 도구 접근 권한이 주어진 상태에서 매우 높은 수준의 기밀이 공유된다면 누가 책임을 져야 하는가? 프리랜서를 포함한 누구나 급여나 매출과 같은 민감한 사업 데이터 또는 개인 정보에 접근할 수 있는 폴더에 보안 장치를 설정하지 않는다면?

이런 오픈 소스 도구를 활용하여 중간 규모의 부서를 조직한 소프트웨어 개발 관리자 조지George를 예로 들어보겠다. 첫 해에는 모든 일이 아주 착착 잘 진행되었다. 기록적인 속도로 일이 진행되었다. 전 세계의 프리랜서와 풀타임 직원으로 구성된 팀은 서로 아주 좋은 관계를 구축하기 시작했다. 그러던 어느 날 조지가 사무실 안으로 들어서자 인사팀 직원 두 명이 그를 맞이하며 사원증과 컴퓨터를 내려놓고 이 건물에서 당장 나가줄 것을 요구했다. (다른 사람과 이야기를 나눌 수 없도록 에스코트까지 받으며 쫓겨났다.)

무슨 일이 생긴 걸까? 조지는 프리랜서와 처음 같이 일을 하기 시작했을 때 프리랜서의 접근 권한을 제한해야하는 폴더가 있다는 사실을 까맣게 잊은 것이다. 이 폴더에는 인큐베이션incubation, 신규 아이디어를 실제 사업 실행 전까지 지원해주는 과정 ─ 옮긴이 주을 마친 제품에 대한 전략 자료가 들어있었다. 몇 주 전에 조지의 팀은 프리랜서를 해고했는데, 그가 순순히 나가지 않고 인사팀에 이 파일의 복사본을 보내며 부당 해고에 대해 소송을 걸겠다고 협박했다. 조지에게는 안 된 일이지만 그 파일은 지적 재산권으로 간주되었고, 회사에는 프리랜서에게 지적 재산권이 포함된 파일의 제공을 금지하는 명확한 지침이 있었다.

도구에 제대로 된 보안, 사생활 보호, 지속적인 통합에 대한 통제권이 있었다면 모두 피할 수 있었던 일이다.

조직에서 휴먼 클라우드를 활용하는 방법

조직이 프리랜서를 고용하는 건 그리 간단한 일이 아니다. 수많은 관료주의적 관행이 가로막고 있기 때문이다. 조직은 위에서 설명한 각종 위험(그리고 여기에서 설명하지 못한 더 많은 위험)을 통제할 수 있어야 한다.

우선 휴먼 클라우드와 처음부터 끝까지 규정을 준수하며 일할 수 있는 프로그램을 만들어야 한다. 그것만으로도 책 한 권을 쓸 수 있을 정도지만, 변화를 일으키겠다는 목표에 초점을 맞추면 프로그램을 통해 해결할 주요 문제는 크게 네 가지가 있다.

① 프로그램에 대한 내부 커뮤니케이션
② 내부 인력과 외부 이해관계자 사이의 협력과 커뮤니케이션 활성화
③ 데이터 추적, 분석, 커뮤니케이션
④ 단순 반복적인 프로세스의 자동화

각 문제를 해결하기 위해 실제로 활용되는 도구와 프로세스는 조직마다 다르다. 다음의 표에는 해결이 필요한 일반적인 활동을 기재해두었다.

문제	활동
프로그램에 대한 내부 커뮤니케이션	• 직원은 어떻게 규정을 준수하며 일을 시작할 것인가? • 직원은 개인식별정보를 유출할 상황에 대비했다는 사실을 조직에 어떻게 증명할 것인가? • 직원은 어떤 일에 휴먼 클라우드를 활용할지 어떻게 판단할 것인가? • 직원은 프로그램에 대해 어떻게 배울 것인가? • 조직은 어떻게 직원에게 정보를 업데이트하고 프로그램 구성원과 업무를 진행할 것인가?
내부 인력과 외부 이해관계자 사이의 협력 및 커뮤니케이션 활성화	• 직원은 어떻게 외부에 파일을 공유할 것인가? • 외부 이해관계자에게 어떻게 규정 수칙에 맞는 파일만을 노출할 것인가? • 프로젝트 종료 시 외부 이해관계자의 접근 권한을 어떻게 차단할 것인가? • 피드백을 어떻게 저장할 것인가? • 커뮤니케이션을 어떻게 통제할 것인가? 모든 사람을 위한 채널을 개설할 것인가? 특정 이해관계자를 위한 개별적인 채널을 마련할 것인가?
데이터 추적, 분석, 커뮤니케이션	• 조직은 어떻게 프로젝트의 규모를 확인할 것인가? • 조직은 프로젝트에 대한 정확한 세부 사항을 어떻게 확인할 것인가? 특히 어떤 기술이 사용되고 있는지 어떻게 확인할 것인가? • 조직은 개인, 팀, 회사에서 지출한 비용을 어떻게 확인할 것인가? • 조직은 개인 혹은 팀이 과도한 비용을 지출했다는 사실을 어떻게 확인할 것인가? • 조직은 프로그램이 핵심성과지표(KPI)를 넘어섰다는 사실을 어떻게 확인할 것인가? • 조직은 일이 마무리되고 있다는 사실을 어떻게 확인할 것인가? • 조직은 (적정 급여를 지급하며) 지속 가능한 지원을 하고 있다는 사실을 어떻게 확인할 것인가?
단순 반복적인 프로세스 자동화	간소화하거나 자동화할 수 있는 모든 잠재성은 실현되어야 한다. 예를 들어, 직원이 프로젝트에 대해 작성한 규정 준수 양식이 규정에 부합한다면 이메일이 자동으로 발송되어야 한다.

다음 단계

비밀을 알고 싶은가? 당신 혹은 당신의 조직이 무엇을 하든 간에 휴먼 클라우드는 이미 건물 안에 들어와 있을 확률이 매우 높다. 나는 고객에게 "신용 카드 명세서를 확인해보세요."라는 말을 즐겨한다. 그러면 고객은 자기 회사의 임직원이 이미 스무 가지가 넘는 휴먼 클라우드 플랫폼을 사용하고 있다는 사실을 발견한다. 그렇지 않다면 그 회사의 임직원들은 무척 안일한 것이다.

한 대형 제약 회사를 이끌고 있었던 고객은 임직원 한 명을 불러서 카드 명세서에 대해 질문을 했다고 한다. 적막이 흘렀다…. 그러고 나서 그는 직원에게 이렇게 말했다. "걱정하지 마세요, 누구를 해고하려는 게 아니라 그냥 궁금해서 물어본 거예요." 이 말을 듣고 나는 배꼽 빠지게 웃었다.

프리랜서와 함께 일하는 것뿐만이 아니다. 직접 프리랜서로 일하는 직원이 있고, 이는 조직에 흥미로운 기회를 제공한다. 만약 풀타임 직원의 장점과 휴먼 클라우드의 장점을 결합할 수 있다면 어떻게 될까? 진 C. 마이스터Jeanne C. Meister와 케빈 J. 멀케이히Kevin J. Mulcahy는 그들의 책 『The Future Workplace Experience』에서 시스코Cisco의 재능 클라우드를 다음과 같이 강조한다. "시스코 재능 클라우드는 프리랜서 시장의 유연성과 기업 환경의 구조를 결합한다. 시스코의 혁신은 긱 이코노미에서 일할 때 얻게 되는 통제권과 자율성, 유연성을 기업 세계의 구조와 결합한다. 흥미로운 직장 경험을 만들어내는 조합이다."

다음 장에서는 휴먼 클라우드에 새로 등장하고 있는 혁신에 대해 더 자세히 살펴볼 예정이다.

한눈에 보기

1. 휴먼 클라우드 활용에는 큰 위험이 따른다. 예를 들어, EU의 일반 개인정보보호법과 같은 공통적인 법률적 문제가 존재한다. 이외에도 프리랜서를 고용했을 때 풀타임 직원들에게 생길 수 있는 감정과 같은 공통적인 인사 관리 문제가 있을 수 있다.

2. 휴먼 클라우드를 활용하기 위해 조직에서 사용하는 방법 중 하나는 다음 네 가지 문제를 해결하는 프로그램을 구축하는 것이다.
    - 프로그램에 대한 내부 커뮤니케이션
    - 내부 인력과 외부 이해관계자 사이의 협력 및 커뮤니케이션 활성화
    - 데이터 추적, 분석, 커뮤니케이션
    - 단순 반복적인 프로세스 자동화

체인지메이커로 한 걸음

1. 신용 카드 명세서에 휴먼 클라우드 플랫폼을 활용한 기록이 있는지 찾아보아라.

2. 구매, 인사, 법률, 제품팀의 리더로 구성된 드림팀을 구성하라. 조직의 규모가 클수록 팀의 구성원들이 능동적인 역할을 해야 한다.

3. 당신이 앞서 당신과 팀에 적용했던 업무 과정 점검을 다른 팀장에게 적용해보자. 예를 들어 마케팅팀의 발표 자료 디자인, 이벤트 책자, 랜딩 페이지는 일반적으로 쉽게 점검해볼 수 있다.

추천 도서

『The Future Workplace Experience』| 진 C. 마이스터, 케빈 J. 멀케이히 지음

>>>>>

요즘 또는
휴먼 클라우드 트렌드
휴먼 클라우드에서 앞으로 기대할 수 있는 것

아마 예상했겠지만, 나는 이 공간에서 전도유망한 스타트업의 등장을 보면서 아직 해결되지 않은 수많은 문제를 접한다. 다음은 내가 앞으로 5~10년 이내에 나타날 것이라고 예상하는 큼직한 트렌드 몇 가지다. 초반에서 언급했던 것처럼 당신이 이 책을 읽을 때쯤 일부 내용은 무의미해졌겠지만, 일부는 이미 현실이 되었길 바란다.

만약 이 트렌드가 아직 유효하고 당신이 세상에 영향력을 행사하고 싶다면, 당신도 친구의 손을 붙잡고 이 아이디어를 기반으로 회사를 창업할 수 있을 것이다.

휴먼 클라우드

관리 방법 개선

나쁜 리더십 세계의 뿌리를 뽑는 데 일조하겠다는 내 마음은 이미 충분히 전달했다고 생각한다. 좋은 관리자가 되려는 우리를 가로막는 자잘한 업무를 없앨 수 있다면 어떻게 될까?

'실리콘밸리의 위대한 코치' 빌 캠벨은 이렇게 말했다. "각 관리자의 주요 임무는 사람들이 더 효과적으로 일할 수 있게 돕고, 성장하고 발전할 수 있게 해주는 것이다."

하지만 현실에서 이런 임무를 신경 쓸 여유가 있는 사람은 아무도 없다. 우리 책상 위에는 직원에게 자율권을 주기보다 직원을 감시하는 지루한 업무들이 너무 많이 쌓여있기 때문이다. 하지만 이 모든 걸 없앨 수 있다면 어떻게 될까?

컨설팅 업체 리씽커리Rethinkery의 데빈 피들러Devin Fidler는 이런 부가 업무에서 벗어날 수 있다고 말한다. 리씽커리는 가상 관리 시스템을 활용하여 몇 시간 만에 복잡한 업무를 세부 단위로 나눈다. 이렇게 나눈 업무를 여러 프리랜서 소프트웨어 플랫폼에 배정하여 일을 진행하고 기존에 3주 걸렸던 일을 사흘 만에 끝낸다. 이 과정을 통해 《포천Fortune》이 선정한 50대 기업 중 한 곳에 124쪽 분량의 시장 조사 보고서를 제공했다.

대단하지 않은가? 이 시스템은 전 세계 프리랜서 20여 명을 관리한다. 피들러는 이렇게 말했다. "우리가 개입할 일은 거의 없었다. 소프트웨어가 검증과 인력 관리를 모두 자동화했기 때문에 보고서를 제출하면서 개별 요소의 품질을 확인하거나 직원을 뽑는 데 시간을 쓸 필요도 없었다.”

한편, 「이렇게 관리자는 소프트웨어로 대체된다」란 제목으로 이 현상을 지목한 《하버드 비즈니스 리뷰》의 기사를 보면 좀 무섭기도 하다. 하지만 이 잠재적인 보강 능력은 관리자를 지루한 업무에서 해방해줄 것이다.

어디서든 볼 수 있는 나의 가치

만약 당신이 정규직으로 일하다가 해고를 당하면 아래와 같은 두 줄 외에 남는 것이 있는가?

제너릭 컴퍼니, 제품 관리자

2012년 1월 ~ 2018년 8월 근무

세상에나…. 다른 이력서와 다를 바가 없다. 하지만 당신이 만들어낸 영향력은 어떤가? 당신이 만든 디자인 포트폴리오는? 작업한 코드는? 모델은? 대인관계 기술은? 팀의 성과를 높이는 데 기여한 부분이 있는가? 당신 덕분에 사람들의 자존감이 높아졌는가? 인사 평가 기록 시스템에는 이 내용이 (운이 좋다면) 모두 담겨있다. 그런데 왜 이력서를 포함하여 당신의 업적을 싣고 있는 모든 것에는 이런 내용이 빠져있는 걸까?

마찬가지로 당신이 활동해온 플랫폼이 폐쇄된다면? 혹은 그 플랫폼의 평가 알고리즘이 수정된다면? 이 경우도 끔찍한 건 마찬가지다.

휴먼 클라우드

두 가지 상황 모두 문제는 우리의 가치와 성과에 이동성이 부족하다는 것이다. 삶의 다양한 순간에서, 그러니까 태어난 순간부터 죽을 때까지 우리는 계속 평가를 받는다. 학교에는 시험 성적이, 회사에는 짜증 나는 인사고과가 있다. 하지만 이런 것들은 왜 항상 일반적이고 이동이 불가한가?

만약 프리랜서 플랫폼이 의도적으로 평점이나 후기 작성 기능을 갖춰놓지 않았다고 말한다면 터무니없는 소리처럼 들릴 것이다. 몇 달 전, 한 프리랜서 플랫폼의 CEO가 자신의 플랫폼에는 소속된 프리랜서의 포트폴리오나 공개된 평점과 후기가 없다는 말을 했다. 그 자리에서 나는 잠시 멍해졌다. 이 말 한마디로 이 플랫폼에 대한 나의 신뢰가 잠시 흔들렸다. 5초 동안 방에 적막이 흘렀다. 잠시 후 CEO는 이렇게 말했다. "저희 프리랜서들이 평생 저희 플랫폼에서만 일하진 않을 거예요. 하지만 링크트인에는 계속 머무를 테니까 그곳에 성과를 저장하는 편이 낫지 않겠어요?"

완벽한 설명이었다. CEO의 말에는 디지털 성과가 이동 가능해지고, 여러 플랫폼을 오갈 수도 있고, 그리고… (이 단어를 사용하면서 바보가 된 것 같은 느낌이 들지만) 다중모달multimodal, 여러 단말기기가 다양한 수단을 활용하여 상호작용하는 것 ― 옮긴이 주이 가능해지지 않는다면 이 세상은 절대로 진정한 민주화를 달성할 수 없을 것이라는 의미가 담겨있었다. 우리는 모두 자신의 성과를 어디서든 제시할 수 있게 준비하고, 우리만의 '개인 브랜드'(맙소사!)를 구축하라는 압박을 받고 있다. 좋은 소식은 사실은 이런 현상이 우리에게 도움이 된다는 것이다.

신원 관리

이동가능성은 매력적이고, 신원 관리는 현실적이다. 현실에서 성과를 이동이 가능하게 만들려면 어떤 사람이 스스로 주장하는 그 사람이 맞는지 검증해야 한다. 다들 다른 사람의 넷플릭스Netflix나 훌루Hulu, 미국의 온라인동영상 서비스 기업 — 옮긴이 주 계정을 가지고 있는 세상에서, 프리랜서가 일을 망칠때마다 새로운 계정을 만들고 있진 않은지 어떻게 알 수 있을까? 또는 조금 더 현실적으로 말해보면, 그가 범죄자가 아니라는 건 어떻게 알 수 있을까? 혹은 성폭행 피해자를 돕는 비영리 기관의 프로젝트에 참여하려는 사람이 성 범죄자가 아니라는 건 어떻게 알 수 있을까? 지금은 신원 조사와 마약검사를 한다. 하지만 신뢰할 게 IP 주소밖에 없는 상황에서 눈의 흰자 색깔을 확인하는 것만큼 확실한 디지털 대체재는 무엇이 있을까?

나는 이 개념과 관련된 블록체인 스타트업들의 발표를 매주 들었다. 현실에서는 법률 집행 기관, 공문서 관리 기관, 정부 기관 등 현실 세계와 플랫폼 사이의 적합한 협력이 필요하다.

경력 계발 통합하기

성공에 대한 전통적인 기준은 꽤 간단하다. 고위직으로의 승진과 넓고 세련된 사무실, 그리고 자유로운 이혼(?).

하지만 휴먼 클라우드에서의 성공 공식은 이것보다 약간 더 복잡하다.

첫째, 휴먼 클라우드는 영향력을 행사하는 데 필요한 역량을 더 민주적이고 평등하게 만들었다. 전통적으로 역량은 직급에 묶여 있었다. 직급이 높은 사람일수록 더 많은 책임을 지고 자원을 받았다. 하지만 지금 휴먼 클라우드 안에 사는 사람은 책임자, CEO, 사원의 역할을 동시에 해야 한다.

둘째, 이 세상은 나에게 결과에 대한 애정을 가르쳤다. 하지만 그게 어떻게 경력 계발로 이어질까? 내가 진행했던 프로젝트 중 하나는 75개의 일자리를 보전했다. 스타트업을 위한 커뮤니케이션 및 협업 원격 관리 운용 규정standard operating procedures, SOPs을 만들었던 적도 있다. 이런 일을 언급하면 기분은 좋아진다. 하지만 이것이 나의 경력에 미친 실질적인 영향은 무엇이었을까? 나는 '64마이크로소프트 연봉 등급 ─ 옮긴이 주' 또는 'L2아마존 연봉 등급 ─ 옮긴이 주'로 승진할 수 있을까? 그 당시에는 그저 다음 프로젝트를 찾아 진행해야 한다는 뜻일 뿐이었다.

이 두 가지 조건이 충족된 결과를 기반으로 사업가들이 기능이나 모델을 만들 것이다. 당신의 기술과 결과물은 정량화되고, 사람들은 당신이 어떤 위치인지 알게 될 것이다. 어렸을 때 하던 롤플레잉게임에서처럼 경력에서 '레벨업'을 한다고 생각하면 된다.

기업 해방하기

마이크로소프트 365 프리랜서 툴키트를 만들 당시 나는 매일 아침 같은 질문을 하며 일어났다. 어떻게 하면 기업의 지출을 늘릴 수 있을까?

왜 그런 고민을 했냐고? 휴먼 클라우드에서 기업의 지출은 차량 공유 기업에서 보는 탑승자의 수와 비슷하기 때문이다. 기업의 지출이 커질수록 프리랜서는 더 많은 수입을 올리게 되고, 프리랜서의 영향력은 강화된다.

현재 기업을 위한 휴먼 클라우드는 기업이 고용 가능한 직원에 대한 권한을 단독 혹은 지배적으로 독점하는 고용주 독점 시장이다. 공장이 하나밖에 없는 작은 마을을 떠올려보자. 매일 아침 마을 주민들은 공장 앞에 줄을 선다. 만약 고용주가 사기를 치려고 한다면? 음, 이 마을에는 공장이 하나밖에 없으므로 직원들이 딱히 할 수 있는 일이 없다. 하지만 산업이 성장하기 시작하면서 일부 마을 사람에게 두 번째, 세 번째, 네 번째 공장을 세울 능력이 생긴다. 공장의 수가 늘어날수록 개인의 힘도 커진다. 공장 A가 사기를 치면 근로자는 공장 B 또는 C, D로 옮기면 그만이기 때문이다.

같은 맥락에서 봤을 때 기업을 위한 휴먼 클라우드에는 공장의 수는 부족하고 프리랜서는 아주 많다. 하지만 양변을 등가로 만들기에는 기업의 지출이 턱없이 부족하다. 이 불균형으로 인해 프리랜서들에게는 주어지는 힘이 별로 없다. 따라서 혜택이나 공정한 임금 등의 주제에 관해 대화를 나누려면 균형을 맞춰야 하는 것이다.

초기에 휴먼 클라우드는 무료 오픈 소스 도구와 신용 카드로 결제하며 간편함을 추구하는 스타트업을 위해 만들어졌다. 하지만 기업에서는 보안, 통합, 규정이 필요하다. 지루한 분야지만 어쩔 수 없는 일이다. 이에 따라 기업용 솔루션과 어플이 곧 등장할 것이다. 만약 당신이 사업가라면 이런 것들을 염두에 두어야 한다.

휴먼 클라우드 정리하기

휴먼 클라우드를 어떻게 정리해야 할까? 마벨Ma Bell, 미국 최대의 통신회사 AT&T 의 애칭 — 옮긴이 주과 같은 승자독식 플랫폼이 좋을까, 아니면 다양한 휴먼 클라우드의 형태로 경쟁을 수용하고 보호해야 하나? 이를테면 합의된 기준을 만들 것인가? 이것이 가져오는 결과는 현실적이고, 광범위하고, 상당히 불확실하다.

만약 승자독식 체계를 수용한다면 표준화되고 효율적인 세상을 열 수 있겠지만 경쟁우위를 차지하기 위해 잠재적으로 편익을 희생하는 하향식 경쟁을 유발할 수 있다. 반면 경쟁을 수용하면 특정 영역에 한정된 플랫폼을 통해 현대적 길드의 세계를 형성할 수는 있어도 각 길드는 구성원에게만 창의적인 잠재성을 열어주고, 복잡성과 비효율성으로 프리랜서들을 침체기에 가둘 것이다.

현재 우리는 다양한 형태를 모두 목격하고 있다. 대형 플랫폼 하나, 중형 플랫폼 서너 개, 그리고 새로운 길드도 매일 등장한다. 각 형태는 프리랜서와 고객 그리고 플랫폼 자체에 각기 다른 혜택을 제공한다. 하지만 지금 있는 데이터를 기반으로 하나의 결과만을 예측한다면 의도적으로 당신을 잘못된 방향으로 인도하는 것이나 마찬가지다. 대신 사업가의 관점에서 어떤 세상에서 살고 싶은지 스스로 질문한 뒤 그 다음으로 나가야 한다.

제품 내부 경험

모든 제품의 내부에 전문가가 살고 있다면 어떻게 될까? 예를 들어 자동차가 고장이 났을 때 트렁크 안에서 전문 정비공이 튀어나오는 것이다.

두 가지(자율 주행 기술과 차량 공유 어플이 흔해진 시대에 수동으로 운전한다는 것, 트렁크에 정비공을 가둬놓는 것) 모두 일어나지 않겠지만, 모든 소프트웨어 어플 안에는 전문가들이 살게 될 것이다. 예를 들어 2018년에 터보택스 TurboTax 는 버튼 하나만 누르면 공인회계사가 나타나 질문에 답해주는 기능인 터보택스라이브 를 출시했다. 얼마 전에는 비즈니스전문지 《엔터프레너 Entrepreneur》를 읽다가 광고란에서 "전문가에게 물어보세요."라는 문구를 보았다. 만약 당신이 버튼을 눌러 지금 당장 나에게 질문을 할 수 있다면 어떻겠는가? 어쩌면 출판사에서 관심을 가질지도 모르겠다.

휴먼 클라우드

한눈에 보기

1. **아래는 휴먼 클라우드에서 조만간 떠오를 것으로 기대되는 분야다.**

   - 관리자를 소프트웨어로 대체하기.

   - 사람들의 업무 성과가 이동 가능하도록 만들기(즉, 하나의 플랫폼에 구
     속되지 않도록 만들기).

   - 디지털 프로필의 보안 및 규정 준수 여부 보장하기.

   - 풀타임 직장에서 겪는 일반적인 경력 계발 활동과 프로세스를
     프리랜서 생활과 결합하기.

   - 대규모 조직에서 휴먼 클라우드를 받아들일 때 발생하는 마찰
     줄이기.

   - 휴먼 클라우드 안에 있는 재능을 범용적으로 적용 가능한(수평적)
     플랫폼에서 특정 분야에 특화된(수직적) 플랫폼으로 정리하기.

   - 제품 내부에 프리랜서 통합하기.

체인지메이커로 한 걸음

1. **(어려운 요구이지만,) 이 문제들을 해결할 사업을 시작해보자.**

추천 도서

『빌 캠벨, 실리콘밸리의 위대한 코치』 | 앨런 이글, 에릭 슈미트, 조너선 로젠버
그 지음 | 김민주, 이엽 옮김

THE
HUMA
CLOU

귀찮은 일은
대신 해드립니다:
머신 클라우드

>>>>>
머신 클라우드의 시대가 왔다

인공지능 기술은 초대형 변화를 끌어내는 주인공이 되었다

언제나 대기 중인 전문가들이 포진한 방대한 휴먼 클라우드를 활용하면 결과를 10배로 증폭시킬 수 있다. 10장에서 책을 마무리 지을 수 있었겠지만, 그렇게 하면 당신에게 동전의 뒷면이자 휴먼 클라우드라는 양과 조화를 이루는 음을 보여주지 못했을 것이다. 머신 클라우드는 휴먼 클라우드 못지않게 중대한 변화를 가져온다.

시작하기 전에 머신 클라우드의 정의를 살펴보자.

분산된 연산 능력과 소프트웨어 도구, 유연한 인간유사 시스템에 대한 민주적 접근. 개인과 조직의 생산성을 현저하게 향상시킨다.

머신 클라우드는 이전에 분리되어 있었던 역량을 데이터, 소프트웨어,

연산력을 두루 포괄하고 끊김 없이 작동하는 시스템으로 통합시켰다. 클라우드 컴퓨팅의 공유 컴퓨팅 자원인 클라우드 기반 소프트웨어를 하나의 서비스로, 인공지능 알고리즘을 하나의 완전체로 결합한 것이다. 게다가 급증하는 기술 발전으로 이전에는 대기업만 소유할 수 있었던 도구를 규모나 장소의 제한 없이 누구나 이용하고 대여할 수 있게 되었다.

현실에서는 어떤 모습으로 나타날까? IBM 왓슨 기반으로 만들어진 인공지능 법률 조사원 로스를 살펴보자. 이 머신 클라우드는 변호사들이 법을 다루는 방식을 어떻게 바꿨을까? 로스는 법률 회사에서 10여 명의 인간 변호사들과 함께 일한다. 로스의 공동창립자이자 CEO인 앤드류 아루다는 대형 로펌에서 컴퓨터가 일해준 덕분에 돈도 많이 벌었지만, 더 숭고하고 이타적인 목표를 품고 큰 그림을 그리고 있다. 앤드류는 변호사들이 로스를 통해 법률 서비스를 이용할 형편이 안 되는 사람들에게 더 많은 도움을 줄 수 있게 되도록 하겠다는 것이다.

이메일 생산성 강화 도구인 지매스의 창립자 에이제이 고엘은 규모가 작은 기업뿐 아니라 큰 기업에서도 지메일의 사용량이 증가하고 있다는 트렌드와 수요를 초기에 잡아냈다. 그는 지메일에 직접 연동된 마케팅 유통 도구를 만들어서 사용자들을 투박한 데스크톱 소프트웨어 어플과의 씨름에서 벗어나게 해주었다. 에이제이는 클라우드 소프트웨어 서비스로의 전환 초기에 기회를 잡았다. 동시에 지매스를 처음부터 끝까지 100% 원격으로 가상 환경에서 일하는 디자이너, 마케터, 개발자 등 십수 명의 파트 타임 전문가와 함께 만든 그는 휴먼 클라우드의 아주 좋은 사례이기도 하다.

이 혁신적인 사업가들은 이제 일상으로 자리 잡아 가고 있는 현상, 그러니까 머신 클라우드가 더 똑똑하고, 빠르고, 효율적으로 일할 수 있도록 도와준다는 사실을 초기에 포착한 이들이다.

왜 지금일까?

어떤 이들은 최근에 디지털, 클라우드, 인공지능을 중심으로 벌어진 소란을 그다지 대수롭지 않게 생각했다. 기술은 사람이 일하는 방식을 수백 년 동안 도와주었고, 컴퓨터도 벌써 수십 년째 함께하고 있다. 지금 와서 무엇이 그렇게 달라졌다는 걸까?

최근에 일어난 발전의 몇 가지 사례를 보면 전체적인 분위기를 파악할 수 있을 것이다. 내 생애에 (아직 그렇게 오래 살지 않았지만) 벌어진 다음 사건들을 살펴보자.

크기가 거실만 했던 컴퓨터를 이제 주머니 안에 넣을 수 있게 됐다. 1970년대 컴퓨터에 들어간 거대한 프로세서보다 지금 당신의 스마트폰에 들어간 아주 작은 칩의 속도가 50배는 더 빠르다.

존재조차 하지 않았던 인터넷은 전화선 모뎀의 지직거리는 소리로 시작해서 이제는 4G와 5G, 광섬유 인터넷까지 가능해졌다. 오늘날의 기술은 3만 배 이상 빠르다. 1990년대에는 HD 화질 영화를 내려받기까지 20일이 걸렸지만, 이제는 단 5분 만에 가능하다.

데이터 저장 용량도 비슷한 곡선을 그린다. 내가 처음 가지고 있던 벽

돌 같은 컴퓨터는 하드드라이브 용량이 40MB이었다. 지금 내가 가지고 있는 조그마한 핸드폰은 그 용량의 3,000배가 넘는 128GB를 저장한다. 인터넷, 소셜 미디어, 동영상 공유, 사물인터넷과 같이 네트워크로 연결된 센서까지 등장하면서 우리는 최근 몇 년간 인간의 역사를 통틀어 만들어 낸 것보다 많은 데이터를 생성해냈다.

그리고 인공지능이 있다. 내가 어렸을 때는('라떼는 말이야' 같지만)모든 것이 프로그래밍되어 있었다. 비디오 게임 캐릭터의 움직임은 누군가가 프로그래밍한 것이었다. 그래서 예상할 수 있었고, 패턴을 파악하면 캐릭터를 이길 수 있었다. 이제는 정교화된 머신 러닝 알고리즘이 한 세대가 채 지나가기도 전에 위대한 업적을 달성하고 이전에 불가능하다고 여겨졌던 것들을 이루기 위해 거대한 분량의 하드웨어와 데이터를 활용하고 있다. 얼굴 인식, 음성 인식과 번역, 체스, 바둑 심지어 포커까지 기계 앞에 무릎을 꿇었다. 이 목록은 장담컨대 더 길어질 것이다.

비관론자들이여, 이번엔 진짜다. 안전벨트를 꽉 매야 할 것이다.

우리는 어떻게 영향을 받을 것인가

당연한 이야기부터 해보자. 이제 정말 중요한 질문은 '누가 영향을 받을 것인가'가 아니라 '어떻게 영향을 받을 것인가'다. 일에 필요한 창의성과 정교함의 수준과 상관없이 모든 일은 대변혁을 맞이할 것이다. 기술이 일에 미치는 영향의 범위는 일에 수반되는 활동 중에서 얼마나 학습이 가능하고 궁극적으로 자동화가 가능한가에 달려있다.

나는 수많은 사람 앞에서 인공지능에 관한 이야기를 한다. 일부는 호기심을 갖지만, 대부분은 두려워한다. 사람들은 기술이 자신을 대체할까 우려하는 것인데, 어떤 일들은 실제로 대체될 것이다. 발표가 끝난 뒤 항상 받는 질문은 "제 직업은 안전한가요?"다.

대답은 분명하다. "안전한 일이나 직업은 없다." 자동화는 모든 직업과 일, 개인 업무에 스며들 것이다. 거대한 모순은 이제 외국의 인력으로 대체되거나 로봇으로 자동화될 수 없다고 생각되었던 일까지 공격 대상이 되었다는 점이다. 지식 노동자들, 그러니까 데이터 입력과 고객 서비스 담당자부터 의사와 변호사까지 여태 특권을 누렸던 직업의 적어도 일부는 인공지능 시스템으로 대체될 것이다.

자동화가 반드시 모든 직업 또는 몇몇 직업의 대체를 의미하지는 않는다. 하지만 주어진 업무의 더 많은 부분이 컴퓨터에 의해 수행되면서 특정역할에 대한 기업의 수요는 점점 줄어들 것으로 보인다. 전체적인 시장이쪼그라들고, 일부는 상당히 많이 축소될 것이다. 앞서 언급한 로스를 예로들어보자. 로스를 통해 변호사들은 법률 조항, 규제, 판례, 합의안을 찾는단조로운 과정을 건너뛰고 고객의 입장을 어떻게 가장 잘 변호할지에 집중할 수 있다.

이전에 수십 명의 인력이 필요하던 일에 이제 단 두 명이면 충분하게 되었다. 그런 일이 벌어지면 아주 뛰어난 소수에게는 좋은 소식이겠지만, 그렇지 못한 사람들은 실직의 위험에 직면할 것이다. 이 혼돈 속에서 썩은 동아

줄을 잡지 않으려면 어떻게 해야 할까? 머신 클라우드와 함께 일하는 방법을 배워야 한다.

모래알처럼 움직이는 일

휴먼 클라우드를 다룬 1부에서 이야기했듯이 우리의 직업은 근본적으로 표면 아래에서 빠르게 움직이고 있다. 일의 퀵샌드quicksand, 모래가 아래로 흘러 내리는 자연 현상 — 옮긴이 주라고 부를 수도 있다. 일은 직업의 기능적 측면보다 문제 해결에 집중되면서 직장 단위에서 업무 단위로 이동하고 있다. 수많은 사람이 여전히 특정 분야의 전문가로서 승승장구하고 있기는 하지만, 동시에 다양한 조각을 조립하여 해결책을 빠르게 찾는 날렵한 제너럴리스트가 필요할 때도 있다.

저널리스트(내 머릿속에서는 여전히 신성하게 느껴지는 직업이다)의 역할을 예로 들어보면, 과거의 저널리스트들은 수개월 또는 수주에 걸친 취재를 통해 영향력 있고 충격적인 기사를 써내는 데 열중했다. 그러나 이제는 하루 24시간 내내 마감에 시달리고 운이 좋아야 이야기 하나에 하루 이상을 투자할 수 있다. 그 와중에 소셜 미디어의 흐름도 계속 파악하고 있어야 한다. 그들은 이제 취재하고 기사를 쓰는 것뿐 아니라 소셜 미디어 그리고 심리와 관련된 업무까지 두루 해야만 하는 제너럴리스트가 되었다.

인공지능 덕분에 이런 직업들은 근본적인 변화를 겪고 있으며 지능 자동화가 이 변화를 앞당기고 있다. 인공지능은 인간과 비슷한 방식으로 학습하고 적응하는 디지털/인공 연산 시스템이다. 이 시스템은 반복적이고 예상 가능한 모든 수동 업무를 대체한다. 회계, 재무, 쇼핑, 일정 관리 등의 사무실 업무는 모두 위험에 처해있다. 정보 처리, 일정한 작업 강도, 반복, 오류 최소화, 편차 결여 등의 특성이 있는 업무는 자동화에 적합하다. 이런 업무는 '모두가 하기 싫어하는 일'이다. 유감스럽게도 지금 우리가 사람들에게 돈을 주고 시키는 일의 95%는 이런 종류다.

글 쓰는 일을 예로 들어볼까? 인간에게는 다행스럽게도 글쓰기는 과정이 복잡할 뿐 아니라 다음과 같은 간단한 이야기를 쓸 때마저 특별한 맥락을 알고 있어야 한다.

"어젯밤 브루클린 네츠Brooklyn Nets가 경기 후반부에 내리 12점 득점에 성

■ 그림 5

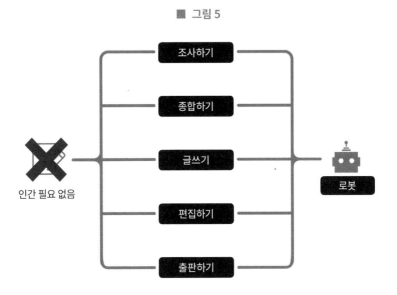

3부 귀찮은 일은 대신 해드립니다: 머신 클라우드

■ 그림 6

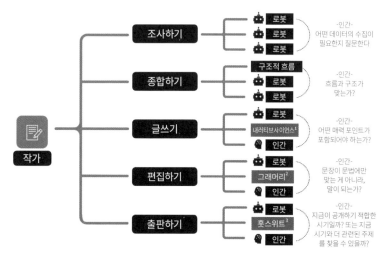

1~3 - 옮긴이 주
1 Narrative Science, 뉴스 기사를 쓰는 로봇을 개발하는 소프트웨어 저널리즘 업체
2 Grammarly, 영어 문법 교정 및 글쓰기 능력 향상 서비스
3 Hootsuite, 소셜 미디어 관리 플랫폼

공하며 모터시티 피스톤즈Motor City's Pistons를 5점 차로 이겼다. 최근 브루클린의 호황과 클리블랜드 캐벌리어스Cleveland Cavaliers 소속이었던 카이리 어빙Kyrie Irving의 영입이 게임 승리에 도움을 준 것으로 보인다."

컴퓨터가 해석하고 이해해야 할 부분을 짚어보자. ① 디트로이트의 별칭이 모터시티라는 것 ② 농구에서 '내리 득점'의 뜻 ③ 농구에 관해 이야기하고 있는지, 아닌지 ④ 최근 있었던 선수 영입 ⑤ 지역 경제 발전. 컴퓨터는 해석한 모든 정보를 의미 있는 뉴스거리 한 토막으로 조합해야 한다.

믿기지 않겠지만 지속적인 업데이트와 빠른 속도에 대한 수요가 전통

저널리즘의 수준을 넘어서자 컴퓨터는 위와 같은 문장을 쓸 능력을 갖추고 인간으로 구성된 뉴스 담당 부서를 점점 더 자동화하고 있다.

그렇다면 작가는 도대체 어떻게 이들과 겨뤄야 하나? 공상 과학 소설과 실리콘밸리는 미래를 그림 5처럼 묘사하지만, 현실은 그림 6처럼 생겼다. 보다시피 '모두' 로봇으로 대체되는 것이 아니라 인간과 로봇이 공생하는 모습을 띤다.

이 관계에서 인간의 '총괄 기능'(의식 중에서 행동을 추진하고 결정을 내리는 부분)이 어떤 것을 연산해야 할지 결정하고, 기계가 힘든 일을 담당하는 명확한 구조로 인간과 기계의 상호작용이 일어난다. 이건 새로운 개념이 아니다. 기업들은 이미 지난 수십 년 동안 기계의 연산력을 활용해왔다. 인간의 업무에 도움을 주는 소프트웨어에 붙여지는 멋진 이름인 '결정 지원 도구'는 보증 증서를 쓰는 것부터 신약을 발견하는 일까지 모두 해낼 수 있다.

실질적으로 달라진 부분은 시스템의 편리성, 정교함, 유용성이 극적으로 개선되었다는 점이다. 기존에 박사 학위 소유자나 연구원이 독점했던 영역에 이제 일반인도 손쉽게 접근할 수 있게 되었다.

우버를 예로 들어보겠다. 기계가 운전에 부수적인 모든 일을 처리한다. 어플과 정교한 소프트웨어가 문자 메시지 알림, 길 안내, 결제 프로세스를 보이지 않는 곳에서 처리하는 동안 인간은 일단 지금까지는 반복되지 않고 예측할 수 없는 도로 상황과 다른 인간의 행동을 제어한다.

같은 개념이 에어비앤비Airbnb에도 적용된다. 교류는 인간이 담당하고, 나머지 과정은 컴퓨터 연산이 처리한다. 오늘날의 비행기는 실질적으로 스

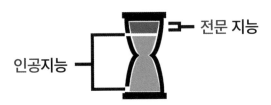

스로 비행하지만, 컴퓨터 연산이 아직 통제하지 못하는 3%의 불확실성으로 인해 조종사에 대한 수요는 여전히 있는 것처럼 말이다.

　이것은 머신 클라우드를 통해 우리와 같은 체인지메이커가 힘들고 귀찮은 일에서 해방되어 더 중요하고 큰 가치를 가진 일에 도전할 수 있다는 것을 뜻한다. 글쓰기의 예시로 돌아가 보자. 작가는 문법과 철자를 확인해주는 도구를 활용하여 'affect(영향을 미치다)'와 'effect(영향)'와 같이 헷갈리는 철자에 대해 고민하는 시간을 줄이고 고차적 구조와 전체적인 문장에 집중할 시간을 확보한다. 결과적으로 기계가 힘든 일을 하는 동안 우리는 각자의 전문적인 지식으로 근본적인 목표에 더 집중할 수 있게 된 셈이다. (그림 7 참고)

두려움에서 기회로

　일자리를 뺏길지도 모른다는 두려움을 극복하면 인공지능의 도움을 받을 수 있는 업무가 갑자기 사방에 보일 것이다. 머신 클라우드는 당신의 일을 도와주는 것이지, 대체하는 것이 아니다.

나는 경력 대부분이 쓸모가 없어질 위기에 처한 지식 노동자들에게 도구를 만들어주는 데 힘써왔다. 나에게 도움을 받은 혁신적인 회사와 개인은 기술에 제압당하는 대신 기술과 손잡는 편을 선택했다.

제약 연구원들이 에이즈나 암과 같은 질병에 대한 치료제를 찾는 기간을 몇 년에서 단 며칠로 단축할 수 있도록 했고, 변호사들이 관련 판례나 기록을 찾아서 중요한 고객에게 더 빠른 답변을 줄 수 있도록 도움을 줬다. 개발도상국의 정책 입안자들이 비슷한 사정의 다른 나라에서 효과를 본 영양실조 극복 프로그램을 찾을 수 있도록 도움을 줬으며, 미 공군이 어떤 무기 시스템을 언제 수리해야 하는지 예측해서 선제적으로 예산을 짜고, 일을 마무리 지을 수 있도록 했다. 화물차 운전사들이 타이어가 언제 어디에서 문제를 일으키는지 분석해서 사전에 안전하게 화물차를 수리할 수 있도록 도움을 줬다.

위 사례들은 당신이 기대했을 만한 혁신적인 산업 분야는 아닐지 모른다. 하지만 지난 수십 년 동안 조용한 혁명이 계속 진행되었고, 모든 분야의 앞서가는 리더들은 지능 자동화 도구를 받아들이고 있다. 인공지능이 점점 더 보편화하고 접근성이 높아지고 저렴해지면서 다른 기업들도 이런 초기 선구자들의 보폭에 맞춰 걷기 시작했다.

이제 도구들은 회사에서 당신을 바쁘게 만들며 시간을 보내게 했던 수많은 업무를 자동화하기 위해 존재한다. 그렇다면 그 다음 질문은 '남는 시간에 무엇을 할 것인가?'다. 가만히 앉아서 해고 통지서를 기다릴 것인가?
아니다. 당신은 이 시간을 활용하여 초대형 변화를 일으킬 것이다.

한눈에 보기

1. 머신 클라우드는 개인과 조직의 생산성을 혁신적으로 개선해주는 분산된 연산력과 소프트웨어 도구, 유연한 인간 유사 시스템으로의 민주적 접근이다. 저비용의 인공지능 기술을 일상에 적용한 것이다.

2. 진정한 인공지능의 시대가 도래했다. 이 모든 소란의 기저에는 한 세대 전만 해도 마법처럼 느껴졌을 만큼의 엄청난 발전과 역량이 있다. 기술의 기하급수적인 발전이 가장 큰 동인이다.

3. 머신 클라우드는 모두에게 영향을 준다. 인공지능은 점점 더 많은 단순 반복 업무를 대체할 것이다. 대부분의 경우 인공지능이 일자리를 완전히 대체하지는 않겠지만 일하는 방식에 매우 큰 혁신이 일어나게 된다. 당신은 자잘한 조각을 끼워 맞추는 업무 대신 인간과 기계로 구성된 팀을 관리하고 조직하고 지휘하는 역할을 맡게 될 것이다.

4. 체인지메이커에게 머신 클라우드는 무서운 것이 아니라 신나는 것이다. 머신 클라우드는 초대형 변화를 만들 기회를 열어준다.

체인지메이커로 한 걸음

1. 우리가 어떻게 여기까지 왔는지, 그리고 앞으로 어디를 향해가고 있는지 이해하려면 인공지능의 역사와 기술의 기하급수적인 성

장에 대해 읽어보는 게 좋다.

추천 도서

『AI 슈퍼파워』 | 리카이푸Kai-Fu Lee 지음 | 박세정, 조성숙 옮김

『가장 인간적인 인간』 | 브라이언 크리스찬Brian Christian 지음 | 최호영 옮김

머신 클라우드에서 일하기

개발자가 아니라면 관리 분석 기술에 집중하라

지금쯤 당신은 이렇게 생각하고 있을지도 모른다. "다 좋아, 그런데 난 괴짜가 아닌걸! 난 개발자가 아니야. 오 부처님, 비교종교학 학위밖에 없는 저는 어떻게 해야 하죠! 과연 이렇게 사방에 기술이 득실거리는 악몽 속에서 내가 돈을 많이 벌기는커녕 살아남기라도 할 수 있을까?"

친구여, 걱정은 넣어두라. 인간과 기계가 섞여 사는 이 멋지고 새로운 세상은 겉으로 드러난 것만큼 무서운 곳이 아니다. 사실 인공지능과 함께 일하는 데 필요한 능력은 당신이 여느 프로세스나 팀을 관리할 때 필요한 능력과 비슷하다. 유일한 차이는 컴퓨터가 말대답하거나 성에 차지 않는 급여 인상에 대해 불평하거나 사내 탕비실에 스낵 종류가 부족하다고 징징거리지 않는다는 것뿐이다. 그러니까 그렇게 나쁘기만 한 건 아니다.

다만 기술에 완전히 무지해서는 안 된다. 이 새로운 세상을 효과적으로 살아가려면 관리, 기술, 데이터의 기본을 이해해야 한다. 그리고 인생의 다른 모든 일처럼 당신의 약점을 보완하고 능력을 보강해주는 사람들과 가깝게 지내야 한다.

전자 증거 개시e-discovery, 이메일 등의 전자 문서를 법정 증거로 활용하는 것 — 옮긴이 주 클라우드 소프트웨어 업체 CS DISCO의 최고 혁신 책임자CIO, Chief Innovation Officer 캣 케이시를 예로 들어보겠다. 캣은 대학에서 법학과 정치학을 공부했다. 온종일 기술과 과학 기술 전문가들에게 둘러싸여 지내는 사람에게 기대할만한 이력은 아니다. 하지만 그녀는 일찍이 특정 주제에 대한 깊이 있는 이해와 그 일의 일부를 기술을 활용해 간소화하고 자동화할 방법을 결합하면 자신이 그야말로 철의 여인이 될 수 있다는 사실을 깨달았다. 그녀는 이렇게 말한다. "저는 인간 기업에 들락거리는 괴짜에서 테크 기업에 들락거리는 인간으로 바뀌었죠."

캣은 인공지능을 통해 더 높은 가치를 창출해낼 수 있다고 생각한다. 인공지능이 무서울 수 있지만, 그녀는 이렇게 말한다. "결국 인공지능은 변호사들을 지루한 일로부터 해방시켜줍니다. 그들이 애초에 법학전문대학원에 진학해서 하고자 했던 일을 할 수 있도록 도와주는 거예요. 단순 반복 업무를 고부가가치를 창출해내는 업무로 대체하는 것이죠. 일에서 감성 지능이 차지하는 비중이 확대될 거예요."

이 사실을 유념하면서 당신을 체인지메이커로서 승승장구하게 도와줄 대인관계 기술에 대해 알아보자.

휴먼 클라우드

관리자인가, 유치원 교사인가?

거짓말은 안 하겠다. 관리자로서 미숙했던 시기에 나는 무심코 내 팀원을 '어린이'라고 불렀다. 자, 나를 향한 화살이 쏟아지기 전에 내가 리더였을 때 발생했던 사례 몇 가지를 들어보겠다.

- 상대방에게 소리를 지르며 주먹질까지 하려고 한 IT 전문가 두 명을 말 그대로 뜯어 말려야 했다. (참고로, 일하면서 이런 일이 세 번이나 있었다.)
- IT 전문가 한 명(첫 번째 사례에 연루된 사람 중 하나)이 컴퓨터 팬 날개에 손가락을 '베였다'. 거의 피도 나지 않았던 조그마한 상처 하나 때문에 구급차도 부르고 일주일 치 산재 보상 휴가를 줘야 했다.
- 나보다 나이가 스무 살이나 더 많은 사람들이 잊을만 하면 떼쓰는 초등학생처럼 행동했다. 특정 인물이나 사건이 있었던 것이 아니었다. 어느 정도 규모가 있는 팀을 관리할 때면 이런 일이 자주 발생한다.
- 한 엔지니어가 1만 달러어치의 개인 비용을 법인 카드로 결제한 뒤 한 달이 지나도록 갚지 않았다.

이런 일을 여러 번 겪으면 알게 된다. 이런 짓을 하면 새로운 이력서를 써야 할 것이다.

이 사례들을 언급한 이유는 관리자가 무슨 일을 하는지 실체를 들여다보면 인공지능을 관리하는 것이 꽤 괜찮은 선택으로 보이기 때문이다. 하지만 사람들은 인공지능이 충분히 빨리 배우지 못하거나 빤한 실수를 한다고 불평한다. 사용하지 못하겠다며 두 손 두 발 다 드는 것이다. 신기하게도 우리는 인간 동료를 이런 식으로 포기하지 않는다. 동료가 잘못을 고치도록 여러 번 기회를 주고, 가끔은 그들의 무능함을 질타하기는커녕 숨겨주거나 심지어는 더 격려해주기도 한다.

사람을 관리할 때처럼 인공지능을 관리할 때도 아주 큰 인내심이 필요하다. 인공지능은 처음부터, 어쩌면 10번째나 100번째까지도 정답을 맞히지 못할 수 있다. 하지만 인간과 다르게 시스템은 당신이 의도한 모델의 패턴을 한 번 학습하면 (또는 아마존의 알렉사Alexa나 애플의 시리Siri처럼 당신 대신 힘든 일을 다 해주고 나면) 절대 잊어버리지 않는다. 이는 특히 반복적인 업무에 인공지능을 활용함으로써 얻을 수 있는 진정한 혜택이다. 당신은 마라톤을 하고 있지만, 일단 끝까지 뛰기만 하면 그 대가는 엄청날 것이다.

인간과 기계가 함께 살아가는 세상의 장점은 시스템 관리를 위해 학습한 기술이 사람에게도 동일하게 적용되며, 그 반대 방향으로도 성립한다는 점이다. 인간과 기계의 기질은 다르지만, 이 둘 사이에는 공통적인 도전 과제가 많다.

실제로 인공지능을 관리하는 일은 어떨까? 새로 영입한 팀원을 가르칠 때처럼 훈련하고 보조하고 권한을 주는 성장 및 리더십 곡선을 따른다.

휴먼 클라우드

상황적 리더십과 인공지능

내가 관리자에서 리더로 성장한 시점 중 하나는 30대 중반에 '상황적 리더십'이라고 알려진 체계를 배우고 나서였다. 리더십 스타일을 필요에 맞춘다는 추상적이고 관념적인 개념을 이야기하는 것이 아니다. 이 개념도 틀린건 아니지만, 상황적 리더십의 실제 체계는 더 규범적이고 견고하다.

상황적 리더십은 의욕만 앞서고 능력은 부족한 상태에서 시작해 초심이 사라질 무렵 마주하게 되는 '절망의 나락'을 지나, 능력은 갖췄지만 자신감은 없는 상태가 되었다가 결국 자기 능력에 대해 자신감을 지닌 고성과자로 성숙하는 직원의 여정을 그려낸다. 목표는 당신의 관리 스타일(격려와 지도의 적절한 조합)을 직원의 성숙도에 맞추는 것이다.

놀라운 부분은 이 체계가 한 '사람'에게 적용되는 것이 아니라 '업무' 단위로 적용된다는 것이다. 사람들은 각자 다른 단계에서 다양한 종류의 일을 할 수 있으며, 당신의 관리 스타일은 각 팀원이 경험하는 작은 여정을 담아낼 수 있도록 적응해야만 한다. 이것은 큰 노력이 수반되는 정교한 접근법이지만(원래 관리는 힘들다) 결과, 능력, 성숙도의 측면에서 매우 큰 보상으로 돌아온다.

인공지능과 일하는 것은 이 과정과 의외로 비슷하다. 사람들은 어떤 시스템이 X를 잘한다면 Y도 잘 할 것이라고 오해한다. 그리고는 일이 잘 진행되지 않으면 격노한다. 스스로를 돌아보자. 알렉사나 시리에게 화를 낸 적이 있지 않은가? 심지어 욕도 해본 적도 있지 않은가? 자, 아닌 척 하지 말고

어서 손을 들자. 솔직히 나는 그랬던 적이 있다.

내가 "젠에게 오늘 늦는다고 전해줘."라고 한 말을 내가 지금 아내를 뜻하고 있다는 사실을 추론하고 문자 메시지를 보낼 만큼 똑똑한 시스템이 비슷한 일을 시켰을 때 어떻게 "죄송해요, 무슨 말씀인지 이해하지 못했어요."라고 말하며 완전히 실패할 수 있을까?

사람처럼 인공지능도 훈련을 통해 '업무' 실력이 발전한다. 그리고 사람과 마찬가지로 '유사한' 문제의 빈칸을 채우고 추론하는 인공지능의 능력도 점점 개선되고 있다. 하지만 인공지능이 스스로 지시를 내릴 만큼 똑똑해질 날은 아직 멀었다. 인공지능은 간단한 지시만 하면 되는 고위급 간부라기보다는 아직 관심과 도움이 필요한 신입 사원에 가깝다.

훈련하고 조언하고, 권한을 주는 과정과 상황적 리더십 곡선으로 돌아가 보자. 업무를 익히는 과정은 꽤 비슷하다.

첫째, 문제를 확인한다. 완성하려는 업무 또는 해결하고자 하는 문제가 무엇인가? 이 단계를 과소평가해서는 안 된다. 수많은 정보기술 및 인공지능 프로젝트의 실패 원인은 문제나 사업 결과가 초기에 확실히 밝혀지지 않았기 때문이었다. 언제나 당신이 달성하려는 목표와 그 이유 그리고 가치가 무엇인지 확인해야 한다.

둘째, 데이터를 모으거나 적어도 시스템에 학습시킬 데이터를 어디에서 구할지는 알고 있어야 한다. 반드시 이 모든 것을 미리 갖추고 있어야 하는 것은 아니지만, 사전에 데이터를 정리하는 편이 더 수월할 것이다.

셋째, 시스템을 실제로 학습시킨다. 많은 인공지능 프로젝트 중에서 가장 간과되는 부분이자 또 하나의 일반적인 실패 요인이다. 당신이 훈련하려는 내용의 복잡성에 따라 몇 주에서 몇 개월까지 걸릴 수도 있고, 가장 복잡한 시스템의 경우 몇 년이 걸릴 수도 있다. 충분한 시간과 돈, 에너지를 투자해서 고비를 넘겨라.

넷째, 성공을 외치기 전에 인공지능 시스템을 보조하는 단계를 거쳐야 한다. 이 부분은 보조 바퀴를 달고 연습하는 베타 단계다. 기꺼이 시험자가 되어줄 사람들을 모으고 시스템 작동 방식을 유심히 관찰하고, 시스템을 계속 수정하고 개선해야 한다. 이 단계에서 시험자와 자주 소통하고 문제와 업무를 밀착해서 관리하는 것은 참여율과 수용률을 지속하는 데 매우 중요하다.

마지막으로, 시스템이 보통 수준의 유용성을 충분히 연마하면 보조 바퀴를 떼고 새로운 시스템에 권한을 준다. 인력 관리를 할 때처럼 이 단계에 도달한 시스템은 관리자의 감독이나 개입 없이 혼자 대부분의 업무를 처리해낼 수 있다. 다만 인력 관리를 할 때와 마찬가지로 실전에 무턱대고 투입해서는 안 된다. 인공지능 시스템의 성과, 잠재적 문제, 개선 가능한 영역을 계속 추적할 수 있도록 관리 및 보고 구조를 구축하라.

조직력

자, 잠깐 현실적으로 생각해보자. 나는 좀 모순된 사람이다. 모든 것을 차곡차곡 정리하는 고지식하고 조직적인 임원 스타일을 고수하며 성공적인 경력을 쌓아왔다. 이 말은 대체로 사실이다. 하지만 이 경력을 유지하는 데 피나는 노력을 들여야 했다. 사실 나의 내면에는 자유로운 영혼을 가진 창의적인 히피가 꿈틀거리고 있었기 때문이다. 나는 뭔가 만드는 것과 모호한 것, (기업가 감성이 묻어있는) 예술 작업을 사랑한다.

경력을 쌓으면서 조직력에 대한 몇 가지 중요한 사실을 배웠다. 첫째, 조직력은 배경과 역할에 상관없이 모두에게 필요하다. 사람들을 조직하고 결과를 내는 능력은 태도에 버금가는 '차별화 요소'다. 목표에 집중하여 효율적으로 행동하는 사람들은 성공한다.

두 번째로 배운 사실은 우리 대부분 이 능력이 꼭 선천적으로 타고 나는 건 아니라는 점이다. 나는 내가 중심으로부터 겉도는 별나고 이상한 사람이라고 생각했다. 어렸을 적부터 조직력을 타고난 학생회장이 아닌 우리와 같은 대다수는 필요에 의해서 이 능력을 습득하게 된다. 약간의 조직력은 여러 방면에서 유용하며 유효성(옳은 것에 집중하기)과 효율성(최소의 노력으로 옳은 일 해내기)이라는 두 가지 측면에서 중요한 역할을 한다.

그런데 이게 인공지능과 무슨 상관일까? 전통 기업과 신생 프리랜스 이코노미에서 인간으로 구성된 팀을 관리하는 것만큼 인공지능 시스템과 일을 조정하고 계획하고 소통하는 것은 유효성의 측면에서 매우 중요하다. 지시를 받아야 비로소 유용해지는 인공지능은 20세기의 멍청했던 컴퓨터와 매우 비슷하기 때문이다.

이는 결국 다른 어떤 노력을 들일 때와 마찬가지로 실전에서 업무와 프로젝트를 인공지능을 위해 정리해주어야 한다는 것을 뜻한다. 일은 기계가 하겠지만, 그 일을 관리하는 방식은 기존과 비슷하다. 앞서 느슨한 소속감을 주는 가상의 애자일 환경에서 일할 때 필요하다고 이야기했던 능력이 여기에도 적용된다. 바로 시너지다!

논리와 추론

캣 케이시처럼 고든 샤웰 역시 늦은 나이에 과학 기술 전문가가 된 경우다. 캐나다 출신인 고든은 캣처럼 대학에서 철학을 전공하고 법학전문대학원에 진학했다. 그는 잠시 대형 로펌에서 근무한 적이 있었는데, 일은 재미있었지만 라이프스타일은 정말이지 괴로웠다고 한다. "잔혹하다는 말밖에 안 나왔어요." 고든이 설명했다. "남은 인생을 그렇게 보낼 자신이 없었죠."

고든은 대학원에 다닐 때 데이터 과학에 관심이 생겼고 통계 프로그래밍을 혼자 학습하여 캐나다의 노바스코샤 주가 주최한 유소년 범죄 데이터 프로젝트에서 큰 성과를 낼 수준에 올라섰다. 그는 이 경험을 자신이 추구하는 라이프스타일에 더 잘 맞는 경력으로 전환하기로 하고 이후에 테크 기업 세 군데에서 원격으로 일을 해왔다. (눈치챘는지 모르겠지만, 고든은 휴먼 클라우드의 간판 모델이다.)

고든은 요즘 무엇을 하며 지낼까? 그는 법과 철학 분야에서 쌓은 경험으로 인공지능을 더 이해하기 쉽게 만드는 일을 한다. "머신 러닝에는 안에 무엇이 들었는지 알 수 없는 검은 상자가 있어요. 저는 사람들이 상자 안에 무엇이 있는지 이해하는 데 도움을 주는 일을 하고 있습니다."

정식 통계학자는 아니지만, 고든은 알고리즘이 왜 그렇게 작동하는지 알아내기 위해 집요하게 노력하여 이것을 자신의 틈새 능력으로 만들었다. "법조계 일을 하면서 설명을 잘 하게 됐거든요. 의뢰인에게 세부 사항까지 알려줄 필요는 없어요. 그들은 기본적인 내용과 그로 인해 발생하는 영향만 이해하면 됩니다. 머신 러닝에서도 마찬가지죠." 고든이 설명했다.

온갖 맥락이나 편견, 모호함이 뒤섞인 인간의 지시를 함축적으로 이해하고 질문이나 감독 없이 일을 간단히 해내는 로봇이 있는 공상 과학적 미래는 아직 요원하다. 인공지능과 효과적으로 일을 하려면 논리와 추론의 기본 규칙, 모호함과 편견 그리고 그런 논리에 정면으로 날아들 수 있는 결과에 이의를 제기할 줄 알아야 한다. 다시 말해 인공지능용 '바보 방지' 버튼이나 자동 운행 장치는 없다.

나는 지금 정통 그리스식 논리나 컴퓨터공학 수업을 이야기하고 있는 것이 아니다. 견고한 토론 기술이나 제대로 된 기본 상식은 여러 방면에서 유용하다. 핵심만 말하자면 우리가 인간 전문가를 직감으로 식별하듯, 인공지능의 반응을 직감으로 확인하고 유효성을 테스트하는 능력을 이야기하는 것이다.

예를 들어 내가 알렉사에게 "요즘 아침에 약간 어지러워. 원인이 뭘까?"라고 물어본다고 해보자. 알고리즘은 아마존에 있는 내 쇼핑 목록을 확인해 유아용 장난감과 훈련용 기저귀를 구매한 기록을 보고 내가 지금 어린 아이를 키우고 있으며 둘째를 낳을 생각이 있을 것이라고 충분히 추측할 수 있다. 알렉사는 순진하게 "임신하셨을 가능성이 있어요."라고 대답한다.

내가 지금 아놀드 슈워제네거Arnold Schwarzenegger와 대니 드비토Danny DeVito가 출연한 1990년대 코미디 영화 속에 들어와 있는 것이 아닌 이상 알렉사는 분명 헛다리를 짚은 것이다.

우스꽝스러운 사례이긴 하지만 인공지능에 너무 많이 의존할 경우 발생할 수 있는 위험을 잘 보여준다. 시스템(또는 인간)이 왜 그리고 어떻게 그런 결론에 도달했는지에 대해 곰곰이 생각해보면 알고리즘의 작동 방식뿐 아니라, 미묘한 차이더라도 어떤 실수와 위험이 잠재되어 있는지 이해하게 된다. 시스템을 활용하여 환자를 진료하거나, 주차를 하거나, 직원을 고용할 때 인간(당신)을 그 과정에 포함하고 인간의 판단력을 활용해야 한다.

분석 능력

모든 인공지능 시스템은 데이터를 기반으로 작동한다. 인공지능이 활용하는 데이터를 가지고 일하는 데 수학자나 경제학자가 될 필요는 없지만 필요한 기본 개념 몇 가지는 알고 있어야 한다.

우선 기본적인 확률에 대한 이해가 필요하다. 지능은 모호성, 가능성, 최선의 추측에 대한 것이다. 머신 러닝 알고리즘은 특정 결과가 발생할 가능성을 확인한 뒤 가장 그럴듯한 것을 선택해 여러 선택지를 내놓고, 선택지들을 하나의 복합적인 답변으로 종합한다. 답변의 신뢰도를 판단할 때는 확률의 작동 방식과 여러 확률과 관련된 '직감'에 대한 이해가 중요하다.

다음으로 신뢰수준을 이해해야 한다. 만약 인공지능 시스템이 투자를 통해 얻을 수 있는 수익을 1만 ± 10만 달러로 예측한다면, 신뢰구간의 의미뿐 아니라 대박을 터뜨릴 가능성 대비 당신이 지금 입고 있는 멋진 힙스터 셔츠까지 잃을 가능성이 얼마인지 이해해야 한다.

통계나 품질 관리와 관련된 심오한 이론이 많지만, 대부분의 경우 예상 범위가 얼마인지 정도만 이해하면 된다. 예상 범위는 주로 표준 편차로 나타낸다. 일반적으로는 평균 예측값보다 크고 작은 두 개의 표준 편차를 보여준다. 즉, 결과가 대략 3분의 2의 확률로 예상 범위와 일치할 것이라고 해석할 수 있다.

(확률 부분으로 돌아가 보면) 예측값의 범위가 좁을수록 신뢰도가 더 높아진다. 예를 들어, 1만 ± 5천 달러라는 투자 결과물(즉, 3분의 2의 확률로 5천 달러와 1만5천 달러 사이의 이익을 얻을 것이라고 해석할 수 있다)은 앞서 언급한 범위보다 훨씬 신뢰도가 높다.

'엑셀 능력'도 있어야 한다. 표나 도표를 읽고 데이터가 전달하려는 이야기가 무엇인지 이해할 수 있어야 한다는 뜻이다. 여기에는 기본적인 계산과 비교, 규모와 경향성에 대한 이해, (다시 논리와 추론 부분으로 돌아가 보면) 특수하지만 틀린 사실을 서술하기 위해 데이터를 조작하고 편향되게 만드는 방법도 포함된다. 엑셀로 묘기를 부리는 경지에 도달해야 한다고 말하는 것이 아니다. 업무 자료나 은행 계좌에서 자주 보는 스프레드시트 같은 것들에 관해 이야기하는 것이다.

이게 왜 중요할까? 인공지능 알고리즘에 들어갔다가 나오는 수많은 데이터는 사실상 정량적이거나, 체계 없는 내용을 보다 체계화된 스프레드시

휴먼 클라우드

트와 유사한 데이터 형식으로 정리한 것이기 때문이다. 이 형식을 이해해야 프로그래머가 되지 않고도 인공지능의 '언어'를 사용할 수 있다.

결론은 하나

당신이 머신 클라우드를 자유자재로 활용하는 데 필요한 능력은 휴먼 클라우드에서 필요했던 것과 똑같다. 다만 이쪽 세상에서 협력할 '사람'은 T, C, G, A (음… DNA 구성 염기다) 대신 0과 1로 이루어졌다는 점만 다르다. 관리, 커뮤니케이션, 분석 능력과 같은 대인관계 기술 모두 시스템을 관리하는 데 중요한 역할을 한다.

당신은 머신 클라우드를 결코 무시할 수 없다. 캣 케이시는 이렇게 말했다. "만약 당신이 유의미한 일을 계속하고 싶다면 증강 지능Augmented Intelligence, 기술을 인간 지능 강화에 활용하는 것 – 옮긴이 주을 활용해야 할 거예요. 이 흐름을 외면할 수는 없어요."

한눈에 보기

1. 개발자가 아니라도 모든 것이 기술로 이루어진 이 새로운 세상에서 성공할 수 있다. 당신은 초대형 영향력을 만들어내기 위해 기계와 함께 일하는 법을 배울 수 있다.

2. 관리 능력은 휴먼 클라우드와 머신 클라우드 세상 모두에서 당신을 도와줄 것이다. 잘할 수 있는 일을 찾아내고 그것을 위해 최적화한 뒤, 기계(또는 인간)가 불리한 영역 근방에서 일하거나 일할 계획을 세워라.

3. 계획하고 조직하는 능력은 매우 중요하다. 하지만 다행히 뛰어나지 않아도 여러 방면에서 도움이 된다.

4. 당신이 직접 개발자가 될 필요는 없지만, 컴퓨터(또는 이성적인 인간)의 사고방식은 이해해야 한다. 기본 논리, 추론, 분석을 공부하라. 노력해볼 만한 가치가 있을 것이다.

체인지메이커로 한 걸음

1. 당신의 기술적 능력에 대해 생각해보자. 스스로 1(기술 초보)~10(코딩 전문가)점 사이에서 몇 점 정도라고 생각하는가? 1~2점의 점수를 어떻게 올릴 수 있을지 고민해보자. 목표를 달성하기 위해 어떤 책, 무료 온라인 강의, 기술에 능숙한 친구들을 활용할 것인가?

2. 관리 분석 기술에 대해 더 읽어보고 조사하라.

추천 도서

『벌거벗은 통계학』 | 찰스 윌런Charles Wheelan 지음 | 김명철 옮김

『신호와 소음: 불확실성 시대, 미래를 포착하는 예측의 비밀』 | 네이트 실버Nate Silver 지음 | 이경식 옮김

『The Situational Leader』 | Dr. Paul Hersey 지음

›››››

머신 클라우드와 함께 일하는 법

인공지능 프리랜서를 활용하여 생산성을 높이고 주 4일 근무를!

앞서 우리는 믿을 만한 프리랜서 네트워크를 통해 고차적이고 전술적인 업무를 얼마나 효과적으로 처리할 수 있는지에 대해 배웠다. 만약 하루 24시간씩 휴식도 실수도 없이 팀을 보강할 수 있는 인공지능 '프리랜서' 군대를 활용해 효율을 더 높일 수 있다면 어떻겠는가? 이 꿈만 같았던 일이 현실이 되었고, 오늘부터 당장 가능하다는 말을 듣게 된다면?

이 책만 봐도 알 수 있다. 초안을 마무리 지을 때쯤, 매튜 모톨라는 프리랜서 몇 명을 고용해서 글을 훑어보고 우리가 무심코 비슷한 개념을 중복으로 추가한 문단이 없는지 확인하는 작업을 맡기자고 했다. (5만 자가 넘는 단어를 모두 파악하는 것은 정말 어려운 일이다.)

음··· 컴퓨터공학 전공자라면 이런 문제를 두고 별일 아니라는 듯 "뭐, 사람 한 명 고용해서 하죠."라고 말하며 자리를 박차고 떠날 수는 없다. 방아쇠는 이미 당겨졌다. 도전을 받아들이겠다. 나는 이렇게 말했다. "제가 프로그래밍할게요. 4시간만 주세요."

결론부터 말하자면 내 예상은 빗나갔다. 나는 2시간도 안 되어 프로그래밍을 마친 것이다! 문단을 비교해서 비슷한 용어들의 조합을 찾고 추가 검토해야 할 부분을 다시 보고하는 100줄짜리 파이썬 코드를 짰다. 세부적인 조정을 하기도 전에 68개 구절이 발견되었고 결과는 계속 개선되었다. 내가 매튜 모톨라에게 했던 말은 정확히 다음과 같다.

비슷한 문단 조회 결과 2019년 10월 10일
@matthewmottola 이것 좀 봐요!! 파이썬 스크립트를 추가했어요. 엄청나게 만족스러운 결과가 나왔어요. 몇 가지 잘못된 지적이나 상관 없는 내용도 있지만 중복된 내용을 훌륭하게 잘 잡아내고 있어요. 이걸 전부 코딩, 테스트, 검토하는 데 2시간밖에 걸리지 않았어요. 아무리 CTO가 됐어도 여전히 괴짜 같은 짓을 할 수 있네요. 소중한 경험이었어요. :-)

물론 우리가 모두 프로그래머인 것은 아니다. 하지만 이제 우리는 사람에게 이런 일을 맡길 때 지급해야 하는 비용의 몇 분의 일로 알고리즘을 '고용'할 수 있다. 머신 클라우드는 컴퓨터를 기반으로 하는 '노드'를 휴먼 클라우드 네트워크의 자원에 추가하고, 생산성 증진에 활용할 수 있는 주체를 확장한다.

무엇을 자동화할 것인가

지능 자동화라는 깊은 물 속으로 뛰어들기 전에 먼저 자동화를 '할 수' 있고, 자동화를 '해야' 하는 것을 찾아야 한다. 로봇에게 시킬 수 있는 일에 무엇이 있는지부터 확인해보자.

자동화하기 가장 좋은 업무는 반복적이고, 제한적이며 학습이 가능한 일이다. 다시 말해, 경험은 부족해도 열정이 넘치는 행정 직원에게 쉽게 시킬 수 있는 일이다. 아직 이 직원에게 모든 일을 맡길 순 없지만 약간의 훈련을 통해 직원이 너무 많은 실수나 번거로운 질문을 하지 않고 혼자 완성할 수 있는 업무를 줄 수 있다.

반복적인 업무란 동일한 결과를 얻기 위해 동일한 정보와 기술을 활용하여 동일한 방식으로 달성할 수 있는 일이다. 매번 완전히 똑같은 단계를 밟을 필요는 없다. 인공지능은 미묘한 차이와 변형을 이해하지 못했던 초기 단계의 한계로부터 진화했다. 하지만 서너 번만 할 업무라면 굳이 자동화할 이유가 없다. 그냥 스스로 하는 편이 나을 것이다.

같은 맥락에서 자동화할 업무는 제한적이어야 한다. 업무가 관리 가능한 문제와 정보 공간 안에 존재해야 한다. 이 부분에서도 인공지능은 크게 발전했다. 인공지능은 대량의 데이터를 처리하고 훌륭한 결과물을 생산해낼 수 있다. 하지만 우리가 앞서 배웠듯이 인공지능은 범용적이라기보다는 여전히 전문적인 영역에 갇혀있다. 예를 들어 일정을 세우거나 TV 프로그램을 추천하고 주어진 주제를 웹에서 검색하는 업무는 제한되어 있다. 범

휴먼 클라우드

위가 너무 넓어지겠지만, 알고리즘이 일할 수 있는 경계선이 인간이 확인하고 설정할 수 있게 '제한'되어있는 것이다.

끝으로 자동화할 업무는 학습이 가능해야 한다. 이는 처음 두 가지 조건과 마찬가지로 매우 중요하다. 알고리즘은 과거 사건이나 정보 묶음을 확인하고 결과를 예측하여 지속적인 수정과 개선이 가능하도록 정답을 듣고 학습할 수 있어야 한다. 이와 같은 '학습 기능'이 없다면 컴퓨터는 그저 바보상자로 전락하게 된다.

일반적으로 입력값과 출력값이 미리 정의된 업무, 항목에 대한 분류 및 예측, 정보 조회, 의사 결정, 번역과 같은 언어 변형이 자동화할 수 있는 일이라고 알려져 있다.

하지만 무엇을 자동화 '해야' 하는가? 번쩍거리는 신형 인공지능 기기를 구매하기 전에 잠깐 멈춰서 당신이 해결해야 할 문제가 무엇인지 생각해보자. 아마 문제는 당신 개인과 팀의 업무 과정과 관련이 있을 것이다. 어떤 일에 가장 많은 시간을 소모하는지 확인해라. 주어진 한 주 동안의 업무 일지를 참고해보면 좋다. 실제로 하는 일과 많은 시간을 들였다고 생각하는 일 사이에 꽤 큰 차이가 종종 발생한다. 보낸 이메일, 일정, 시간 기록 시스템을 확인해보는 것도 공통 업무를 하며 보낸 시간을 알아내는 데 도움이 된다.

다른 모든 방법으로 안 된다면 화이트보드 앞에 서서 생각을 해보는 것도 하나의 방법이다. 내가 경험하기로는 월요일 오전과 금요일 오후에 브레인스토밍이 가장 활발하다. 공통 업무 또는 시간이 많은 드는 업무의 목록을 만들고 이 중에서 무엇을 손쉽게 자동화할 수 있는지 확인하자. 자, 이제 당신의 목표 목록이 완성되었다.

이어지는 내용에는 우리가 직접 경험했거나 업계에서 인기 있는 (인기가 있다면 제대로 하고 있다는 뜻인 경우가 많다.) 도구 중에서 가장 일반적인 것들을 선정하여 적합한 예시와 함께 업무 유형별로 분류해두었다.

작가 노트 당신이 사용할 수 있는 도구와 구체적인 예시를 제시하기 위해 특정 업체명 및 제품명을 수록했다. 이건 완벽한 목록이 아니며, 해당 업체 또는 제품에 대한 보증이라고 생각해서도 안 된다 (사례금은 전혀 없었고, 우리는 협찬 광고비를 받는 대신 품위를 지키기로 했다). 분명히 이 목록은 이 책이 언론에 노출되기도 전에 이미 구식이 되었을지도 모른다. 하지만 책에서 설명한 규칙과 접근법은 누구나 적용할 수 있으므로 지금부터 몇 년 뒤에도 유효할 것이다.

일정 관리

사업가, 프리랜서, 일반 사원, 관리자가 공통으로 싫어하는 업무가 있다면 바로 회의 일정 잡기일 것이다. 회의에는 내부와 외부, 격식을 차려야 하는 자리, 커피를 마시며 편하게 이야기하는 시간 등이 포함된다. '생산성'을 중요시하는(라고 쓰고 '엄청 바쁜'이라고 읽는다) 직장인들의 하루 일정 대부분이 회의로 채워진 요즘 같은 사회에서는 단 두 명의 팀원이 약속을 잡는 것

휴먼 클라우드

조차 힘들어졌다. 인원, 표준시간대, 친목 관계 등의 조건을 추가하면 일정을 이리저리 조절하는 일로만 매주 몇 시간씩 보내게 된다. 눈꺼풀 안에 유리 조각이 들어가는 것만큼이나 즐거운(!) 일이다.

자동화 세계에 발을 들여보자. 회의 일정 잡는 일은 반복적이고, 제한적인 데다가 학습 가능하므로 컴퓨터가 아주 잘 할 수 있는 일이다. 일정 관리와 관련된 몇 가지 접근법과 도구가 이미 사용되고 있다.

첫째는 인공지능을 일부 활용한 간단한 생산성 도구다. 캘린들리, 두들 Doodle 등의 서비스는 당신의 비어있는 일정을 링크 또는 웹사이트를 통해 공개해서 다른 사람들이 그중에서 가능한 시간을 직접 선택하도록 하는 기능을 제공한다. 소프트웨어 패키지는 이들의 답변을 업로드하고 가장 가능성이 큰 일정을 기반으로 몇 가지 시간을 제안한다. 가끔은 가장 간단한 방법이 최고의 해결책이다. 인공지능을 매번 너무 어렵게 생각할 필요는 없다.

그렇긴 하지만 이런 도구는 대답하는 사람에게 책임을 지우고 당신이 해야 할 일을 그들에게 떠넘긴 것일 뿐이다. 따라서 고위급 임원이나 VIP와 일정을 잡을 때는 더 성의 있는 듯한 느낌을 주어야 한다. 엑스닷에이아이 X.ai를 살펴보자.

이 똑똑한 도구도 일정표와 연동되긴 하지만, 사람들에게 웹사이트에 들어와서 시간 선택을 강요하는 대신 회의를 요청하는 이메일에 간단하게 엑스닷에이아이 에이전트를 수신인에 추가해서 보내는 방식이다. 영업 팀장, 잠재적인 프리랜서 파트너 또는 학교 동창으로부터 이메일을 받았다고 가정해보자. 답장을 쓸 때 엑스닷에이아이를 수신인에 추가하기만 하면 이 서비스는 상대방에게 가능한 일정을 묻는 이메일을 보낼 것이다. 다른 도구와 원리는 비슷하지만 조금 더 자연스러운 방식이다.

하지만 나는 그전에 우선 잠깐 스스로 "이 사람을 꼭 만나야 할까?"라고 자문할 것을 권한다. 진정한 생산성 증진은 모든 회의에 참석하거나 새로운 회의를 만들지 않고 이메일, 메시지 또는 음성 메시지만을 통해서도 완성될 수 있는 일이 많다는 사실을 인지하는 데서 시작한다. 회의는 정말 중요한 의사 결정을 내리거나, 당신의 네트워크를 더 공고히 다지는 시간으로 활용하는 편이 좋다.

이메일 답장

생산성의 적, 두 번째 처리 대상은 이메일이다. 일정 관리를 할 때처럼 다른 대체재가 있는지 먼저 확인하자. 이메일은 프로젝트 관련 업무를 진행할 때 최악의 커뮤니케이션 방법이다. 이메일을 하나 받을 때마다 밟아야 하는 인지적 단계를 생각해보아라. 중요한 일인가? 급한 일인가? 내 업무인가? 답장을 꼭 해야 하나? 어떤 고객을 위한 것인가? 맥락은 무엇인가? 상대방이 화가 났는가?

정신 차리지 않으면 이메일 때문에 몇 시간 동안 헤맬 수 있다. 그러는 동안 당신이 정말 해야 하는 일은 창문 밖으로 날아가 버린다. 이메일은 당신의 영혼을 빨아먹는 청소기 같은 존재다.

휴먼 클라우드

가능하다면 팀과 조직의 정기 소통 방식을 마이크로소프트 팀즈, 슬랙, 트렐로와 같은 어플로 바꿔라. 활발하게 진행되는 프로젝트와 모임을 위한 채널을 개설하고 일상적으로 오가는 이메일을 이 안에 밀어 넣어라. 몽상처럼 들리겠지만 나는 슬랙만 거의 독점적으로 사용했던 스타트업에서 일한 적이 있다. 당시 하루에 약 20통의 이메일을 받았다. 대부분은 고객이 보낸 이메일이었다. 정말로 멋진 경험이었다!

당신이 나처럼 이메일이 여전히 일과의 대부분을 지배하는 기업에서 일하고 있더라도 두려워할 필요는 없다. 아직 희망이 있다. 앞서 그랬듯이 간단한 것부터 시작하자. 마이크로소프트 아웃룩Outlook, 구글, 애플 메일Apple Mail과 이 외의 이메일 도구에는 메시지에 플래그를 지정해서 폴더로 이동시키거나 완전히 삭제하는 등 여러 가지 규칙을 생성하는 기능이 있다. 이는 다양한 단순 업무 과정에 기적을 일으킨다. 예를 들어 고객 서비스 응대처럼 미리 저장해둔 양식으로 답변을 해야 하는 이메일에는 규칙을 생성하여 플래그를 지정할 수 있다.

실제로 이메일 관리에는 다양한 수준으로 정교화된 지능 자동화 도구의 도움을 받을 수 있다. 앞서 지메일에 적용되는 생산성 도구인 지매스로 큰 성공을 거둔 소프트웨어 사업가 에이제이 고엘에 대해 이야기했다. 에이제이는 임원과 편집자 간 협업을 매끄럽게 해주는 워드젠Wordzen이라는 제품도 출시했다. 그는 인터넷 시대 개막 초기에 이메일이 개인과 전문가용 생산성 도구로 활용되고, 지메일이 중소기업과 개인 사업자의 실질적인 표준이 될 것이라는 두 가지 트렌드를 정확하게 예측했다. 기술과 친하지 못한 사람들도 자동화 기술을 기반으로 마케팅 이메일을 보내고, 가상 비서와 기술을 활용하여 답변 초안을 작성하는 등 업무를 간소화할 수 있도록 이 도구들을 지메일과 쉽게 결합할 수 있는 형태로 만들었다.

인공지능은 지메일 안으로 직접 들어가기 시작했다. 지메일은 당신이 입력하고 있는 내용을 기반으로 다음에 쓰면 좋을 단어를 자동으로 제안하는 기능을 도입했다. 직관적으로 인공지능을 잘 활용한 강력한 사례다. 구글은 공통 표현을 찾는 데 활용할 수 있는 이메일을 수억 통 이상 가지고 있다. 이 기능은 점점 더 복잡하고 뉘앙스가 담긴 주제까지 섭렵하면서 놀랄 만큼 일정한 경지까지 올라섰다. 이 기능을 통해 나는 이메일 답변 작성에 드는 시간을 약 10~20% 정도 단축했다. 즉각적인 생산성 향상이다.

음성을 문자로 변환해주는 받아쓰기 기능은 간과되고 있는데, 이메일이나 문자 메시지에 답장할 때 아주 유용하게 사용할 수 있다. 기술 분야에서 일하는 사람 치고 그다지 얼리어답터는 아닌 나는 최근에 출시된 지 벌써 3년인 에어팟을 샀다. 업무 이메일과 개인 이메일을 받는 아이폰에 에어팟을 연결하고 나서 운전을 하면서도 이메일에 답장할 수 있게 되었다. 귀갓길에 운전하면서 밀린 이메일을 훑어보고 집에 도착해서는 아이들과 보내는 시간에 더 집중하는 게 가능해졌다.

인공지능을 더 많은 일에 활용할 수 있을까? 단어 몇 개를 제안해주는 것에서 그치지 않고 답변 전체를 작성해줄 수는 없을까? 여러 유망한 기술이 이 공간으로 침투하기 시작했다.

챗봇을 살펴보자. 많은 비난을 받았던 끔찍한 초기 버전은 딥 러닝에 기반을 둔 정교한 기술로 대체되었다. 여전히 의미 있는 답변을 학습하는 데 꽤 많은 훈련이 필요하지만, 좁은 범위의 질문과 정답을 수동으로 입력하지 않고 데이터를 통해 학습할 수 있다.

아마존웹서비스, 마이크로소프트 아주어Azure, IBM 왓슨, 구글 클라우드와 같은 거인을 기반으로 작동하는 챗봇들은 전화 상담과 고객 서비스 업무에 활용된다. 예를 들어 뱅크오브아메리카Bank of America에는 에리카Erica(눈치챘는가? 아메-에리카?)라는 가상 개인 비서가 있다. 에리카는 뱅크오브아메리카의 모바일 어플 안에서 자연어 문자에 답변을 해주고 예금 조회, 이체부터 금융 자문 업무까지 모든 금융 활동에 도움을 준다.

로보리스폰스Roboresponse, 이메일 문의에 자동으로 대답해주는 인공지능 기반 자동 응답기 ─ 옮긴이 주 또는 리플라이reply.ai, 기업을 대상으로 챗봇을 만들고 관리해주는 서비스 ─ 옮긴이 주와 같은 자동화된 접근은 인간에게 전화 상담사의 삶보다 자유로운 세계를 약속한다. 이 서비스들은 점점 더 당신이 좋아하는 도구들 안에 통합되며 여러 플랫폼을 오가는 수고를 더는 방식으로 개발되고 있다.

출장 일정 관리

끊김 없는 영상 회의가 일반화되기 전까지 직장인의 공통 업무 중 하나는 출장 계획을 예약, 관리하고 비용 보고서를 처리하는 일이었다. 이 업무는 귀찮은 과정을 해치우는 것 외에 달리 방도가 없다. 매주 수많은 시간을 잡아먹는 이 업무는 최근에 생겨난 행정 비서 감축 트렌드로 인해 점점 더 개인이 스스로 처리해야 할 일로 쌓이고 있다.

일부 회사들은 출장 경험을 개선하기 위해 노력하고 있다. 예를 들어 아메리칸익스프레스American Express가 인수한 메지Mezi는 항공편과 숙박 그리고 식사 예약을 도와준다. 비슷한 서비스인 호퍼Hopper는 항공편이나 숙박 예약의 최적 타이밍을 예측해서 엄청난 비용을 절약해준다. 기업 출장 전문 업체인 파나Pana는 취업 면접이나 이벤트 등 부차적인 출장 일정 관리에 도움을 준다.

구글 플라이트Google Flights는 항공권 검색과 구매를 도와줄 뿐 아니라 항공기 지연을 항공사보다 더 잘 예측한다. 너무 잘해서 무서울 정도다. 유트립Utrip은 당신의 개인적인 취향과 당신이 소셜 미디어에서 '좋아요'를 누른 게시물까지 참고하여 개인화된 일정을 추천해준다.

자료 연구

21세기 혁신의 최정점을 지나고 있는 지금, 대다수의 사람이 지식 노동자로 일하고 있다는 사실은 이미 알려져 있다. 하지만 우리의 미래는 기술을 활용하여 얼마나 빠르고 똑똑하게 이 정보를 모을 수 있는가에 달려있다. 그렇게 하지 않으면 우리는 더 젊고, 기술을 더 능숙하게 다루는 사람들로 대체될 것이다. 죄송해요, 어르신들. 다음 세대에도 기회를 줘야죠.

연구 업무의 가장 기본인 설문조사로 시작해보자. 우리는 대개 동료나 네트워크가 정보를 가지고 있다는 사실을 이미 알고 있지만, 개별적으로

휴먼 클라우드

질문하기가 귀찮아서 투표를 진행한다. 설문조사를 간단한 형식으로 진행하는 것은 좋은 방법이다. 마이크로소프트 셰어포인트SharePoint 형식부터 슬랙과 같은 온라인 소셜 미디어까지 많은 현대적 플랫폼이 설문조사와 유사한 형태의 기능을 제공한다. 이보다 한 단계 더 나아간 서베이몽키SurveyMonkey나 조호Zoho, 메일침프Mailchimp에서는 조건을 추가할 수 있다.

만약 더 넓은 범위와 자유로운 형식을 적용해야 하는 연구라면 구글과 (실제로 사용하는 사람이 얼마나 있을지는 모르겠지만) 빙Bing을 뒷받침하는 실세 인공지능 외에도 수많은 자동화 도구들이 있다. 대부분의 콘텐츠 플랫폼은 개발자가 쓸 수 있는 응용프로그램 인터페이스(API)를 가지고 있으며, 우리처럼 개발자가 아닌 사람도 사용할 수 있는 오픈 소스 상용 도구로 나타나고 있다. 예를 들어 뉴스에이피아이newsapi.org는 모든 뉴스를 검색할 수 있는 하나의 피드로 통합되어 있다. 《뉴욕타임스The New York Times》도 새로운 뉴스와 역사 기록에 모두 접근할 수 있는 개발자 포털을 만들었다. 고등 교육 콘텐츠, 과학 역사 기록 보관소, 법률 기관이나 정부와 같이 특화된 도메인의 콘텐츠 플랫폼 대부분도 자신들만의 응용프로그램 인터페이스를 가지고 있다.

특정 전문 분야를 대상으로 조사를 진행하는 도구도 존재한다. 앞서 이미 언급했던 로스는 변호사들이 이전에 문서를 검토하고 훑어보며 고통스러운 시간을 보내야 했던 법률 연구 업무를 돕고 있다. 과학자들도 케미컬 앱스트랙Chemical Abstracts, 화학 관련 초록을 수록한 잡지―옮긴이 주, 엘스비어Elsevier, 의학 및 과학 기술 분야 전문 출판사―옮긴이 주 등 다양한 업체가 만든 도구를 마음껏 사용한다. 비즈니스 세계에 내가 첫발을 디딘 곳은 1990년대 후반에 약사들을 위한 머신 러닝을 만드는 소프트웨어 스타트업이었다. 구관이 명관이라는 말이 있긴 하지만, 당시 최첨단이었던 것이 이제 주류가 되었고 이제 수많은 기업이 소프트웨어에 인공지능을 당연히 포함해야 한다고 생각한다.

'머신과 함께 뛰기'라는 개념을 새로운 차원으로 올려놓은 토니 트립Tony Trippe의 특허분석회사 팻인포매틱스Patinformatics가 이런 사례 중 하나다. 토니는 연구 도구와 자신이 직접 만든 시스템을 통합하여 과학자들에게 그들이 연구 중이거나 특허를 출원하려는 분야에 대한 상세 보고서를 만들어서 제공한다.

토니가 발견한 것을 과학자들에게 보여주면 그들은 대부분 지금껏 몰랐던 사실을 보고 화들짝 놀란다. 어쨌든 과학도 인터넷처럼 아주 넓은 범위를 포괄하기 때문이다. "과학 기술 전문가도 모든 것을 알 수는 없어요." 토니가 말했다. "컨퍼런스를 몇 군데 참석하고 저널을 몇 개 구독하고 있다고 해서 자신이 전 세계에서 무슨 일이 일어나고 있는지 다 꿰고 있다고 생각하는 연구원이 있어요. 하지만 너무 빠른 속도로 정보가 생성되고 기술이 발전하기 때문에 누군가 한 사람이 그런 식으로 속도를 따라잡는 것은 불가능해요. 저희 회사 같은 조직이 기술 분야에서 벌어지고 있는 일들을 폭넓게 파악하는 데 도움을 주죠."

자료 연구에 정교한 도구가 도입되며 놀랍고 특출난 지능 자동화 사례도 등장한다. 오클라호마대학교University of Oklahoma에서 종교학 교수로 재직 중인 데이비드 비샤노프David Vishanoff 교수의 연구는 사람들이 다른 종교를 가지고 있는 사람과 어떻게 관계를 맺는가에 초점을 두고 있다. 이 분야에 대한 그의 관심은 어릴 적부터 시작되었다. 북아프리카의 튀니지에서 개신교 선교사의 아들로 태어난 비샤노프는 자신의 가족과 다른 믿음을 가지고 있는 사람들에 대해 더 배우고 이해하고 싶었다. "제가 학문적으로 탐구하고 싶었던 주제는 '사람들의 이야기를 어떻게 더 귀 기울여 들을 수 있을 것인가?' 였어요. 제가 가진 도덕적 의무 중 하나는 다른 사람들과 공감하는 거예요. 우리는 정말 경청을 지독하게 못 해요." 비샤노프가 말했다.

몇 년 전 비샤노프는 데이터 과학 전문 소프트웨어 기업 이그잽티브 Exaptive의 창립자 데이브 킹Dave King을 만났다. 이그잽티브는 복잡한 데이터 집합 안에서 여러 학문 분야에 걸친 연관성을 찾아내고, 데이터 과학자, 연구자, 통계학자에게 예상하지 못한 통찰력을 제공하는 서비스다.

비샤노프는 이그잽티브에 그의 연구를 진전시킬만한 엄청난 잠재성이 있다는 사실을 즉시 알아챘다. 그는 그동안 서점을 샅샅이 뒤져서 『코란』의 해석과 같은 주제를 다룬 글을 찾았지만 인간의 독해 속도로는 관련된 거대한 책더미를 전부 읽을 수가 없었다.

비샤노프는 이그잽티브를 이용해 자신의 자료에서 놀라운 연관성을 발견했다. 어떤 중세 사상가들의 가르침이 상상할 수 없었던 방식으로 현대 이슬람교도의 문제 해결에 활용될 수 있는지 밝혀낸 것이다. 문자의 바닷속에서 주제가 떠오르는 모습을 지켜보는 것은 매우 신나는 일이었다. "저는 학자로서 지금껏 해보고 싶었던 것을 하고 『코란』의 해석법에 대한 새로운 지적 흐름을 볼 수 있게 됐어요." 비샤노프는 이렇게 말했다.

"소프트웨어가 더 효율적이에요. 이제는 어떤 책이 저에게 가장 도움이 될지 곧바로 알 수 있을 거예요. 혼자서는 생각해내지 못했을 재미있는 문제들을 찾아내고 연구할 수 있어요. 지금 벌어지고 있는 일에 대한 더 깊은 통찰력을 얻을 수 있을 겁니다."

정보 요약

정보를 얻는 것과 그 정보를 유용하게 사용하는 것은 별개의 일이다. 대학에 다닐 때 나는 책을 읽지 않고 클리프노츠CliffNotes, 문학 작품 등의 해설을 제공해주는 참고서 출판 업체 — 옮긴이 주를 사용하는 '부정행위자'들을 무시하곤 했다. 정확한 사건과 뉘앙스를 이해하려면 반드시 책을 처음부터 끝까지 읽어야 한다고 생각한 것이다. 아주 잘났군, 싶으면서도 지금 돌이켜보면 참 바보 같은 생각이었다. 물론 인생에서 책 전체를 읽어야 하는 순간도 있지만 지금은 가장 소중한 자산이 '시간'이다. 가장 중요한 일에만 시간을 사용해야 하는 것이다. 클리프노츠를 활용하는 것도 꽤 괜찮은 방법이다.

이제 나는 정보를 소비할 때 요약본을 원한다. 세밀하게 분석한 세 장짜리 보고서를 꼼꼼히 살펴보는 일은 하고 싶지 않다. 결정을 내리고 다음 주제로 빠르게 넘어갈 수 있도록 핵심만 알고 싶다. 요즘 나는 두꺼운 책처럼 내용은 길지만 누가, 무엇을, 언제 할 것인지 제대로 전달하지 못하는 동료의 이메일을 받으면 한숨부터 쉬게 된다. 커뮤니케이션 수업은 차치하고, 나에게는 이 세상을 요약해줄 사람이나 물건이 필요하다.

이런 우리를 다시 구조할 인공지능이 다시 나섰다. 우리는 검색 결과를 간추려주는 기본적인 요약 기술에 이미 익숙하다. 검색 결과 밑에 적힌 짧은 글(이걸 작은 정보 토막이라는 뜻을 가진 '스니펫snippet'이라고 부른다.)은 당신의 검색어, 다른 사람들에게 유용했던 내용, 다양한 종류의 기타 입력값을 기반으로 생성된다. 하지만 자동화는 이것보다 훨씬 많은 일을 처리하는 데 도움을 줄 수 있다.

섬리SMMRY라는 도구는 문서나 웹 페이지 전체를 이해하기 쉬운 개요로 작성해준다. 이와 비슷한 다른 도구도 많이 상용화되었다. 이 분야는 활발하게 개발되고 있으므로 앞으로 마이크로소프트 오피스나 구글 크롬과 통합된 도구가 많이 생겨날 것이다.

문서의 '주체(사람, 장소, 기업)'와 개념을 확인하는 데 도움을 주는 다른 도구들은 내용을 빠르게 해석하고, 관련된 콘텐츠로 연결되고, 심지어 다른 문서와 비교할 '지문fingerprint'을 만드는 데도 유용할 수 있다. 예를 들어, 다국적 미디어 그룹 톰슨 로이터Thomson Reuters가 만든 오픈 칼레Open Calais는 뉴스 콘텐츠의 질을 향상하는 데 활용된다. 당신이 기업명, 기업 종목 코드, 기업의 홈페이지로 연결되는 링크가 달린 기사를 볼 수 있는 건 오픈 칼레와 같은 제품 덕분이다.

이렇게 주체와 개념을 확인해주는 도구는 꽤 정교하고 복잡하다. 내가 기업을 대상으로 만들었던 도구 중에는 법률 사례 인용의 특정한 형식을 판독하고 법률 합의서에서 적절한 조항을 뽑아내는 것도 있었다.

가장 좋아하는 사례 중 하나는 폭시 AIFoxy AI, 인공지능을 기반으로 부동산 자산 관의 이야기다. 내가 빈을 만난 건 보스턴에서 IBM 왓슨을 어플에 통합시키는 방법에 대한 강연을 하면서였다. 빈은 아주 매력적인 사람이었는데, 부동산 중개와 인공지능을 통합하려는 노력을 하고 있었다. 우리가 만나고 얼마 지나지 않아 그는 이미 찍어둔 부동산의 실물 사진을 기반으로 집의 특징과 그 특징에 연관된 가치를 뽑아내는 서비스를 출시했다. 일자리의 붕괴란 바로 이런 것이다. (다만 나는 부동산 중개업자나 감정평가사 같은 사람들의 역할이 조금 붕괴하는 것이 꼭 그렇게 슬픈 건 아니라고 생각한다.)

폭시 AI로 빈은 시각적 자산 지능이라는 새로운 분야를 개척했다. "우리는 자산 사진에서 자산 상태 점수처럼 다른 어플에서 쓸만한 정보를 추출하는 컴퓨터 시각 어플을 만들고 있어요. 우리의 심층 신경망인 하우스투벡house2vec은 2주 동안 주거용 부동산 사진 100만 장을 학습했습니다. 그 훈련 덕분에 이 심층 신경망은 가치가 내재된 시각적 특징을 정확하게 이해하고, 그런 특징들 사이에 존재하는 품질의 변화를 인지해요."

공상 과학 소설처럼 들릴지 모르겠지만, 적합한 인공지능이 갖춰져 있다면 접근법은 사실 명확하다. 폭시 AI는 딥러닝을 통해 이미지 안에 들어있는 특징과 물체를 숫자로 치환하여 이전에 비구조적 데이터로 분류되었던 자산 사진의 픽셀을 구조적 데이터로 전환한다. 그 후에는 이 정보를 기반으로 기존 가치 평가 모델의 정확성을 개선한다. "그 숫자들은 가치와 연관된 이미지 속의 특징과 물체를 표현한 거예요. 우리는 그 이미지를 자산의 품질과 상태를 나타내는 정보로 전환할 수 있어요."

부동산 가치를 측정하는 것은 전혀 새로운 일이 아니다. 하지만 빈은 폭시 AI가 측정의 정확성을 높였다고 말한다. "질로우Zillow, 미국의 온라인 부동산 플랫폼 - 옮긴이 주의 예측은 가장 널리 알려진 가치 평가 모델이지만, 자산의 품질과 상태를 명시하지 않아요. 우리는 판매 중인 자산에서 예측값을 수집하는 실험을 자체적으로 진행했어요. 새로운 주택의 가치를 예측한 다음 그 자산이 팔리기를 기다렸어요. 그리고 나서 매매가격을 질로우의 예측과 비교해보고, 우리 예측과도 비교했어요. 우리가 예측한 가격이 실제 매매가와 더 가까운 경우가 많았죠. 저희는 솔루션을 개선하기 위해 끊임없이 노력하고 있어요."

당신이 폭시 AI를 직접 사용하지 않더라도 부동산 거래를 하고 있다면 무의식적으로 기술이 만들어낸 결과를 소비하고 있을 것이다.

복잡한 업무 관리

일정 예약을 전송하고 이메일에 답변하는 것은 그렇다고 치자. 하지만 현실 세계에서 성과를 남기기 위해 여러 어플과 맥락 사이를 뛰어다니며 해야 하는 다른 일은 어떻게 할까? 어떻게 자동화할 수 있을까?

영웅이 등장할 때 흘러나오는 주제곡을 재생 목록에 넣자. 자피어Zapier, 아이에프티티티IFTTT, 코다Coda와 같은 업무 통합 관리 어플이 왔다. 이런 어플들은 다른 여러 어플, 업무 과정, 논리를 모두 연결해서 당신의 머릿속에서 나올 수 있는 아이디어라면 무엇이든 실현하게 해준다. 이런 제품의 플랫폼에 머신 러닝이 더 많이 적용되면서 발견하고, 추천하고, 통합하기가 점점 더 쉬워질 것이다.

이런 업무를 하기 위해 본인이 직접 개발자일 필요는 없다. 하지만 논리와 절차에 대한 탄탄한 이해는 필요하다. 만약 당신이 재미로 의사 결정 나무를 그려본 적이 있는 사람이라면 잘 할 수 있을 것이다. 그리고 만약 논리력이 당신의 강점이 아니더라도, 그 기술을 가지고 있는 사람을 휴먼 클라우드에서 고용하면 된다.

알렉사, 시리, 구글과 같은 음성 상호작용 시스템도 점점 더 다양한 업무와 자원에 자동으로 연동되어서 대화 형식으로 생필품을 재주문하고 항공편의 시간을 검색할 수 있게 해준다.

건강 관리

건강에 좋은 음식을 챙겨 먹자. 신체가 건강하지 않다면 이 세상의 모든 생산성 도구는 무용지물이다. 가장 중요한 질문은, '새로 생긴 자유 시간에 무엇을 할 것인가?'다.

건강은 효율성과 생산성의 핵심 요소다. 설교하려는 건 아니지만, 개인적이고 일상적인 경험에서 우러나온 말이다. 나는 덩치가 큰 사람이었다. 말 그대로 '덩치가 큰' 사람, 그러니까 몸무게가 거의 140kg이 나갈 정도로 '덩치가 큰' 사람이었다. 너무 많이 먹고 마시고 담배를 피웠다. 죄송해요, 엄마. 그리고 얘들아, 나처럼 살지 말아라.

결국 나는 신체와 정신 건강 그리고 인생을 즐길 능력에 어떤 연관성이 있는지 알게 되었다. 건강에 해로운 짓을 해볼 만큼 해봤다고 느낀 것이다. 그 후 피나는 노력, 체중 감량 프로그램, 뛰기 등을 통해 약 50kg을 감량할 수 있었다. 지금 나는 고등학생이었을 때보다도 몸무게가 가볍다. 꽤 멋진 일이다.

그리고 카페인에 대해서도 잠시 생각해보자. 이것도 개인적인 경험을 바탕으로 하는 말이다. 나는 카페인이 온종일 집중력을 높여주고 정신이 맑아지며 생산적으로 일할 수 있게 해준다고 생각했다. 한 마디로 카페인 중독자였다. 매일 아침에 커피 네 잔을 마셨고, 오후에는 음료수를 두세 잔 마셨다. 당시에는 많다고 생각하지 않았지만 지금 생각해보면 정말 바보 같은 짓이었다.

우리 집 막내가 태어난 직후 내가 37살밖에 되지 않았을 때 여러 차례의 심방세동을 겪고 병원에 3일 동안 입원하고 나서야 정신을 차렸다. 놀랍게도 카페인을 끊었더니 정신이 더 또렷해졌다. 더 생산적으로 일할 수 있게 된 것이다. 결국 약물은 그저 약물일 뿐이었다. 정신이 맑아지면 생산성도 높아진다.

이런 얘기를 하는 이유는 지금 우리가 생산성에 관해 이야기하고 있기 때문이다. 건강은 생산성의 핵심 요소다. 진짜 멋진 건 인공지능이 이 분야에서도 당신을 도와줄 수 있다는 것이다.

체중 감량, 마음 챙김, 건강 관리. 이제는 각 분야에서 당신이 설정한 목표를 달성하는 데 도움을 줄 다양한 어플을 찾을 수 있다. 이들은 인간적인 격려, 게임화, 인공지능 추천을 조합하여 당신의 특별한 수요와 스타일에 맞춤화된 프로그램을 제공할 수 있다.

내가 가장 좋아하는 어플 중 하나인 헤드스페이스Headspace는 맞춤형 콘텐츠를 활용하여 명상의 목표를 달성하는 데 도움을 준다. 내 목표는 정신이 맑아지는 것이었다.

눔Noom이나 랄리의 리얼 어필Rally's Real Appeal(기업에서 제공되는 건강 보험을 통해 무료로 이용 가능한 경우가 많다) 등의 건강 관리 어플은 건강한 생활 습관을 형성하는 데 도움을 준다. 인공지능 기반 식단 기록, 유용한 글, 코치와의 실시간 소통은 물론 건강한 몸을 오래 유지하는 데도 도움이 된다.

내가 가장 좋아하는 인공지능 도구의 기능 중 하나는 음식을 사진으로 찍기만 하면 열량을 계산해주는 열량 계산기 기능이다. 정말 멋지지 않은가? 칼로리마마Caloriemama.ai는 이런 어플 중 하나로, 시작 화면에 띄우고 싶은 멋진 이름을 가지고 있다.

최종 결론

당신은 당신만의 길을 따라야 한다. 다른 사람들에게 자동화가 필요한 일이 당신에게는 필요 없을 수 있다. 나를 가장 잘 아는 사람은 나 자신이다. 어떤 것이 당신을 움직이게 만드는지, 스스로 하면서 가치 있다고 느끼는 것이 무엇인지, 남이 대신해주길 바라는 것이 무엇인지도 본인이 가장 잘 안다. 당신은 특별하지만 당신의 수요는 특별하지 않다. 생산성 자동화 공간에는 필요한 도구를 찾게 해줄 공통 분모가 충분히 존재한다.

요점은 당신의 시간을 절약할 무언가를 찾아내는 것이다. 시간을 더 많이 절약할수록 그 시간을 더 중요한 일에 사용할 수 있다. 그 시간은 새로운 것을 창조해내거나, 새로운 기술을 학습하거나, 딸의 축구 경기에 참석하거나 또는 그저 잠시 멈춰서 자신을 돌아보는 시간이 될 수도 있다.

인공지능은 우리 생활의 일부가 되었고, 해야 하는 일 중에서 가장 시시한 것들을 대신해줄 것이다. 인공지능의 피해자가 되지 않고, 그것을 잘 활용하여 스스로의 시간을 자유롭게 이용하는 것은 당신의 몫이다.

한눈에 보기

1. 가장 먼저 무엇을 자동화할지 결정하자. 가치가 낮고, 반복적이며 해결책이 이미 존재하는 일에 초점을 맞춰라. 자동화할 수 있는 일이라도 하면서 즐거운 일이라면 계속 직접 해도 된다. 목적의식을 가지고 결정을 내려라.

2. 작고 간단한 것부터 시작하라. 가끔은 비싼 해결책에 투자하기보다 기본적인 규칙이나 걸러내기가 답인 경우도 있다.

3. 가장 기본적인 행정 업무는 자동화할 수 있다. 완벽하지 않을 수 있지만, 인간도 완벽하지 않다. 인간과 기계 지능 모두 학습 곡선을 가지고 있다는 사실을 기억하자.

4. 건강을 챙겨라. 에너지를 모두 소진해버리거나 몸에 심각한 문제가 생기면 체인지메이커가 될 수 없다.

체인지메이커로 한 걸음

1. 당신이 일상에서 정기적으로 하는 일의 목록을 적어보자. 업무, 프로젝트, 개인적인 일, 뭐든 상관없다. 시간을 가장 많이 잡아먹는 순서대로 일에 순위를 매겨라.

2. 이번 장에서 다룬 내용을 포함하여 5순위 안에 들어있는 업무에 대한 해결책을 연구하라. 다음 달부터 적용할 수 있는 일을 최소 두 개 골라라.

　　　　　　　　　　　　　　　　　　휴먼 클라우드

3. 다른 사람들이 머신 클라우드를 자신에게 유리하게 적용한 사례
에 대해 읽어보아라.

추천 도서

『빅데이터의 다음 단계는 예측 분석이다』| 에릭 시겔Eric Siegel 지음 | 고한석 옮김

조직과 함께 일하는 머신 클라우드

인공지능 도구로 당신의 비즈니스를 슈퍼 충전하는 방법

머신 클라우드는 혼자 일하는 사람, 기업에 소속되어 일하는 사람 모두에게 규모를 극적으로 확장해주며 생산성을 급증시켜 준다. 하지만 여기에서 멈춘다면 '조직 안에서의 인공지능'이라는 더 큰 기하급수적 추진력을 놓치게 된다.

개인의 생산성을 높이는 것도 좋지만, 사람들이 공통된 목적을 중심으로 결집했을 때 생기는 결합력처럼 사람들을 자동화 기술과 연결했을 때만큼 성장이 두드러질 수는 없다. 마치 이 세상을 정복할 준비가 되어있는 사이보그 군대와 비슷하다 (좋은 방향으로 말이다).

말은 쉽지만, 실행은 어렵다. 나는 사람들이 인공지능이 자신과는 맞지 않는다고 말하는 것을 종종 듣곤 한다. 조직이 너무 크고 관료주의적이어서 회사의 덩치 큰 문지기를 통과할 수 없다는 것이다. 반대로 너무 작은 조직이라 고비용의 소프트웨어를 구매할 능력이 안 된다고 말하는 사람도 있다. 도구를 사용할 정도로 기술을 능숙하게 다루지 못해서 쓸 수 없다고 하기도 하고, 반대로 기술을 너무 능숙하게 사용해서 도구가 충분히 정교하지 않다고 느끼는 사람도 있다. '핑계 없는 무덤은 없다'는 말이 떠오르는 대목이다.

사실 당신이 어떤 상황에 놓여있더라도 인공지능을 성공적으로 활용할 수 있다. 기술 발전은 사회 각계각층이 도구를 구매하고 충분히 잘 활용할 수 있게 만들었다.

인공지능이 1인 기업부터 직원이 10만 명에 이르는 대기업에게 어떤 도움을 줄 수 있는지 생각해보자.

프리랜서와 소규모 비즈니스

이전에도 말했듯이 1인 기업을 운영하는 프리랜서들은 지능 자동화 도구를 통해 자신과 회사의 규모를 확장할 수 있다. 시간과 장소를 불문하고 연락할 수 있는 비서가 있다면 얼마나 좋을까. 회의를 잡아야 하는가? 완료됐다. 최근에 개업한 인기 레스토랑에 고객과의 식사를 예약해야 하는가? 예약은 이미 완료됐고, 일정은 달력에 추가됐다. 청구비 납부, 자료 연구하기, 프레젠테이션 문서 만들기. 모두 완벽히 해결!

이런 도구는 일상 업무에 점점 더 많은 도움을 준다. 따로 보면 사소해보여도 합치면 그동안 잃어버렸거나 잠재적으로 절약할 수 있었던 소중한 시간을 돌려준다. 일레인 포펠트는 『나는 직원 없이도 10억 번다』에서 업무 최적화와 자동화의 중요성에 관해 이야기한다. 일레인은 이 기술을 회사의 규모를 확장하는 데 활용했고, 자신의 경험을 통해 1인 기업 창업이라는 무서운 나뭇가지를 타고 오르기 시작한 사람들에게 비법을 전수했다. 그녀는 너무 지나치게 기술적으로 접근할 필요는 없다고 말한다. 이런 도구에는 컴퓨터 사용능력이 평균치인 사람도 다가설 수 있다.

1인 기업과 소규모 비즈니스가 사용하는 회계 및 세무 소프트웨어, 급여 관리, 마케팅 및 이메일 캠페인 시스템, 웹사이트 제작, 소프트웨어 개발과 디자인 등 특정 분야에 특화된 어플은 인공지능을 자신의 플랫폼에 직접 통합하고 있다. 당신은 플랫폼의 대규모 투자로 인해 발생한 혜택을 누리고 그 비용은 수백만 명의 사용자가 분담한다.

소규모 비즈니스와 건강한 관계를 맺고 있는 고객 관계 관리(CRM) 분야의 강자 세일즈포스Salesforce 역시 다양한 서비스에 챗봇 비서 아인슈타인Einstein의 기능을 점점 더 통합시키고 있다.

당신이 비영리 기업에서 일하고 있다고 해도(힘내시길) 이 도구들을 쓸 여지가 생각보다 많이 있다. 소규모 비즈니스에서 사용 가능한 수많은 소프트웨어 어플은 빠듯한 예산을 가지고 있는 기업에서도 비용을 마련할 수 있도록 비영리 기업 전용 할인을 해준다. 나는 몇 년 동안 지역 의료 비영리 단체의 위원회에서 일했는데 이곳은 세일즈포스, 마이크로소프트 오피스, 드롭박스 등 탄탄한 자동화 역량을 갖춘 소프트웨어 대부분을 대량 할인받거나 무료로 활용했다. 이 덕분에 봉사자로만 구성된 오합지졸 단체에서 수백만 달러를 창출하는 사업체로 홀로 일어섰다.

대기업에 소속된 개인과 팀

대기업에서 일하고 있는가? 그 유명한 산업 톱니바퀴 속 톱니가 설마 당신? 아, 그렇다면 당신에게는 이런 도구를 쓸 권리가 없을까? 아니다. 적어도 더 이상은 아니다.

정보기술 부서에는 안타까운 소식이지만 '비승인 정보기술shadow IT'이 미국 기업(과 그 이상)을 점령했다. 비승인 정보기술이란 기술 부서가 아닌 집단이 소프트웨어를 조사하고 선택하고 사용하며 심지어 구매하기까지 하는 현상을 일컫는 단어다.

정보기술 부서가 데스크톱의 보안 설정을 제어하고 돈주머니를 쥐고 있었던 과거에는 환경을 중앙에서 통제할 능력을 갖추었다는 점이 그들의 강점이었지만, 혁신과 개성을 억압하는 경향도 있었다. 서비스형 소프트웨어Software as a Service, SaaS가 등장하면서 이제는 정보기술 부서의 관여나 심지어는 그들이 모르는 사이에 관리자나 비즈니스 단체가 생산성 도구를 직접 구매할 수 있다. 그리고 소프트웨어는 용량이 가볍거나 브라우저를 기반으로 하기 때문에 정보기술 부서에서 소프트웨어를 설치해줄 필요가 없다.

대다수의 기업 생산성 도구는 조직 안에 있는 소수의 팀에게 우선 '프리미엄freemium, '무료 free'와 '고급 premium'의 합성어로, 기본 기능은 무료로 제공하고 고급 기능은 유료로 판매하는 전략 – 옮긴이 주' 체험 기간을 제공한 뒤 정보기술 부서에서 그 어플을 채택할 수밖에 없는 수준이 될 때까지 급격히 퍼져나간다. 드롭박스, 루시드차트Lucidchart, 각종 표를 실시간으로 공동 작업할 수 있게 해주는 서비스—옮긴이 주, 슬랙, 스마트시트Smartsheet, 협업 및 업무 관리용 서비스—옮긴이주 등과 같은 도구들이 모두 비슷한 방식을 선택했다.

도구를 개인이나 팀의 생산성 향상을 위해 활용할 마음이 있다면 무료 또는 회사 비용으로 소프트웨어를 사용할 방법을 찾을 수 있을 것이다. 이런 도구들 대부분은 매우 저렴하다. 골치 아픈 비용처리 과정을 거치지 않고 즉시 생산성을 올리기 위해 그냥 내 주머니에서 직접 돈을 꺼내어 비용을 내는 편이 나을 수도 있다.

대기업의 사업적 역량

위와 같은 접근은 작거나 독립적으로 작동하는 비중이 클 때는 아주 잘 작동한다. 하지만 기업 전체를 제대로 뒤바꿀 최강의 지능 자동화 플랫폼과 기업용 소프트웨어를 적용하려면 더 많은 지지와 승인이 필요할 것이다. '내부' 체인지메이커인 사내 기업가 이야기를 들어보자.

사내 기업가란 기업에 소속되지 않은 프리랜서처럼 무언가 새로운 것을 만드는 데 열정을 갖고 현상을 타파하며 세상에 새로운 가치를 탄생시키고자 하는 사람이다. 다만 그들은 새로운 모험 속으로 몸을 내던지기보다 안정적인 회사 건물 안에서 그 일을 하기로 한 것일 뿐이다. 대부분의 사람은 현실적인 여건 때문에 일을 그만두고 월급 없이 1년 동안 원룸 바닥에서 라면만 먹을 수는 없다. 하지만 그들은 다른 방식으로 사회 변혁의 주도자로서 열정적으로 활동하고 있다.

만약 당신이 어느 정도 규모가 있는 인공지능의 역량을 조직에 도입하고 싶다면 스스로 사내 기업가가 되거나 빨리 다른 사내 기업가를 찾아야 한다. 이런 플랫폼은 대개 정착된 조직의 관점에서 봤을 때 너무나 새롭고, 검증되지도 않았기 때문에 필연적으로 아주 많은 부가 프로젝트를 양산해낸다. 이 변화를 이끌어나갈 챔피언이 필요할 것이다. 하지만 충분히 시도해볼 만한 가치가 있는 일이고, 생산성을 10배에서 100배, 심지어 1,000배까지 증진하기도 한다. 이에 꼭 들어맞는 도구에는 어떤 것이 있는가? 일반적인 유형 몇 가지로 분류할 수 있다.

첫 번째는 주로 인공지능을 기반으로 작동하는 완전히 새로운 제품을 제안하는 것이다. 이 유형은 수익성이 가장 좋지만, 비즈니스적 측면에서 큰 위험을 감수해야 한다. 이때 당신은 고객과 산업에 맞춤화된 실제 역량을 판매하게 된다. 전문가들이 가진 제도적 지식을 하나의 패키지로 묶은 뒤 인공지능 챗봇을 프론트엔드에 배치하고 전문가가 일반적으로 받는 시급에서 크게 할인된 가격으로 이 패키지를 판매한다.

또 다른 예시로는 콘텐츠에 자동으로 꼬리표를 설정하고 분류해주거나, 눈이 빨갛게 나온 사진을 수정해주거나, 자폐아의 가상 친구가 되어주는 서비스 등이 있다. 제공 가능한 서비스 목록은 끝이 없다. 요점은 지능 자동화 자체가 비즈니스이고, 이 비즈니스의 흥망은 인공지능의 성공 여부에 좌우된다는 것이다.

두 번째는 현존하는 제품 또는 서비스에 인공지능을 도입하는 것이다. 첫 번째 유형보다 일반적이고 위험이 적다. 여행 웹사이트의 챗봇, 어울리는 옷을 골라주는 가상 패션 컨설턴트, 기계의 도움을 받아 전문적인 진단을 해주는 의료용 소프트웨어 등이 모두 여기에 포함된다. 다시 말해 당신에게 이미 잘나가는 서비스가 있고, 이 서비스를 통해 힘들게 벌어들인 수익을 투자해서 더 가치 있는 서비스를 만들거나 더 효과적으로 규모를 확장하는 것이다.

마지막은 흥미는 좀 떨어지지만 여전히 중요한 분야인 운영 측면에 진정한 영향력을 행사하는 것이다. 재무의 세계에서 이것은 최상단(매출)보다는 지지층(비용과 이윤)에 영향을 준다. 계산서 작성, 프로젝트 및 업무 관리, 고객 서비스 부서가 받는 반복적인 질문 등 업무의 지루한 부분을 자동화하여 회사의 건전성과 재무적 활력을 개선할 뿐 아니라 임직원들의 삶의 질까지도 개선할 수 있다.

나는 현재 정보기술 서비스 회사에서 기술 부서를 운영하고 있다. 그다지 재미는 없는 데이터 센터 인프라 사업을 자동화하고 능률화하는 업무가 내 일이다. 우리 회사는 아마존웹서비스처럼 자동화된 서비스의 비중이 크지만 여전히 예전처럼 수동 방식으로 일을 하고 있었다. 지난 몇 년 동안 나는 팀원들과 함께 팀에서 하드웨어와 플랫폼을 사용하는 방식을 바꾸려고 노력했다. 결과는? 인원수를 안정적으로 유지하면서 비즈니스를 300% 성장시킬 수 있었다.

그러나 어두운 면도 있다. 비용 절감은 곧 일자리 감소로 이어진다는 점이다. 나는 기업들이 이 문제를 극복했으면 좋겠다. (더 적은 노력으로 더 많은 것을 성취하고 우리 회사처럼 적정한 수준의 인력만 고용할 수 있다면 참 좋겠다.) 하지만 침체되거나 축소되고 있는 회사로서 재무적 성과를 개선하는 유일한 방법은 비용 감축인 경우가 많다. 모든 비즈니스에서 가장 큰 비용이 지출되는 부분이 무엇인지 아는가? 바로 인건비다.

이 굽이치는 파도를 피하는 가장 좋은 방법은 물 속으로 빨려 들어가기만을 기다리는 대신 스스로 해결책의 일부가 되는 것이다. 당신이 지금 어떤 긍정적인 변화를 일으키고 있다면 어딘가(지금 다니는 회사 또는 당신이 일으킨 변화의 가치를 알아보는 다른 회사)에 좋은 자리가 당신을 기다리고 있을 확률이 높다.

대기업의 리더

당신이 임원이라면 이런 도구를 충분히 활용하고 혜택을 받을 수 있음에도 이 도구들을 매일 사용하지는 않을 것이다. 당신은 어떤 계획을 우선시하고 어떤 기술을 적용하고 어떻게 성공을 평가할지에 대한 의사 결정을 내린다. 당신이 내린 결정과 그 결정 과정의 효율성은 비즈니스 전체와 수백 명 심지어는 수천 명의 인생에 영향을 준다. 좀 부담스러운가? 인공지능은 도우미와 해결책의 역할을 모두 할 수 있다.

이렇듯 무지막지한 힘이 필요한 일을 보조해주는 지능 자동화 도구는 분석 및 계획 우선순위 정하기에 도움을 준다. 포트폴리오 관리 도구, 재무

모델, A/B 테스팅A/B testing, 사용자 인터페이스의 최적화를 위해 실사용자를 대상으로 테스트를 진행하는 것 - 옮긴이 주 등의 자동화된 마케팅 검증, 이보다 조금 더 정교한 시뮬레이션 모델링과 같은 도구도 더 많은 정보를 근거로 한 결정을 내리는 데 도움이 된다.

당신은 아마 '데이터 드리븐data-driven 문화' 또는 '데이터 드리븐 조직'이라는 단어를 들어봤을 것이다. 데이터 드리븐이란 예감이나 직감이 아니라 정보를 기반으로 결정을 내리는 방식을 뜻한다. 이는 머신 클라우드에도 확장하여 적용할 수 있다. 우리는 이제 맹목적으로 데이터가 길을 안내해주기를 기대하기보다 편견 없는 방식으로 통찰을 주기 위해 데이터를 이해하고 분석해주는 소프트웨어를 신뢰한다. '인공지능 드리븐 조직'의 시대가 빠르게 다가오고 있다.

임원은 인공지능을 비즈니스의 어떤 곳에 어떻게 도입할지 중요하고 직접적인 영향을 줄 수 있다. 사업 전략, 제품 로드맵, 주요 계획에 지능 자동화를 우선순위로 올려놓는 것은 당신이 할 일이다. 임원의 직접적인 지원이 없다면 기술을 도입하려는 시도는 질 것이 뻔한 싸움에 뛰어드는 것이나 마찬가지다. 그러나 상명하달식 후원으로는 부족하다. 임원은 관리자부터 말단 직원까지 모두에게 이 전환을 유지하는 데 필수적인 우선순위, 문화, 습관 등의 조직적인 변화를 추진하고 배양해야 한다.

이 전환은 회사의 현재 상태나 규모와 상관없이 모두에게 꼭 필요하다. 지금 당장은 있으면 좋은 것이자 우위를 점하게 해주는 것으로 보이겠지만 머신 클라우드에서 일어나고 있는 현상들을 고려하면 미래에는 없어서는 안 될 필수적인 경쟁력이 요소가 될 수 있다. 다음 장에서는 요즘 머신 클라우드에서 뜨고 있는 트렌드가 무엇인지 살펴보자.

한눈에 보기

1. 머신 클라우드는 개인, 소규모 비즈니스, 대기업에 동등하게 효율적이지만 다른 방식으로 적용된다.

2. 혼자 일할 때처럼 회사에 소속되어 일할 때도 효율성을 높이기 위해 인공지능을 사용할 수 있다.

3. 인공지능은 새롭지만 신뢰도가 떨어지고 위험한 면이 있으며 비용도 많이 든다고 생각되어 조직 전반에 도입하기가 여전히 어렵다. 하지만 체인지메이커인 당신은 사내 기업가로서 변화의 도구를 활용하여 승인과 선정을 끌어낼 수 있다.

4. 조직을 이끌고 있는 사람이라면 당신의 전략과 로드맵이 머신 클라우드와 같은 편에 서 있는지 확인하라. 먼지 속에 내동댕이쳐지기보다 인공지능 기술을 활용하여 경쟁자들보다 앞서갈 방법을 찾아라.

체인지메이커로 한 걸음

1. 당신이 지금 회사에 소속되어 있다면 (그렇지 않다면 회사에 다니는 친구의 관점에서 생각해보아라) 인공지능과 기술에 대해 조직이 취하고 있는 전반적인 태도를 고려해보자. 인공지능을 회의적으로 보는가? 완전히 적대적인가? 약간은 긍정적인가? 혁신의 불꽃을 불태우고 있는가?

휴먼 클라우드

2. 조직이 현재 취하고 있는 태도를 진전시키는 데 어떤 도움을 줄 수 있을까? 당신이 상황을 개선하기 위해 취할 수 있는 행동 두 가지를 떠올려보아라. 다음 제안을 참고해서 시도해보자. 인공지능이 당신의 산업을 어떻게 도와주었는지 사람들에게 조언하거나 작은 내부 테스트를 통해 산출된 유익한 결과를 사람들에게 보여주거나, 관련된 글을 쓰고 출간하라.

3. 인공지능을 기반으로 작동하거나 세일즈포스처럼 인공지능을 주요 기능으로 통합시킨 제품 중 어떤 것들이 도입되어 있는지 살펴보자. 당신이 발견한 것을 팀과 상사에게 공유하라.

4. 조직에서 머신 클라우드를 활용한 사례에 대해 더 읽어보아라.

추천 도서

『알고리즘 리더: 데이터가 지배하는 세상에서 성공하는 법』| 마이크 월시Mike Walsh 지음 | 방영호 옮김

『Applied Artificial Intelligence: A Handbook for Business Leaders』| Mariya Yao, Adelyn Zhou, Marlene Jia 지음

『Artificial Intelligence and Machine Learning for Business』| Scott Chesterton 지음

요즘 또는
머신 클라우드 트렌드

인공지능은 점점 더 일상에 스며들고 상용화, 맞춤화할 것이다

앞으로 펼쳐질 미래를 한 번 생각해보자.

오전 9시 반, 당신은 사무실 안으로 여유롭게 들어선다. 이제 생산성은 출근 도장이 아닌 결과물에 달려있다. 경비원에게 출입증을 보여주고 통과하는 대신 당신과 당신의 회사명을 인지하는 인공지능 기반 얼굴 인식 시스템을 지나가기만 하면 된다. 인공지능은 당신이 오늘 업무를 할 이동식 사무실이 어딘지 찾아내 이미 불을 켜두었으며, 책상 위에 놓인 액자에는 당신의 디지털 사진이 게시된다. 터치 기반으로 작동하는 가상 데스크톱은 당신이 도착하면 바로 일을 시작할 수 있도록 준비되어있다.

당신은 아침 프로젝트 업무용 보드의 전원을 켜고 밀린 업무 몇 가지와 노란색으로 표시된 관심이 필요한 프로젝트 하나, 전 세계의 가상 팀이 보낸 긴급 메시지 몇 개를 확인한다.

오늘 해야 할 프로젝트를 본격적으로 시작하기 전에 아침 업무를 끝낸다. 발표 문서, 계약서, 마케팅 부서에서 홍보해야 할 블로그 포스팅 등 문서 몇 가지를 작성한다. 인공지능 비서가 당신이 검토하고 적합한 수준으로 보강해야 할 초안을 미리 구성해두었다. 인공지능 비서는 당신과 팀원들의 시간을 엄청나게 절약해주고 있다.

전 직장 동료가 근처에 왔다고 함께 점심을 먹자며 연락을 해왔다. 인공지능 비서는 오늘 당신의 점심 일정이 비어있다는 사실을 확인해주며 전 직장 동료와 약속을 잡고 싶은지 물어본다. 당신이 '그래'라고 대답하면 인공지능은 약속에 수반되는 나머지 일을 처리해준다. 당신이 초밥을 좋아한다는 사실을 알고 있는 인공지능은 전 직장 동료의 소셜 미디어 게시물을 기반으로 그녀 역시 초밥을 좋아한다는 사실을 확인한 뒤, 인터넷으로 예약을 한다. 그러는 동안 당신의 유용한 인공지능 비서는 전 직장 동료가 새로운 제품 라인을 출시할 예정이며 조금 전에 디자인 업무를 맡길 프리랜서를 구하는 게시물을 작성했다고 알려준다.

당신은 점심을 먹고 자리에 돌아와서 고객의 브랜드 출시를 위해 작성했던 도안 몇 장을 찾는다. 도안들을 훑어본 뒤 가장 마음에 드는 디자인을 수정하고 전송한다. 인공지능 비서는 소셜 미디어에 여러 게시글을 작성하고 잠재적인 고객 중 한 명이 디자인에 '좋아요'를 누르고 댓글을 달았다고 알림을 준다. 인공지능 비서는 해당 고객에게 보낼 감사의 말과 만나서 이 주제에 대해 더 논의할 생각이 있는지 묻는 메시지를 자동으로 생성한다.

출퇴근 수단 역시 지난 몇 년 사이 엄청난 발전을 겪었다. 여전히 도시에서 빠져나오기가 쉽진 않지만, 신호등과 대중교통이 인공지능으로 최적화된 덕분에 교통 체증이 많이 줄었다. 볼에 걸린 마이크를 통해 인공지능 비서와 여러 가지 업무를 논의하고, 인공지능은 충실하게 데이터를 파헤치기 시작한다. 당신이 요청한 업무는 집에 도착했을 때쯤 완성되어있다. 추가 업무를 재빨리 끝내고 오늘 일과를 마무리 짓는다. 지금 인공지능이 당신의 천생연분이라고 점찍어 준 사람과 데이트를 하러 가야 하기 때문이다. 이런 게 인생이지!

작가 노트 상상만 해도 즐겁다. 감상적인 요소가 조금 있는 건 맞지만, 내가 괴짜 로맨티시스트인 걸 어쩌겠는가. 만약 엡콧Epcot, 미국 플로리다 주 디즈니월드리조트에 있는 놀이 공원 – 옮긴이 주에서 '미래의 당신'을 표현한 놀이기구 스페이스십 어스Spaceship Earth의 마지막 장면처럼 느껴졌다면 내 의도가 정확히 전달된 것이다. 초현대적인 상상과 저속한 예술은 종이 한 장 차이다. 난 그 아슬아슬한 경계선 위를 자유롭게 오가는 사람이다.

장난은 여기까지, 이런 미래가 당신이 생각하는 것만큼 멀리 떨어져 있지 않다는 사실에 관해 이야기해보자. 이 비전을 현실화할 기술 대부분은 이미 존재한다. 인공지능은 차츰 우리의 일상에 스며들고 있다. 진입 장벽이 낮아지는 것이다. 우리는 조각난 정보가 점점 더 쉽게 결합하는 상호 연결된 가상 세상에 살고 있다.

휴먼 클라우드

일상 속 인공지능

2000년대 초반에 의사 결정 지원 소프트웨어를 만들기 시작했을 당시에는 거의 모든 일에 '손수 만든' 알고리즘이 사용되었다. 사용 가능한 도구는 제한되었고, 비용도 막대했으며 대개 충분한 규모와 유연성을 제공하지 못했다. 이에 따라 역량을 쌓기 위해 많은 시간과 돈이 투입되었고 진입 장벽은 매우 높았다. 대규모 조직이나 신약 개발과 같은 값비싼 용도로만 투자가 보장되었다.

이에 대한 좋은 예를 들어보자면, 2000년대 중반에 나는 개발자 다섯 명이 동원되고 총비용이 150만 달러 투입된 문서 검색 및 분석 제품을 18개월에 걸쳐 만들었다. 몇 년 뒤 유사한 제품을 다른 용도와 산업을 위해 만들었는데, 오픈 소스 및 무료 상용 소프트웨어를 사용해서 3개월 만에 시장에 출시했다. 혼자 한 일이었고 비용은 전부 5만 달러밖에 들지 않았다. 세상이 참 많이 바뀐 것이다.

오늘날의 인공지능 소프트웨어는 마이크로소프트, 구글, 아마존, IBM 등의 거대 공룡들 덕분에 더 범용화되고 압축되어 출시되었지만, 여전히 개발자가 주도하는 과제다. 통합은 까다롭고, 비용도 많이 드는 데다가 잘 변한다. 하지만 미래의 인공지능 소프트웨어는 개발자의 엄청난 노력 없이도 작동할 수 있을 만큼 접근성과 포괄성이 높아질 것이다. 다시 말해, 작은 단체와 조직도 자신의 어플에 인공지능을 손쉽게 통합시킬 수 있을 것이다. 디지털 지능의 진정한 민주화다.

이는 오늘날 인공지능의 침투력을 가늠하기 어려운 수준으로 만든다. 조만간 인공지능은 지금의 컴퓨터와 스마트폰만큼이나 흔해질 것이다. 인공지능은 우리가 하는 모든 일에 너무 자연스럽게 녹아 들어서 확신에 차 어떤 것을 가리키며 "아하! 저게 바로 인공지능이야."라고 말하기조차 어려워질 것이다.

다양한 공통 업무, 수요, 어플에 기능을 더하기가 점점 더 수월해져 인공지능이 처리할 수 있는 업무의 종류가 급증할 것이다. 인공지능의 도입 속도가 하키 스틱 커브hockey stick curve, 초반에는 서서히 성장하다가 이내 가속하는 현상 ─ 옮긴이 주의 초입에 들어서기 시작했다. 놀라지 마시라, 새로운 시대가 시작되었다.

물질과 가상의 혼합

인공지능은 모든 곳에 존재할 뿐 아니라, 모든 것이 될 것이다. 나는 인생 대부분을 가상 세계에서 보냈다. 소프트웨어와 코드, 데이터와 데이터베이스, 사용자 인터페이스와 입력 장치. 내 몸은 현실 세계에 살았지만 내 생각은 이 다른 차원의 어딘가에 있었다.

기술이 점점 더 저렴해지고 일상생활 속으로 더 깊숙이 침투하기 시작하면서 많은 것이 빠르게 변하고 있다. 클라우드는 작은 '스마트 기기'가 중앙 처리 장치의 힘을 활용할 수 있도록 복잡한 컴퓨팅을 중앙화한다. 이에 따라 냉장고부터 신호등까지 모든 것에 연결성과 지능 자동화를 가져오는 '사물인터넷'이라는 메가 트렌드가 탄생했다.

주로 텍사스 주 댈러스에서 활동하는 데이브 콥스Dave Copps는 세 번이나 창업에 성공한 사업가(그 유명한 실리콘밸리 해트트릭)로, 인공지능 확장의 흐름에 올라탔다. 지난 20년 동안 그는 인공지능과 머신 러닝 전문 업체 세 곳을 창업했다. 가장 최근에 설립한 하이퍼자이언트 센소리 사이언스Hypergiant Sensory Sciences가 하는 일은 공간 분석을 위해 2D 카메라로 촬영한 사진을 3D 모델로 실시간 전환해주는 것이다.

제품의 사용자 인터페이스는 전통적인 분석 도구보다는 1인칭 슈팅 비디오 게임에 가깝다. 고객들은 무슨 일이 벌어지고 있는지 분석하면서 모델 안에서 이동하고 안팎을 드나들 수 있다. 개발 중인 프로젝트의 범위는 수색 구조 작전부터 대형 시설의 원격 탐색까지 이른다.

"우리는 고객이 고객의 물리 환경에서 어떤 일이 벌어지고 있는지 예측하고 인지할 수 있게 만들어드립니다. 당신의 모든 공간을 한꺼번에 학습하고 인지하는 능력을 갖출 수 있다고 상상해보세요."

인공지능의 범용화

나는 현실적으로 인공지능이 자아를 인식하고 끊임없이 스스로의 역량을 확장하는 유효한 순환고리(또는 악순환)를 갖추려면 아직 멀었다고 생각한다. 정신과 기술에 대한 우리의 이해 수준은 진정한 만능 인공지능을 개발하기에는 아직 턱없이 부족하기 때문이다.

하지만 인공지능은 확실히 뚜렷한 스펙트럼으로 나타나고 있으며 다가

오는 미래에는 현재의 상당히 전문적인 범위를 벗어나 훨씬 더 범용적인 기술을 학습할 수 있는 새로운 차원의 도구와 알고리즘이 등장할 것이다. 이런 도구들을 쉽고 빠르게 훈련하고 서비스로 이동시키는 것이 가능해지면서 혁신은 인공지능의 도입을 보편화할 것이다.

오늘날의 인공지능이 가진 약점은 아무리 기본적인 일상 업무일지라도 일에 조금이라도 도움이 되려면 인간의 지나친 개입과 지도가 필요하다는 것이다. 게다가 기술적 측면에서 실행이 쉬운 일이라도 인적자본에 대한 투자를 정당화할 만큼 두드러진 용도가 있어야만 실현될 수 있다.

다가올 미래에는 자기 조정이 가능한 알고리즘과 다른 알고리즘을 훈련하는 도구가 개선될 것이다. 영화 <스타워즈Star Wars>에서 C-3PO는, "기계를 만드는 기계라. 흠, 아주 이상하네."라고 말했다. 사실 이미 벌어지고 있는 일이다. 특히 최근에는 상당히 의미 있는 발전을 이룩했다.

모든 것은 당신에게 달려있다 (정말이다!)

잠깐 현실적으로 생각해보자. 내가 인공지능에 가지고 있는 불만 중 하나는 소프트웨어가 당신에 대해 알고 있는 정보를 사용하지 않는 경우가 많다는 점이다. 미네소타 주에 사는 소프트웨어 개발자인 당신의 구직 검색 결과에 플로리다 주의 영업직 자리가 계속 뜬다거나, 당신은 채식주의자인데 음식점 예약 어플은 계속 스테이크하우스를 추천한다. 사생활 침해에 대한 우려가 있지만 소프트웨어는 여전히 윤리적인 선을 넘지 않고 흩

휴먼 클라우드

어진 점을 잇는 것을 도와준다.

소프트웨어 업계의 한 임원이 사용자들에 대한 배경 정보를 알아냈는데, '사용자가 원하는 것이 무엇인지 예측하는 일을 검색 알고리즘이 더 잘하기 때문에' 그 정보를 폐기했다는 말을 한 적이 있다. 음, 뭐라고요? 그 임원은 사용자가 고위급 임원인지 사원인지, 소송을 담당하는 변호사인지 사업적 문제를 대변하는 대리인인지, 미네소타 주에 사는지 캘리포니아 주에 사는지에 대한 배경 정보 없이 짧막한 질문을 통해 더 정확한 검색 결과를 보여줄 수 있다고 확신했다. 선생님, 죄송하지만 그건 말도 안 되는 소리입니다.

현실에서는 실제 또는 인지된 사생활 침해 없이 지식 노동자에 대해 이미 알려진 정보와 환경을 통해 대략적인 맥락을 읽을 수 있다. 가까운 미래에 이렇게 맥락에 대한 이해를 바탕으로 한 의사 결정 지원 경험은 우리에게 더 밀접해지고 개인화된 느낌을 줄 수 있을 것이다.

알렉사에게 "커피 다시 주문해줘."라고 말하면 아마존에 수만 가지의 다른 선택지가 있음에도 '그녀'는 당신이 이전에 무엇을 주문했는지 확인하고 자동으로 장바구니에 그 커피를 넣어줄 것이다. 시리에게 "젠한테 다시 전화해줘."라고 말하면 '그녀'는 당신의 주소록에 수많은 젠이 있어도, 아내인 젠과 통화하고 싶어 한다는 것을 알아챈다.

상대적으로 제한된 범위의 예시이기는 하지만 추가적인 맥락의 도움을 받으면 어떤 일이 가능해지는지를 보여준다. 사생활과 효율성 사이의 균형이 분명해지고 제대로 알려진다는 전제 아래에 사람들은 점점 더 이렇게 개선된 성과를 요구할 것이다.

콘텐츠 큐레이션부터 창조까지

인공지능은 당신의 과거 기록은 물론 쉽게 접근 가능한 대량의 콘텐츠를 기반으로 넓은 범위의 주제에 대해 이해하기 쉽고 완성된 답변을 생성해낼 수 있게 될 것이다. 앞서 말한 대로, 개인화하는 것이다. 도구들은 당신이 과거에 어떻게 반응했는지 이해하고 상대방의 뉘앙스까지 파악하여 적절한 답변을 생성할 것이다.

얼굴도 한 번 본 적 없는 외부의 고위직 고객에게 답장을 쓰고 있는가? 예의를 갖추고 당신이 쓸 수 있는 가장 똑 부러지고 교양 있는 표현을 담아 답변을 보내라. 20년 동안 함께 일해온 동료와 채팅을 하고 있다면 이모티콘을 잔뜩 보내라. 여기서 핵심은 상대방인데, 인공지능은 이런 뉘앙스를 이해하기 시작할 것이다.

대화에 답변하는 기술은 소셜 미디어와 자유로운 형식의 블로그 포스팅까지도 확장된다. 당신이 떠올린 아이디어 한 덩어리를 기반으로 연구를 진행하고, 그 결과를 바탕으로 설득력 있는 글을 완성하며 이 모든 것에 당신이 과거에 작성했던 포스팅에서 잡아낸 어조와 스타일을 적용한다. 마치 당신만의 대필 작가가 있는 것과 마찬가지다.

일과 정리하기

앞선 내용에서 일과 중에 가장 큰 비중을 차지하는 행정 업무 몇 가지와 이 업무 대부분이 어떻게 자동화되어왔는지 살펴보았다. 가까운 미래에는 자동화의 범위가 점점 더 확장되어 비용 보고서 작성과 영수증 관리부터 문법 검사뿐 아니라 교정 작업까지, 인간이 전통적으로 관리해왔던 온갖 종류의 업무가 자동화될 것이다.

새로운 도구들은 내부와 외부 시스템을 아우르는 데이터를 더 쉽게 연결하고 더 맞춤화된 경험으로 통합하고, 당신의 고유한 습관을 빠르게 학습하기 위해 더 범용화가 가능한 알고리즘을 활용할 것이다. 이런 개선점들이 모두 합쳐지면 알렉사나 시리 같은 도구들 또는 아직 알려진 바 없는 미지의 형태를 통해 몰입된 지원 경험으로 이어질 것이다.

자원 및 프로젝트 관리의 세계도 있다. 여기에서도 시너지가 필요하다. 프리랜서, 긱 인력, 심지어 왕년의 하청업자까지 포함된 휴먼 클라우드의 노드에 대해 이야기하다 보면 적절한 사람들을 프로젝트에 영입하고 일이 잘 돌아가고 있는지 전체적으로 관리하는 업무는 여전히 직접 할 수밖에 없다. 이런 일은 복잡하고 미묘한 뉘앙스가 중요해서 자칫하면 수만 또는 수십만 달러 가치가 있는 기회를 날릴 위험이 있기 때문이다.

하지만 다른 분야처럼 인공지능은 프로젝트 관리의 공간으로 계속해서 스며들 것이다. 처음에는 용도에 맞춤화되어 제작 주문된 도구를 통해 유입되다가 궁극적으로는 지라, 트렐로, 마이크로소프트 프로젝트, 서비스

나우ServiceNow와 같은 상용 소프트웨어 또는 워크데이Workday, 탈레오Taleo와 같은 인사 채용 시스템을 통해 들어올 것이다. 현실에서 프로젝트 관리자와 사무직의 역할은 정해져 있고 가치가 낮다. 업무 상황 파악, 커뮤니케이션, 합의와 같은 것들은 기계가 더 잘 처리한다. 그리고 관계 형성, 책임 부담, 조직 변화, 위험 관리 등 높은 가치를 지닌 업무가 인간의 역할로 남는다. 다른 분야에서와 마찬가지로 여기서도 인공지능은 대체가 아니라 보강을 하는 셈이다.

인공지능을 위한 인공지능

아, 아름다운 모순이여. 개발자들은 스스로를 무용지물로 만들고 있다. 뭐, 정확히 그렇다고 할 수 없긴 하지만. 웹사이트, 로고, 소프트웨어 등이 점점 더 고차원적으로 발전하는 트렌드가 나타나고 있다. 이 공간으로 들어가려는 초기 시도는 여전히 기초 단계이지만, 이 분야에서 혁신을 일으키려는 기업이 큰 주목과 투자를 받고 있다. 인공지능이 더 강력해짐에 따라 디자이너와 개발자의 역할 중에서 가치가 낮은 업무가 소프트웨어로 이관되는 것은 충분히 예상할만한 결과다.

인공지능은 창의적인 사람들이 언제나 받아들여 왔던 자연스러운 진화다. C++를 사용했던 시절부터 더 높은 수준의 언어를 사용하고 자바 또는 닷넷NET과 같은 개발 환경에 도달하기까지, 그리고 초기 시도부터 어도비Adobe와 애플Apple의 점점 더 강력해지는 크리에이티브 제품군이 탄생하기까지 목표는 간단했다. 개발자가 창의적인 업무와 설계에 더 집중할 수 있도록 지루하고 고통스러운 일을 간소화하는 도구 만들어주기였다.

나는 게으른 소프트웨어 개발자였고, 옛말이 맞았다. 지루한 일을 어느 정도 반복하면 그것을 결국 자동화하게 된다. 개별 개발자들이 스크립트를 써서 업무를 했던 시절이 있었다. 이제는 인공지능에 내장된 소프트웨어가 고정적인 업무를 모든 개발자를 대신하여 완성해주는 경우가 점점 더 많아지고 있다. 이타주의가 게으름을 만난 것이다.

마무리 지으며

이 장의 내용을 전부 심각하게 받아들일 필요는 없다. 미래를 예측하는 것은 재밌기도 하고 우려스럽기도 하다. 이 책이 출판되어도 아무것도 증명되지 않는다는 사실은 흥미롭지만, 세월의 시험을 견디려고 노력하는 동안 궁극적으로 모든 것이 시험대에 오르게 될 것이라는 점은 걱정된다. 작가의 딜레마다.

나는 이 책이 출간되고 머지않아 이런 종류의 업무가 궁극적으로 인공지능을 기반으로 하는 소프트웨어를 통해 가능해질 것이라고 자신 있게 말할 수 있다. 하지만 특정 제품, 도구, 타이밍은 당연히 변할 수 있고 아마 정확하지 않을 것이다. 어떤 것은 예상보다 너무 빨리 또 어떤 것은 더 오랜 시간이 흐른 뒤 등장할 것이고, 아직 주목 받지 못한 회사나 도구에서 나올 수도 있다.

하지만 트렌드는 명백하며, 거스를 수 없다. 위에서 언급한 역량 대다수
는 지금도 제한된 범위 안에서 가능하다. 우리가 미래의 자동화된 업무에
서 기대하는 것은 시간과 노력 그리고 투자를 들여야 비로소 얻을 수 있는
품질과 신뢰도의 향상이다.

한눈에 보기

1. 머신 클라우드는 점점 더 일상 속에 스며들어 물리적 세계에 통합되고, 개인의 상황에 맞게 적용될 것이다.
2. 인공지능이 곧바로 인간 수준의 일반 지능을 갖출 수는 없지만, 점점 더 유연해지고 보편화해서 범용적인 효용성과 적용에 필요한 비용을 개선할 것이다.
3. 우리는 점점 더 우리의 인간적인 면과 전문 지능을 활용하여 지능 시스템 무리를 지휘하는 능력을 강화해야 할 것이다.

체인지메이커로 한 걸음

1. 당신이 소속된 전문 분야, 회사, 산업에 대해 생각해보자. 5년 뒤에는 어떻게 변할까? 10년 뒤에는? 인공지능, 가상 현실, 드론/센서와 같은 고급 기술이 이들을 어떻게 개선 혹은 악화할 것인가?
2. 위 목록에서 하나의 트렌드를 고른 다음 구글이나 뉴스 등 당신이 가장 좋아하는 웹 검색 시스템에 알림을 설정하라. 최신 동향을 파악하기 위해 최소 한 달에 한 번은 시스템에서 이 주제에 대한 새로운 정보를 발송하도록 설정해두자.
3. 머신 클라우드의 미래에 대해 더 읽어보자.

추천 도서

『The Lights in the Tunnel: Automation, Accelerating Technology and the Economy of the Future』| Martin Ford 지음

『특이점이 온다: 기술이 인간을 초월하는 순간』| 레이 커즈와일Ray Kurzweil 지음 | 장시형, 김명남 옮김 | 진대제 감수

THE
HUMA
CLOU

4부

어서 와,
'새로운' 세상은
처음이지?

>>>>>

슬기로운 체인지메이커 생활

때가 됐다, 체인지메이커는 바로 '당신'이다

새로운 사고방식을 받아들여 가장 이상적인 자신을 끌어내자

당신에게,

지금 이 글을 읽고 있는 당신한테 하는 말입니다. 세상과 맞붙어볼 준비가 되었습니까? 당연히 준비되어있겠죠. 만약 도움이 조금 필요하다면 휴먼 클라우드에서 당신을 기다리고 있는 전문 디자이너, 개발자, 작가, 검색엔진 최적화 전문가, 고객 경험 담당자에게 손을 내밀어보세요. 시간이 부족하다면 머신 클라우드가 자동화를 통해 시간을 절약해줄 수 있습니다. 일정 관리에는 캘린들리, 편집에는 그래머리를 활용하세요. 모험을 해보고 싶다면 공급망, 내부 유입 판매 채널 등 전체 기능을 자동화하세요. 적합한 방법으로 진행한다면 이전에 100명의 인력이 투입되었던 일도 이제는 혼자 해낼 수 있습니다. 만약 당신에게 언제, 어디에서, 어떤 일을 할지 스스로 결정하고 싶다면 저희가 당신을 도와드릴 수 있습니다. 당신은 풀타임 프리

랜서, 풀타임 직원 또는 그 중간의 어떠한 형태로 일할 수 있습니다. 당신이 우리를 어떤 형태로 받아들이든 당신을 돕겠습니다. 우린 체인지메이커인 당신에게 이전에 대기업에만 제공되었던 자원과 자율성, 유연성을 지원할 것입니다. 앞으로 당신이 이 세상에 불러올 변화를 기대합니다!

　　진심을 담아,

　　　　　　　　　　　　휴먼 클라우드와 머신 클라우드 드림

　　앞서 받았던 사회적 계약을 위와 같은 계약으로 대신하면 어떨까? 아마 훨씬 좋을 것이다.

　　보스턴에서 일하는 재무 담당자 샤론은 독재적인 상사를 36명의 고객으로 대체하고 자신이 원하는 시간에 맞춰 일하면서 매달 2만 6,000달러의 수입을 얻고 있다. 리사는 책임질 업무 몇 가지와 단일 직함을 원하는 것이라면 무엇이든 할 수 있는 능력과 맞바꿨다. 휴먼 클라우드는 당신에게 가치의 선순환을 만들어준다. 리사는 이렇게 말했다. "당신이 일을 더 많이 수락할수록 더 넓은 네트워크를 활용할 수 있게 되고 당신 자신과 고객 그리고 당신이 손을 내민 전문가를 위해 더 큰 가치를 창출할 수 있어요."

　　우리는 일부러 마지막 비밀 하나를 아껴두었다. 휴먼 클라우드와 머신 클라우드의 가치를 최대로 이용하려면 새로운 사고방식이 필요하다.

새로운 당신

오늘 우리가 살아가는 세상은 레오나르도 다빈치 덕분에 생겨났다. 다빈치는 우리 주변에 있는 수많은 것들을 발명하고 꿈꾼 사람이다. 그는 비행기의 전신이 된 모형과 잠수 기구, 무기를 발명했다. 심지어 로봇의 초기 형태까지 발명했다. 하지만 다빈치의 최고 업적은 인간의 가장 이상적인 모습을 그려냈다는 것이다.

휴먼 클라우드와 머신 클라우드를 받아들이면 우리는 모두 다빈치가 될 수 있다. 사실 우리는 그보다 한 단계 더 나아갈 수도 있다. 우리는 발명과 창조를 통해 영향력을 확장할 수 있다. 다빈치가 질투하는 소리가 여기까지 들린다.

차세대 모나리자를 만들기 전에 우리가 키워야 할 마지막 근육이 하나 남아있다. 휴먼 클라우드와 머신 클라우드를 실행 가능한 것으로 만드는 사고방식이다. 이 새로운 클라우드는 목적이 아니라 수단일 뿐이다. 목적은 우리가 미칠 수 있는 실질적인 영향력이다. 휴먼 클라우드와 머신 클라우드가 우리를 지원해주는 감탄스러운 도구인 건 맞지만, 적합한 사고방식이 없다면 지향점이 없는 것이나 마찬가지다.

우리 대부분은 순종적으로 사고하도록 교육받았다. 교사나 상사가 내린 지시를 듣고 암기해야 했다. 그러나 체인지메이커는 순종적으로 사고하지 않는다. 앞서 이야기했던 것처럼 우리는 각 분야의 전문가이며 자발적으로 조직하는 동료이자 협력자다. 우리는 상사가 아니라 스스로에게 지시를 받는다. 그리고 암기하기보다 다음 세 가지 우선순위에 우리의 에너지를 집중시킨다.

① 문제를 우선시한다.
② 경험을 우선시한다.
③ 관계를 우선시한다.

각각의 항목은 사람마다 다르게 적용할 수 있다. 당신의 문제는 나의 문제와 다르고, 당신의 경험은 나의 경험이 아니다. 하지만 체인지메이커의 사고방식을 휴먼 클라우드와 머신 클라우드에 적용한다면 모두가 자신의 이상적인 모습을 끄집어낼 수 있을 것이다.

문제를 우선시한다

이제 일을 잘하는 것만으로는 충분하지 않다. 일을 잘한다고 해도 우리는 여전히 직함에 신경 쓸 것이다. 하지만 이제 우리는 이렇게 사고하기보다 문제를 심도 있게 이해하고 영리한 해결책을 찾아야 한다.

네팔 카트만두의 칸티푸르공과대학Kantipur Engineering College에서 컴퓨터공학을 전공하고 있는 20살 멜리샤의 예를 살펴보자. 멜리샤는 일반적인 컴퓨터공학 전공자가 아니다. 그녀는 네팔의 한 시골 마을에서 자급자족하며 사는 농민 가정에서 자랐다. 그녀의 가족은 40마리가 넘는 소, 염소, 물소를 키우고 작은 규모지만 직원들도 고용할 정도로 풍족하게 살았지만, 7년 전 발병한 탄저병으로 가축들을 모두 잃었다. 그녀의 가족은 지금까지도 당시 발생한 피해로 고통스러워한다. 이 경험으로 인해 멜리샤는 목축업에 깊은 관심이 생겼다. 이런 일이 다시는 재발하지 않도록 예방하고 싶었기 때문이다.

초기에 멜리샤는 다른 학생들과 별반 다르지 않아 보였다. 그녀는 대학에 진학해서 (대형 테크 기업에 취직하기 딱 좋은) 컴퓨터공학을 공부했다. 하지만 구직에 대한 걱정보다 탄저병이 발병했던 경험이 멜리샤의 마음을 더 무겁게 짓눌렀다. 멜리샤는 농부나 수의사가 아니었으므로 전통적인 관점에서 보면 전문 지식이 전혀 없었지만, 자신이 배운 컴퓨터공학을 문제 해결에 활용할 수 있을 것 같다고 생각했다. 그녀는 세 명의 학우와 함께 머신 클라우드를 통해 방법을 탐색하기 시작했다.

그녀의 팀은 농부들과 대화를 나누고 목축업과 수의학에 관해 연구했다. 가축들의 체온과 수면 패턴, 스트레스 정도와 움직임, 활동 등을 추적하는 관찰용 기기의 시제품도 만들었다.

프로젝트는 아직 시작 단계이지만, 엄청난 성과를 내고 있다. 멜리샤의 팀 덕분에 발병 초기 단계의 소를 발견했고, 병이 다른 소들에게 옮지 못하도록 농부가 해당 소를 빨리 격리해서 끔찍한 확산을 막을 수 있었다. 그들은 초창기 실험에서 95%의 정확도로 동물의 건강 상태를 예측했다. 2017년 멜리샤의 팀은 마이크로소프트가 주최한 학생 개발자 경쟁 Microsoft's Imagine Cup Competition의 지역 결승 진출자로 선발되었다. 엄청난 일을 해낸 것이다. 그녀는 거대한 문제를 인지하고 세계 각지에 사는 농부 수백만 명의 삶을 더 윤택하게 만드는 일에 힘쓰고 있다. 비록 취업 박람회에서 각종 기업이 그녀를 앞다퉈서 데려가려고 하는 건 아니지만, 당연히 그녀는 일자리를 쉽게 구할 수 있을 것이다.

멜리샤는 그녀의 이력서에 직함이나 유명 기업의 로고가 박혀있지 않아도 된다는 사실을 알고 있었다. 그런 이력서 대신 그녀에게는 머신 클라우드를 활용하여 열정적으로 해결할 문제가 필요했다.

당신의 영향력은 직함이 아니라 문제가 주도할 것이다. 대학에서는 문제와 사랑에 빠지라고 가르치지 않는다. 하지만 휴먼 클라우드 안에서 새로 탄생한 이력서는 문제와 사랑에 빠지라고 말한다. 휴먼 클라우드는 우리가 관심을 가지고 행동하는 문제가 무엇인지를 기반으로 우리의 영향력을 정량화한다.

샤론의 고객에게는 정확한 경리 업무와 재무 설계가 필요하다. 제이의 고객은 프레젠테이션 자료 디자인으로 메시지를 전달해야 한다. 라슬로의

■ 그림 8

휴먼 클라우드

고객은 생산적으로 일해야 한다. 이들은 모두 그들만의 문제에 초점을 맞추고 휴먼 클라우드와 머신 클라우드를 그 문제의 해결 도구로 사용했다.

당신은 어떤가? 호기심을 토대로 당신에게 주어진 특별한 문제를 인식하고, 비전 피라미드를 활용하여 모든 에너지를 그 문제에 집중시켜라.

'왜'를 이해하려면 당신이 자기 전에 무엇을 떠올리는지 생각해보면 된다. 무언가를 하라는 '지시'를 받지 않았을 때도 무엇을 하게 되는가? '왜'는 잘 변하지 않는다. '왜'는 직업적 삶의 목적이며 밤 하늘의 북극성이나 마찬가지다. 매튜 코트니의 '왜'는 인공지능을 통해 사람들의 삶을 개선하는 것이다. 매튜 모톨라의 '왜'는 모든 사람이 휴먼 클라우드를 활용할 수 있도록 만드는 것이다. 당신의 '왜'는 무엇인가?

피라미드의 중간층에는 당신의 '무엇', 즉 당신의 '왜'를 달성하는 데 필요한 주요 결과와 전략이 있다. '무엇'은 유동적인 편이다. 당신이 성장하면서 매년 바뀔 수도 있다.

피라미드의 아래층에는 당신의 행동이 포함된다. 매일 밤 글 읽기. (오전 또는 오후) 4시부터 8시 사이에 글쓰기 등 당신의 일과가 들어갈 수 있을 것이다. '어떻게'는 당신이 발전하면서 꽤 자주 바뀐다.

당신의 여정은 같은 방향으로 하나씩 차곡차곡 쌓아 올려진 경험이다. '계획하고 잊어버린' 순간들로 이루어져 있는 것이 아니라 하나의 집중된 목표를 향해 나아가는 과정이라는 사실을 기억하라. 이는 새로운 개념이 아니다. 다만 이런 경험이 디지털화된다는 것 그리고 이로 인해 당신이 집중하는 문제에 대한 초연관성이 강화되는 속도가 빨라졌다는 것만이 달라졌다.

경험을 우선시한다

이제 하나의 길을 선택하고 마지 못해 그 일을 하는 것으로는 충분하지 않다. 전통적인 용어를 사용하자면 우리는 모두 여러 개의 '경력'을 갖게 될 것이다. 이 '경력'은 기존에 경력이 뜻했던 개념보다는 프로젝트 또는 실험에 더 가까울 것이다. 이런 프로젝트에 참여할 때는 출근해서 아무 자료나 숫자를 구겨 넣고 퇴근할 수 없다. 기존의 기업 문화에서 우리가 노력해서 얻어내고자 한 결과와 성공의 기준은 상사를 기쁘게 하는 것이었다. 반면, 오늘날의 세상에서 우리가 노력해서 얻어내고자 하는 목표는 영향력이다.

이 새로운 목표를 달성하기 위해 순종적인 반려견처럼 '내 가치를 증명'하고 정해진 테두리를 벗어나지 않으려 했던 옛 사고방식은 던져버리고 실험과 관찰을 우선시하는 문제 해결사로 사고방식을 바꿔야 한다. 노엘을 기억하는가? 그는 1년에 한 번씩 개최되는 여름 인턴십 대신 일주일간 진행되는 마이크로인턴십을 선택했다. 그 결과 노엘은 자신에게 잠재된 노력과 태도를 입증해 보였다. 그는 이렇게 말했다. "저는 입사 제안은커녕 면접 기회한 번 얻지 못하다가 열 번이 넘는 면접 기회와 수많은 풀타임 자리를 제안받을 수 있게 되었어요."

경험을 우선하면서 나의 삶도 바뀌었다. 내가 '제대로 된 업무 경험'을 시작한 지 10개월밖에 되지 않았을 때 전 세계에서 가장 큰 가치를 가진 테크 기업 중 한 곳에서 시그니처 제품을 만드는 팀의 팀장이 되었다. 솔직히 말해 사다리를 타고 올라가며 내 가치를 증명하는 과정 없이 이렇게 높은 수준의 책임을 맡게 해준 이 기회가 당혹스럽고 충격적인 동시에 감격스러웠다. 노엘의 경우와 마찬가지로 나는 정식 인턴십이나 일반 사원이라는 전통적인 진로를 밟는 대신 글로벌 원격 팀을 이끄는 프로젝트에 초점을 맞췄다. 이는 내가 전통적인 경로를 통해서라면 몇 년이 걸렸을 일을 몇 개월 만에 해냈다는 뜻이다.

예를 들어 커뮤니케이션 표준 운영 절차를 구축하는 프로젝트는 6개월도 안 되어서 완료되었다. 또 다른 프로젝트에서는 시장 기회와 제품 출시 전략 수립을 4개월 만에 해낼 수 있다는 사실을 입증했다. 이 프로젝트들을 통해 나에게는 10개월 동안의 업무 경력이 쓰인 이력서 대신 5년 이상의 관리 경험이 생겼다. 이를 통해 얻은 평판은 내가 36살이 될 때까지 기다리지 않고 26살에 제품팀의 팀장이 될 수 있게 해줬다.

노엘과 나는 경험을 우선시함으로써 차후 이어진 기회를 확장할 수 있었다. 급속도로 성장하는 컨설팅 업계나 스타트업에서 일하는 시간은 인간보다 빠르게 흐르는 개의 시간에 비유되곤 했다. 오늘날에는 프로젝트를 통해 기회의 피드백 창구를 기하급수적으로 확장하는 휴먼 클라우드에 같은 표현이 적용된다.

경험을 우선하는 것은 차후 이어지는 기회를 증가시키는 데서 그치지 않는다. 우리에게 일하는 방식을 제어할 자율성과 유연성이라는 힘을 준다. 철학을 공부하다가 법학전문대학원에 진학하고 결국 데이터 과학자가 된 고든 샷웰은 알고리즘에 인간적인 손길을 더하는 데 초점을 맞추면서 안전하지만 힘들었던 로펌 변호사의 삶을 그만 둘 힘을 얻었다. 고든은 직선형 사다리를 타고 오르기보다 경험에 집중함으로써 생기 넘치고 유연한 업무 환경을 조성할 수 있었다고 한다.

나이키에서 부사장이자 26명으로 구성된 리더십 팀의 지원팀장으로 근무했던 제이 치마도 마찬가지다. 임원 프레젠테이션 자료를 만드는 프로젝트를 우선순위에 올려둠으로써 제이는 35만 달러가 넘는 수입을 받으면서 삶에 대한 완벽한 통제권을 손에 넣었다. 그는 우리에게 이렇게 말했다. "저는 함께 일할 고객과 프로젝트를 선택하고, 일할 시간과 장소를 골라요. 하루를 완전히 마음대로 보낼 수 있는 거죠."

관계를 우선시한다

외로운 카우보이나 미치광이 과학자의 시대(애초에 이런 사람들이 존재하긴 했는지 모르겠지만)는 끝났다. 성공하고 싶다면 우리는 관계에 집중해서 개인이 가진 생물학적 한계를 극복해야 한다. 우리에게는 우리만의 집단이 필요하다.

기업에서 일하는 것의 장점은 업무 관계를 포함한 모든 자원이 한 장소에 모여있다는 것이다. 광고 문구 초안을 쓰는 데 도움을 줄 마케팅 팀장, 랜딩 페이지를 만드는 개발자, 당신의 공을 빼앗아가기 위해 곁눈질하는 상사까지 적어도 이곳에서 우리는 우리의 사회적 욕구를 충족시켜주는 소속감을 느낄 수 있다.

휴먼 클라우드와 머신 클라우드에서는 이런 소속감이 사라질 위험이 존재한다. 자원은 한 군데에 모여있지 않고 네트워크를 통해 전 세계에 분산되어 있으며, 당신과 일할 동료가 '지정'되는 대신 사람들이 당신과 일할지 선택한다.

얼핏 생각하면 이런 세상은 매우 두렵고 피상적으로 보일 수 있다. 음료수 자판기가 있는 휴게실과 식당, 심지어 회식 한 번 없이 사람들과 어떻게 친해지란 말인가? 하지만 여기서 일해본 사람들은 사무실에서보다 더 깊은 관계를 형성할 수 있다는 사실을 안다.

난 서맨사의 아이들이 어느 대학에 진학하는지, 졸업 후에는 어디에서 일하고 싶어 하는지 알고 있다. 주변 사람들이 나와 함께 일한 프리랜서들을 내 가족으로 오해할 정도다.

터놓고 생각해보자. 생산적으로 일하고 어딘가에 소속되길 원하는 인간의 공통 욕구를 벗어날 방도는 없다. 우리처럼 내성적인 사람이나 투덜이도 사회적 동물이다. 우리는 관계와 효용을 기반으로 번영한다. 오전 9시부터 오후 5시까지 나란히 앉아 일할 당시 가깝게 지냈던 '회사 동료'와의 관계가 끊어질 수는 있지만, 그 자리를 더 강력한 '인생 동료'가 대신한다.

현대의 디지털 네트워크든 선사시대 아시아의 작은 마을이든 진화론적 측면에서 보았을 때 특정 집단 안에서 다른 사람들과 어울리는 것은 필수다. 사람들은 가끔 큰 희생을 감수하고서라도 타인이 자신에게 호감을 느끼고 도움을 청하기를 열망한다. 집단으로부터 따돌림을 당하는 것은 죽는 것보다 비참한 운명이 될 수 있다.

하지만 살고 있는 마을이 소속된 유일한 집단이었던 고대와 지금은 다르다. 이제는 개인이 권력을 쥐고 있다. 이유가 뭘까? 우리 마음대로 무리를 지을 수 있기 때문이다. 파벌의 시대는 끝났다. 이제 우리는 같이 놀고 있는 사람이 마음에 들지 않으면 그냥 장난감을 들고 자리를 떠나서 인터넷에 있는 수십억 명의 사람 중 우리와 놀고 싶어 하는 사람을 찾으면 된다.

이러한 변화가 휴먼 클라우드의 핵심이다. 권력의 이동을 방해했던 마찰이 감소했을 뿐 아니라 지휘권과 통제권을 독점하고 있었던 기업에서 개인의 선택으로 힘이 이동했다. 난 지금도 이 권력의 수준에 대해 생각만 해도 소름이 돋는다.

가혹한 상사에게 호되게 혼나던 우리 모두의 이야기에서 드디어 악당이 마땅히 받아야 할 벌을 받는 장면에 도달했다. 이 새로운 세상에서 누군가 남의 것을 훔치고 자기 것이라고 주장한다면, 집단은 순식간에 당신에게 등을 돌릴 것이다.

당신은 더 이상 숨을 수 없다. 숙제와 프로젝트를 대신 해줄 팀은 없다. 이 상황은 어떤 이에겐 신나는 일이지만 다른 누군가에겐 끔찍한 일이다. 강력한 네트워크를 만들고 우수한 결과물을 꾸준히 생산하고, 진정성이 있는 깊은 관계를 맺어 도움을 주고자 하는 사람들에게 이 세상은 홀스래 디시소스를 뿌린 굴처럼 환상적인 곳이다. 우리는 새로운 체인지메이커로서 자원이 펼쳐진 드넓은 네트워크의 한가운데, 손만 뻗으면 별을 잡아 자신의 운명을 개척할 수 있는 별자리의 중심에 서 있다.

체인지메이커를 자유롭게

이 책은 기회의 골드러시가 일어나고 있다는 말과 함께 시작되었다. 우리에게는 삽 대신 휴먼 클라우드와 머신 클라우드가 있다. 광부 대신 현상을 타파하고 10배의 결과물을 통해 세상을 바꿀 당신, 체인지메이커가 있다.

자, 이제 당신의 차례다.

무엇을 만들고 무엇을 바꿀 것인가? 모두가 기대하고 있다!

한눈에 보기

1. 우리는 휴먼 클라우드와 머신 클라우드에 문제, 경험, 관계를 우선시하는 사고방식을 적용하여 새로운 르네상스인과 슈퍼 충전된 체인지메이커라는 이상적인 모습을 끄집어낼 것이다.

   - **문제를 우선시한다:** 기술이 발전하는 속도를 전통적인 진로가 따라잡지 못하고 있다. 따라서 우리는 직함을 신경 쓰기보다 문제를 심도 있게 이해하고 현명하게 해결하려고 노력해야 한다.
   - **경험을 우선시한다:** 이제 우리에게 프로젝트와 비슷한 형태를 띤 다중 경력이 생길 것이다. 우리는 상사를 만족시키며 자신의 가치를 증명하고 정해진 테두리 안에 머무르기보다 실험과 관찰을 우선시하는 방향으로 생각을 전환해야 한다.
   - **관계를 우선시한다:** 이제 재능이 한 군데 모여있지 않고 전 세계의 네트워크에 분산되어 있다. 함께 일할 사람이 정해지는 게 아니라, 사람들이 당신과 일할지 선택한다. 따라서 당신이 무리와 얼마나 깊이 있는 관계를 맺느냐에 따라 결과물의 규모가 결정된다.

체인지메이커로 한 걸음

1. 당신의 내면에 숨어있는 체인지메이커를 세상에 내보내라. 우리가 상상하지 못했던 일들을 해낼 것이다.

›››››
감사의 글

아이 한 명을 키우는 데 온 마을이 필요하다는 격언처럼, 책을 한 권 쓰는 데 온 동네가 나서야 한다는 말은 아무리 강조해도 지나치지 않다. 중요한 사람 몇 명과 우연한 순간에 우리의 삶에 들어온 이들의 도움이 없었다면 우리는 지금 당신과 이렇게 이야기를 나눌 수 없었을 것이다.

가장 먼저 감사의 말을 전하고 싶은 사람은 우리의 에이전트인 리터러리 서비스Literary Services Inc.의 존 윌리그John Willig다. 존은 책을 처음 써보는 두 명의 작가들에게 운을 맡겼고 이 책으로 이어진 작은 씨앗에서 커다란 가능성을 보았다. 우리에게 방향을 제시하고 길을 안내했다. 앞에서도 말했듯이, 이렇게 완벽한 전문가이자 멋지고 좋은 사람을 찾는 데 도움을 준 휴먼 클라우드가 있어서 정말 다행이다. 존, 고마워요!

마찬가지로 하퍼콜린스HarperCollins의 선임 편집자 사라 켄드릭Sara Kendrick

이 없었다면 우리는 지금 이 자리에 없었을 것이다. 그녀는 우리의 메시지를 빠르게 이해했고 열정적으로 지지해주었으며, 나머지 팀원을 설득해서 계약을 맺을 수 있게 해주었다. 우리의 목소리와 메시지가 세상에 전달될 수 있도록 노력해주셔서 정말 감사합니다.

마지막으로 서맨사 메이슨의 뛰어난 프로젝트 관리 및 편집 능력이 없었다면 우리는 아직도 볼품없는 초안을 쓰고 있었을 것이다. 첫날부터 우리 팀에 합류해준 그녀를 휴먼 클라우드에서 만나 이 프로젝트가 성공적으로 끝났다. 덤으로 우리는 그 과정에서 아주 좋은 친구를 만들었다고 생각한다.

매튜 모톨라로부터

가장 먼저 공동저자 매튜 코트니에게 큰 감사의 말을 전하고 싶다. 집필 과정 내내 당신은 너무 멋진 사람이었습니다. 팬케이크와 화상 스탠드업 회의 사이에서 균형을 잡는 것부터 제 결혼식 촬영 리허설까지, 독자들에게 도움을 주고자 노력한 당신의 헌신과 열정에는 전염성이 있습니다. 전 당신이 멋진 결과물을 만들어 낼 것이라는 예상은 했지만, 저의 가장 친한 친구가 될 거라고는 생각하지 못했어요. 일하는 게 파티보다 재밌었던 건 처음이었어요. 감사합니다.

내 고향 매사추세츠 주의 뉴베리포트Newburyort에게. 모든 것은 다 그곳 덕분이다. 고향을 특별한 곳으로 만들어준 사람들에게 감사 인사를 전한다. 멘토 역할을 해준 켄 잭맨Ken Jackman, 마이크 트로타Mike Trotta, 지나 아다모_{Gina Adamo}에게, 여러분은 이 여정에서 제가 한 발짝씩 앞으로 나아갈 확신과 자신감을 주셨어요. 특히 할머니와 할아버지는 모든 일을 열정적으로 하고 다른 사람을 도와야 한다는 것을 가르쳐주셨어요. 가르침의 길에 눈 뜰 수 있게 해준 이모에게. 가족과 부모님께. 킨스_{Keenes}에게, 호텔(사실은 민박이나 다름없지만)과 뒷마당에 있는 골프 연습장을 제공해주고 지지해주셔서 감사합니다. 뉴베리포트에 계신 은사들께. 특히 언제나 친절하게 대해주신 셰리단_{Sheridan} 선생님, 라샤펠_{LaChapelle} 선생님. 그리고 7학년과 8학년 때 영어를 가르쳐주신 돌라스_{Dollas} 선생님께, 선생님께서는 제 안에 글을 사랑하는 마음을 심어주셨어요. 내가 가장 좋아하는 컨트리 송의 가사처럼 '고향에 있는 사람들에게 바칩니다_{This one's for my people back home}'.

뱁슨대학_{Babson College}도 빠뜨릴 수 없다. 이곳에서 나는 문제와 사랑에 빠지는 방법을 배우고 사업을 시작할 플랫폼을 얻었다. 사람들을 이끄는 방법을 가르쳐주신 롤라그_{Rollag} 학과장님과 문제를 논리적으로 분석하는 방법을 가르쳐주신 굴딩_{Goulding} 교수님, 여행과 아시아에 대한 사랑을 일깨워주신 레자_{Reza} 교수님께 특별한 감사의 말을 전한다.

경력을 쌓는 동안 나는 운 좋게도 이 책에 등장하는 멋진 팀, 조직, 사람들과 일할 수 있었다. 엔터프레너 퍼스트_{Entrepreneur First}에게 감사의 말을 전한다. 특히 자신감만 앞섰던 사업가를 받아들여 주고 이 새로운 일의 미래를 실현할 무대를 마련해준 시우 런 상_{Shiu Lun Tsang}, 버나뎃 조_{Bernadette Cho}, 제스 창_{Jess Chang}, 디디에 베르메이런_{Didier Vermeiren}, 테이크 구안 탄_{Teik Guan Tan}에게 감사드린다. 여러분은 모두 멋진 멘토, 조언자, 그리고 제 성장의 큰 동력이 되어주었습니다. 댄 시한Dan Sheehan에게. 이 책을 반대했던 이들에게 맞서 며 우릴 지켜주셔서 감사합니다. 조지아공과대학의 안 루비노프Arn Rubinoff 에게. 롤모델과 멘토가 되어주셔서, 그리고 제가 상급 교육에 도전해볼 기 회를 주셔서 감사합니다. 휴먼 클라우드의 가능성을 보여준 긱스터Gigster에 게. 존 버렐John Burrell에게, 긱스터 안에서 사업가로서 런웨이에 서볼 기회를 제공해주셔서 감사합니다. 크리스 토스윌Chris Tosswill은 제가 상상력을 발휘 할 수 있게 도와준 챔피언이자 멘토가 되어주었습니다. 감사합니다. 브랜든 브라이트, 라이언 보커Ryan Borker, 산드린 비튼Sandrin Bitton에게. 당신들은 휴 먼 클라우드에서 결과를 만들어내는 방법을 가장 잘 아는 세 명입니다. 마 이크로소프트 365 프리랜서 툴키트가 세상에 나올 수 있게 해준 마이크 로소프트와 업워크의 팀원들, 특히 재키 박Jackie Pak, (항상 옷을 잘 입는) 돈 포 레스트Don Forrest, 에릭 길핀Eric Gilpin, 마크 호세인Marc Hosein, 케이트 아담스Kate Adams에게 감사의 말을 전합니다. 그리고 최고의 상사였던 리안 스컬트Liane Scult에게. 당신은 롤모델이자 리더, 체인지메이커 그리고 친구가 되어주었어 요. 제가 되고 싶은 상사의 모습을 보여주셨습니다.

매튜 코트니로부터

가장 먼저 매튜 모틀라에게 진심을 담아 감사의 말을 전하고 싶다. 그가 없었다면 나는 이 책에 참여하지 못했을 것이다. 그는 집필 초반에 인공지 능에 대한 깊이 있는 배경 지식을 가진 기술 분야의 공동 저자가 필요하다 고 했다. 다행히도 우리는 이 책을 시작하기 직전에 휴먼 클라우드를 통해 이 책보다 짧은 분량의 기술 문서를 함께 작업했다. 아마 당시 매튜는 내가 반항적이고 창의적인 성향을 띤 이상한 중년 임원이라는 사실을 몰랐을 것이다. 내가 '이 부분에 하이픈을 넣어야 할까? 엠 대시(—)나 엔 대시(-)를 넣어야 할까?'라는 질문을 하는 영문학 교수 지망생이라는 것도.

가족은 감사 인사에 항상 언급되곤 하는데, 여기서도 예외는 아니다. 아내와 세 아이들은 모두 나의 '옆길로 샌 열정 프로젝트'를 지지해주었다. 이 책은 그 프로젝트 중에서 실제로 결과물을 만들어낸 몇 안 되는 프로젝트 중 하나다. 아내는 내 꿈에 다리가 자라날 기회를 주기 위해 내 머리를 땅 근처에 최대한 가까이 묶어둔다.

부모님께는 어떻게 감사해도 부족할 것이다. 아버지는 선량하고 이타적인 태도(나는 매일, 아버지 수준에 도달하지 못하는 날에도 아버지와 비슷해지려고 노력한다)를 물려주셨고 어머니께서는 지식과 평생 배움에 대한 끝없는 갈망을 주셨다. 이 유전자의 결합에 인정 받는 과학자와 엔지니어였던 사촌, 삼촌, 조부모님께 물려받은 기술 분야의 능력도 더해졌다.

석사 학위와 학위 논문 지도를 해주신 오하이오주립대학교The Ohio State University의 스리니바산 파타사라시Srinivasan Parthasarathy 교수님, 그리고 내가 처음 경험해본 기술 스타트업인 리드스코프Leadscope에도 감사의 말을 전한다. 내가 어떤 사람으로 성장하고 싶은지 알아내려고 노력하고 있을 때 만난 이들은 내가 경력에 본격적으로 시동을 걸 수 있도록 인공지능 이론과 응용이라는 완벽한 원투펀치를 날려주었다.

사회 생활을 하면서 전부 언급할 수 없을 정도로 많은 분이 어떤 방식으로든 나에게 영향을 줬다. 하지만 내가 말하지 않아도 그들은 이미 알고 있을 것이다. 하지만 아주 오랫동안 여러 직장과 지역에서 연락을 주고받으며 나의 멘토 역할을 해준 앤디 모리스Andy Morris와 마이크 스위니Mike Sweeney는 특별히 강조하고 싶다. 항상 지지와 경청, 좋은 조언을 해주셔서 감사합니다.

고등학교 담임 선생님이자 영어 선생님이셨던 카트리나 키틀Katrina Kittle 선생님께도 감사의 말을 남긴다. 내 안에 글쓰기에 대한 열망을 불어 넣어 주신 분이다. 이 책이 역사에 한 획을 그을 만큼 위대한 소설까지는 아니어도, 이 정도면 괜찮다고 생각한다.

휴먼 클라우드에서 협업한 동료들에게

마지막으로 이 책이 세상에 나올 수 있게 도와준 디지털 협업자들에게 감사드린다. 독자 여러분, 아래 사람들이 휴먼 클라우드에 있는 가장 똑똑한 최고의 체인지메이커입니다.

로렌 데트웨일러Lauren Detweiler: 시장 진출 계획 수립과 기회 분석을 해준 마케팅 전문가

에머슨 멘디에타-카스트로: 이 책으로 이어진 시각 디자인과 발표 자료, 웹페이지를 만들어준 디자이너

에리카 시코 캠벨: 우리가 <인체 황금 비율>을 어떻게 연결짓고 표현하고자 했는지 완벽히 파악한 작가

세스 브라운Seth Brown: 이 책으로 이어진 발표 자료와 원고에 보물 같은

웃음을 더해준 작가

제이 치마: 이 책으로 이어진 프레젠테이션 자료를 만들어준 디자이너

데이브 콥스: 인공지능의 보편화에 앞장서는 회사의 창립 이야기를 공유한 사업가

데이비드 구겐하임David Guggenheim: 시장 진출 전략 수립에 도움을 준 미디어 전문가

재클린 리우Jacqueline Liu: 각 장의 마지막 '한눈에 보기'를 정리해준 작가

카린 말로니Careen Maloney: 이야기를 쓰는 데 앞장서준 저널리스트 겸 작가

아담 마리넬리Adam Marinelli: 디지털 프로필의 배치 방법을 이해하는 데 도움을 준 링크트인 프로필 전문가

브래드 밀러Brad Miller: 머신 클라우드의 예시를 쓰는 데 도움을 준 작가

사이먼 리Simon Rhee: 이 책으로 이어진 원고와 발표 자료의 윤곽을 잡아준 연설문 작성자

아메드 자임Ahmed Zaeem: 이 책의 디자이너

스콧 D.S. 영Scott D.S. Young: 이 책의 디자이너

조셉 켈리Joseph Kelly: 원고 전체를 검토한 연구 분석가 겸 편집자

샐리 슈프Sally Shupe: 원고 전체를 검토한 편집자

니콜 드엔트레몬트Nicole d'Entremont: 원고 전체를 검토한 편집자

일레인 포펠트: 1인 기업 업계 및 역학 관련 전문가 겸 저널리스트

채드 네슬랜드Chad Nesland: 기업이 어떻게 프리랜스 이코노미의 규모를 확장하는지에 대한 이해를 넓혀준 구매팀 임원

시다스 수리Siddharth Suri: 인공지능 알고리즘 훈련 분야에 휴먼 클라우드가 미치는 영향력에 대한 이해를 넓혀준 연구가 겸 작가

데빈 피들러: 경영 업계에 휴먼 클라우드의 자동화가 미치는 영향력에 대한 이해를 넓혀준 리씽커리 창립자

매튜 메이Matthew May: 출판계에서 헤매던 우리를 도와주고 피드백을 제공해준 혁신팀 임원

브랜든 브라이트: 포천이 선정한 500대 기업 중 한 곳에 휴먼 클라우드를 적용했던 이야기를 공유해준 소프트웨어 컨설턴트

노엘 아렐라노: 파커 듀이에서 찾은 프리랜서 프로젝트를 통해 연관성 있는 경험을 쌓았던 이야기를 들려준 학생

샤론 히스: 휴먼 클라우드에서 그녀만의 회계 사업을 일궈낸 이야기를 해준 프리랜서 전문가

캣 케이시: 과학 기술 전문가와 변호사를 연결해주었던 이야기를 공유해준 임원

고든 샷웰: 휴먼 클라우드에서 일해본 경험과 과학 기술 전문가가 아닌 사람들이 인공지능을 이해하는 데 도움을 주는 이야기를 들려준 사람

토니 트립: 머신 클라우드를 활용하여 발명가들을 도와주는 사업가

데이비드 비샤노프: 머신 클라우드를 활용하여 문화와 종교에 대한 사람들의 이해를 넓히는 교수이자 연구가

빈 보메로: 인공지능을 활용하여 자산 평가 능력을 향상하는 이야기를 들려준 사업가

데이브 화이트: 예술을 향한 사랑과 회계 업무를 결합했던 멋진 이야기를 들려준 프리랜서 전문가 겸 예술가

종이책으로든 전자책으로든, 이 책은 오로지 독자 여러분이 읽어주셔서 의미가 있는 것입니다. 감사합니다.

두 명의 매튜 올림

THE
HUMA
CLOU

휴먼
클라우드

1판 1쇄 인쇄 | 2021년 6월 7일
1판 1쇄 발행 | 2021년 6월 11일

지은이 매튜 모톨라, 매튜 코트니
옮긴이 최영민
펴낸이 김기옥

경제경영팀장 모민원
기획 편집 변호이, 박지선
커뮤니케이션 플래너 박진모
경영지원 고광현, 임민진
제작 김형식

표지디자인 유어텍스트
본문디자인 제이알컴
인쇄 · 제본 민언프린텍

펴낸곳 한스미디어(한즈미디어(주))
주소 04037 서울 마포구 양화로 11길 13(서교동, 강원빌딩 5층)
전화 02-707-0337 | 팩스 02-707-0198 | 홈페이지 www.hansmedia.com
출판신고번호 제 313-2003-227호 | 신고일자 2003년 6월 25일

ISBN 979-11-6007-693-6 (03320)